SAMMLUNG GUTTENTAG

251

Das Disziplinargesetz der Evangelischen Kirche in Deutschland

vom 11. März 1955

sowie die Verordnung der Evangelischen Kirche der Union über das Disziplinarrecht vom 14. Mai 1956 nebst den Überleitungsgesetzen der Gliedkirchen

Erläutert von

Dr. jur. Hans von Arnim

Konsistorialpräsident i. R.

BERLIN 1960

WALTER DE GRUYTER & CO.

vormals G. J. Göschen'sche Verlagshandlung / J. Guttentag, Verlagsbuchhandlung / Georg Reimer / Karl J. Trübner / Veit & Comp.

Archiv-Nr. 21 1 251/60

Satz und Druck: Berliner Buchdruckerei Union G. m. b. H., Berlin SW 61

Vorwort

Das Disziplinargesetz der Evangelischen Kirche in Deutschland vom 11. März 1955 ist bei der Mehrheit der Gliedkirchen, die es angenommen hatten, vor etwa drei Jahren in Kraft getreten. Es ist also in der Praxis erprobt. Dabei haben sich bei manchen Neuerungen, die das Gesetz bringt, Zweifelsfragen ergeben, die der Klärung bedürfen. Auch werden gewisse Fragen, wie z. B. die Zusammensetzung der Disziplinargerichte, die Angleichung an staatliches Recht u. a. heute oft anders beurteilt als bisher. Dazu kommt, daß die Überleitungsgesetze der Gliedkirchen im Zusammenhang noch nicht veröffentlicht worden sind.

Der Kommentar zur Disziplinarordnung der Deutschen Evangelischen Kirche vom 13. April 1939 von Engelhard ist seit langem vergriffen. So ist es verständlich, daß das Bedürfnis nach einem neuen Kommentar in steigendem Maße vorhanden war.

Wenn die nachstehende Arbeit dazu beiträgt, eine Disziplinarrechtsprechung zu fördern, die unabhängig und unparteilich dem Sinn des Gesetzes Rechnung trägt, so ist ihr Zweck erfüllt.

Berlin, im Januar 1960 Hans von Arnim

Inhaltsverzeichnis

Einleitung

Geschichtliche Entwicklung des Disziplinarrechts in der Evangelischen Kirche Deutschlands

Im Mittelalter lag die Aufsicht über die Diener der Kirche bei dem zuständigen Bischof, der sie an andere Organe delegieren konnte. Es galt das kanonische Recht, das seinerseits wieder auf jus divinum fußte. In den Gebieten, in denen die Reformation eingeführt wurde, ging die Disziplinargewalt auf den Landesherrn als den summus episcopus über. Jedoch fand keine Neuordnung des Disziplinarrechts statt. Vielmehr wurde das kanonische Recht übernommen und bildete weiterhin die rechtliche Grundlage. Wie die Bischöfe ihre Rechte auf delegierte Richter übertragen konnten, so delegierte der Landesherr die seinigen ebenfalls nach unten, in der Regel an die Konsistorien, die seit 1559 von den Landesherren für ihre Gebiete aus Geistlichen und Juristen gebildet waren. So war die Disziplinargerichtsbarkeit zunächst auch in der Kirche der Reformation eine rein geistliche Gerichtsbarkeit. Waren aber nun schon die Konsistorien reine Staatsbehörden, seine Mitglieder Staatsbeamte, so war es nur noch ein kleiner Schritt für den absoluten Staat des 18. Jahrhunderts, die Disziplinargerichtsbarkeit über die Geistlichen ganz oder teilweise an sich zu ziehen und, wenigstens gebietsweise, als Angelegenheit der Justiz zu behandeln. Nach Ansätzen im 16. Jahrhundert wurden die Prozesse in geistlichen Sachen, auch wenn sie Leben und Wandel der Geistlichen angingen, in Preußen im 18. Jahrhundert an das Kammergericht verwiesen. Jedoch waren die Erfahrungen, die man mit dieser Regelung gemacht hat, offenbar nicht günstig, denn in den folgenden Jahrzehnten ist wieder eine zwar langsame, aber doch unverkennbare rückläufige Bewegung zu beobachten, wenn man sich auch zunächst zuweilen damit half, eine Korrektur der staatlichen Urteile durch die Konsistorien in gewissen, rein geistlichen Fällen zuzulassen. Die Übernahme nicht nur der Disziplinarsachen, sondern der ganzen kirchlichen Verwaltung durch den absoluten Staat ist in Preußen nicht ohne Wirkung geblieben. Man denke an die rein rationalistische Bestimmung der Aufgaben der Kirche durch das in der Praxis brauchbare Allgemeine Landrecht. „Jede Kirchengesellschaft ist verpflichtet, ihren Mitgliedern Ehrfurcht gegen die Gottheit, Gehorsam gegen die Gesetze, Treue gegen den Staat und sittlich gute Gesinnungen gegen ihre Mitbürger einzuflößen."

In demselben Geiste sind die Vorschriften gehalten, die das Allgemeine Landrecht den Pfarrern für ihr Verhalten gibt. Eine allmähliche Neuordnung der Konsistorien in Preußen setzte etwa 1815 ein und hatte zur Folge, daß von 1845 ab selbständige Kirchenbehörden mit abgegrenztem Geschäftsbereich gebildet wurden. Diese staatlichen Kirchenbehörden waren zugleich die Disziplinarbehörden der Kirche, die 1886 in dem „Kirchengesetz betr. die Dienstvergehen der Kirchenbeamten und die unfreiwillige Versetzung derselben in den Ruhestand" eine angemessene Rechtsgrundlage fanden. So weist das evangelische Disziplinarrecht in seiner Entwicklung durch die Jahrhunderte zwei Linien auf, die bis heute deutlich sichtbar sind: Den Einfluß des kanonischen Rechts von den Anfängen her und die Angleichung an das staatliche Recht durch den Eingriff des Staates in die Disziplinargerichtsbarkeit der Kirche. Das Bild ist in den einzelnen Landeskirchen verschieden. Zuweilen tritt die eine Linie mehr hervor, zuweilen die andere. So wenig die rein säkulare Auffassung des Disziplinarrechts als eines Ausflusses der Dienstgewalt der Kirche, des öffentlichen Dienstherrn über Pfarrer und Kirchenbeamte, eine rechte und ausreichende Begründung ist, so darf doch nicht übersehen werden, daß eine gewisse Angleichung an das staatliche Recht nicht nur negative Ergebnisse gehabt hat. Ihr ist in der auf das Gesetz von 1886 folgenden Entwicklung das Streben nach unabhängigen Kirchengerichten zu danken. Die Konsistorien waren im Grunde Kläger und Richter zugleich, ein Zustand, der mit rechtsstaatlichen Begriffen nicht vereinbar ist und auch in der Kirche mehr und mehr Widerspruch fand. In Oldenburg, Hessen und Anhalt wurden schon vor dem 1. Weltkrieg besondere Disziplinargerichte gebildet. Nach 1918 haben die neuen Kirchenverfassungen diese Entwicklung fortgeführt und überall kirchliche Gerichte für Disziplinarvergehen gebildet mit verschiedenen Bezeichnungen (in Altpreußen Rechtsausschüsse). Die Gerichte waren aus Mitgliedern der Kirchenbehörden und aus gewählten oder berufenen Richtern zusammengesetzt.

In der Zeit des Nationalsozialismus wurde das kirchliche Disziplinarrecht zum ersten Male in der Deutschen Evangelischen Kirche einheitlich geregelt, und zwar durch die Disziplinarordnung vom 8. Februar 1936. Diese Disziplinarordnung wurde dann durch die Disziplinarordnung der Deutschen Evangelischen Kirche vom 13. April 1939 abgelöst.

Nach dem Zusammenbruch 1945 konnte diese Disziplinarordnung nicht unverändert übernommen werden. Abgesehen von ihrem nationalsozialistischen Gedankengut erwies sie sich auch in anderen Punkten als unzulänglich. Zudem wollte man die im Kirchenkampf gewonnenen Erkenntnisse auch auf dem Gebiete des Disziplinarrechts zur Geltung bringen. Es wurde deshalb eine Übergangslösung geschaffen, die das alte Gesetz unter Aufhebung seiner nationalsozialistischen Bestandteile zunächst in Geltung ließ. Gleichzeitig wurde der Entwurf eines neuen Gesetzes ausgearbeitet und 1949 der Synode der Evangelischen Kirche in Deutschland in Bethel vorgelegt. Die Synode bildete einen Ausschuß, der seine Arbeit im Jahre 1953 abschloß und sie der 1954 in Berlin-Spandau tagenden Synode unterbreitete. Diese Synode verlangte eine nochmalige Überarbeitung, damit „Gliedkirchen, die nicht zustimmen, in ihrer eigenen Gesetzgebung vorsehen können, die Instanzen der Evangl. Kirche in Deutschl. für ihre Disziplinarverfahren in Anspruch zu nehmen."

Es wurde ein neuer Ausschuß gebildet, der insbesondere die aus dem Bekenntnis erhobenen Bedenken prüfte. Diese Bedenken waren besonders von lutherischen Kirchen erhoben worden und kamen zu dem Schlußergebnis, daß das Disziplinarrecht das Bekenntnis berühre und daß eine gemeinsame Regelung durch die EKD dem lutherischen Bekenntnis widerspreche. Die EKD sei keine Kirche mit einem einheitlichen Bekenntnis, sondern ein Bund von Kirchen. Gegen Disziplinargerichte, die unabhängig von der Kirchenleitung errichtet werden, könnten vom lutherischen Bekenntnis her keine Bedenken erhoben werden. (Künneth). Die Gegenseite teilte die Auffassung, daß die Gestaltung des Rechts, also auch des Disziplinarrechts, gegenüber dem Bekenntnis kein neutraler Akt sei. Es treffe jedoch nicht zu, daß jede Materie, die etwas mit dem Bekenntnis zu tun habe, der Regelung durch die EKD entzogen sei. Die EKD sei für den Erlaß des Disziplinargesetzes zuständig. (Smend). Der Ausschuß kam gegenüber diesen Gesichtspunkten zu keinem abschließenden Ergebnis. So legte der Rat der EKiD den Entwurf der neuen Synode vor, die im März 1955 in Espelkamp tagte. Von ihr wurde der Entwurf nunmehr auf Grund von Artikel 10 b und 13 der Grundordnung der EKiD angenommen.

Damit ist der kirchlichen Disziplinarrechtsprechung eine vollwertige Rechtsgrundlage geschaffen, die die geistlichen Gesichtspunkte zur Geltung bringt und zugleich die Unabhängigkeit der Disziplinargerichte sichert. Zutreffend wurde jedoch auf der Synode in Espelkamp ausgesprochen, daß es gerade im Disziplinarrecht nicht so sehr das Gesetz ist, sondern seine Ausführung, die den Charakter bestimmt. Deshalb müssen alle, die es angeht, in der Ausführung des neuen Gesetzes das Recht hochhalten und es nicht nur dem Buchtsaben nach befolgen, sondern in seinem Sinne handeln. Jede Nichtachtung des Rechts ist stets ein Zeichen des Niedergangs. Die Kirche als Verkünderin göttlicher Wahrheit ist zur Achtung vor dem Rechte in hohem Grade berufen.

Abteilung I

Kommentar

zum

Disziplinargesetz der Evangelischen Kirche in Deutschland

vom 11. März 1955

I

Auf Grund der Artikel 13 und 10 b der Grundordnung hat die Synode der Evangelischen Kirche in Deutschland für die nach Maßgabe dieser Artikel beteiligten Gliedkirchen das folgende Kirchengesetz beschlossen, das hierdurch verkündet wird.

Das Gesetz beruht auf folgenden Grundgedanken:

Eine Ordnung der kirchlichen Amtsdisziplin ist nötig, um die Gemeinden vor Ärgernis und Unfrieden zu bewahren, eine rechte Amtsführung zu fördern und das Amt vor schlechter Ausübung, Mißbrauch und Entwürdigung zu schützen. In der Kirche Jesu Christi darf das Evangelium nicht anders verkündet werden als in steter Heiligung des persönlichen und des amtlichen Lebens. Die Kirche ist dafür verantwortlich, daß dem Ernst dieser Verpflichtung nicht Abbruch geschehe. Aber sie wird dem, der sich verfehlt hat, auch zeigen müssen, daß sie ihn dennoch als Bruder achtet und ihm wieder zurechthelfen will. Denn die Liebe ist des Gesetzes Erfüllung (Röm. 13, 10).

Bei der Ausübung der Amtsdisziplin sollen alle Beteiligten eingedenk sein, daß ihr Tun ein Handeln vor dem Angesicht Gottes ist, der ein Gott der Liebe, der Gerechtigkeit und der Wahrheit ist.

Hierauf zielen die Maßnahmen der folgenden Ordnung ab. Das gleiche gilt von allen Maßnahmen brüderlicher Zucht, die neben dieser Ordnung zur Anwendung kommen.

Der Vorspruch zum Disziplinargesetz gibt als rechtliche Grundlage für die EKiD zum Erlaß des Gesetzes die Artikel 13 und 10 b der Grundordnung der EKiD an.

Artikel 13 lautet:

Alle Gliedkirchen gemeinsam oder einzelne von ihnen können der Evangelischen Kirche in Deutschland mit Zustimmung des Rates einzelne Aufgaben übertragen oder die Entscheidung in Fragen überlassen, für welche die Gliedkirchen zuständig sind.

Artikel 10 hat folgenden Wortlaut:

Die Evangelische Kirche in Deutschland kann gesetzliche Bestimmungen mit Wirkung für die Gliedkirchen erlassen.

a) für Sachgebiete, die im Bereich der Evangelischen Kirche in Deutschland bereits einheitlich geregelt waren;

b) für andere Sachgebiete, wenn die beteiligten Gliedkirchen damit einverstanden sind.

Vorspruch

Das Disziplinarrecht war im Bereiche der Evangelischen Kirche in Deutschland schon durch die Disziplinarordnung der Deutschen Evangelischen Kirche vom 13. IV. 1939 einheitlich geregelt. Diese Ordnung ist durch den in Treysa gebildeten Rat am 2. V. 1946 mit gewissen Änderungen als vorläufig fortbestehend bestätigt worden. Gleichzeitig wurde eine Neuordnung des kirchlichen Disziplinarrechts in Aussicht genommen. Ein Erlaß des Gesetzes nach Art. 10 a kam jedoch nicht zustande, weil geltend gemacht wurde, die Disziplinarordnung von 1939 sei nicht rechtsgültig gewesen und weil zudem bekenntnismäßige Bedenken erhoben wurden.

Auf der Synode in Berlin-Spandau im März 1954, auf der die Vorlage abgesetzt wurde, standen bekenntnismäßige Bedenken verschiedener lutherischer Gliedkirchen im Vordergrunde. Die Behauptung der Rechtsungültigkeit der Ordnung vom 13. IV. 1939 setzte sich nicht allgemein durch. (Vgl. Brunotte: Die Grundordnung der Evangelischen Kirche in Deutschland. 1954, Berlin, Seite 159 ff.)

Die von einem neuen Ausschuß besonders auf bekenntnismäßige Wünsche hin überprüfte Vorlage wurde nunmehr der Synode in Espelkamp (6.—11. III. 1955) vorgelegt. Hier wurde der Vorschlag gemacht, das Gesetz nicht nur nach Art. 10 b zu erlassen, sondern diesen Artikel mit Art. 13 zu verkoppeln. Wenn Art. 13 im Vorspruch dem Art. 10 b vorangestellt ist, so bedeutet dies, daß die Gliedkirchen die Initiative ergriffen haben und der Evangelischen Kirche in Deutschland den Erlaß eines Disziplinargesetzes überantworteten, und daß es auf diese Initiative wesentlich ankam. (Bericht über die 1. Tagung der 2. Synode der EKiD in Espelkamp S. 315 ff.)

Die rechtliche Folge war, daß die Gliedkirchen dem Gesetz durch ihre zuständigen Organe zustimmen mußten, d. h. durch ihre Synoden und, falls diese nicht tagten, zunächst durch ihre Kirchenleitungen, im ersten Falle durch Kirchengesetz, im zweiten durch Verordnung.

Abs. 2 des Vorspruchs will den Geist deutlich machen, aus dem heraus das Disziplinargesetz entstanden ist. Er zeigt, daß es hier um etwas anderes geht, als um ein Verfahren vor einem staatlichen Gericht, wenn auch die gleichen rechtsstaatlichen Grundsätze maßgebend sein sollen. So zeigt der Vorspruch einmal mit besonderem Ernst die Pflicht zu rechter Amtsführung im amtlichen und persönlichen Leben auf, weist sodann aber auch auf die Vergebung hin, die dem, der gefehlt hat, nicht vorenthalten werden darf. Hierdurch soll die Notwendigkeit auch einer geistlichen Einwirkung auf den Beschuldigten betont werden. Die Sätze des Vorspruchs zeigen, daß das neue Disziplinarrecht geistliches Recht ist und die Linie wieder aufnimmt, die, wie einleitend gezeigt, vom kanonischenRecht herkommt.

Im letzten Absatz sind „Maßnahmen brüderlicher Zucht" erwähnt, die „neben dieser Ordnung zur Anwendung kommen". Ein Verfahren brüderlicher Zucht sollte ursprünglich im Rahmen des Disziplinargesetzes geregelt werden. Der Plan mußte jedoch scheitern. Wer das Verfahren durchführen sollte, welche Verletzungen der Amtspflicht darunter fallen müßten, ob ein Ermittlungsverfahren vorhergehen, noch welchen Abschluß das Verfahren finden sollte, das alles wurde von den Gliedkirchen ganz verschieden gesehen, so daß eine Einigung nicht möglich war. Dazu kam die Bekenntnisgebundenheit eines solchen Verfahrens und der Umstand, daß mit ihm in manchen Gliedkirchen bei schwereren Fällen keineswegs immer gute Erfahrungen gemacht worden waren. So mußte die Ausgestaltung und Anwendung der brüderlichen Zucht den Gliedkirchen anheimgestellt werden.

Teil A

Verfahren gegen Geistliche

Abschnitt I

Anwendbarkeit und Zuständigkeit

§ 1

(1) Geistliche sind nach dem überkommenen Sprachgebrauch und im Sinne dieses Gesetzes:

a) Auf Lebenszeit oder auf Zeit in einem geistlichen Amt der Evangelischen Kirche in Deutschland oder einer Gliedkirche oder in einem der Leitung oder Dienstaufsicht der Evangelischen Kirche in Deutschland oder einer Gliedkirche unterstehenden geistlichen Amt angestellte ordinierte Amtsträger,

b) ordinierte Amtsträger im Wartestand oder Ruhestand,

c) ordinierte Hilfsprediger.

(2) Das Recht der Gliedkirchen kann bestimmen, daß das Disziplinarverfahren nach diesem Gesetz auch gegen ordinierte Pfarramtskandidaten stattfinden kann.

Es mußte in diesem Paragraphen ein Ausdruck gefunden werden, der die verschiedenen Kategorien, die unter das Disziplinargesetz fallen, umfaßt. Es paßte weder der Ausdruck Pfarrer, denn es werden auch Hilfsprediger betroffen, noch die Bezeichnung „Inhaber geistlicher Ämter", denn auch Ruhestandspfarrer fallen unter das Gesetz, während z. B. Älteste Inhaber eines geistlichen Amtes sind, aber dem Gesetz nicht unterliegen. Hierbei ist beachtlich, daß ordinierte Amtsträger im Wartestand oder im Ruhestand ohne Einschränkung wie aktive Geistliche unter das Disziplinargesetz fallen. Das Gesetz kennt keine „Ruhestandsvergehen", die die Disziplinarordnung der DEK vom 13. 4. 1939 in § 1 Abs. 3 kennzeichnet und von denen auch das Bundesbeamtengesetz in § 77 spricht. Die entscheidende Rolle, die die Ordination spielt und an deren Stelle beim Kirchenbeamten das Amtsgelöbnis tritt, bindet aktive Geistliche bzw. Beamte und Ruheständler in gleicher Weise. Gleichwohl gibt es Geistliche, die nicht von § 1 erfaßt werden. Von ihnen handelt § 121.

Grundsätzlich aber fallen alle Pfarrer unter § 1. Der Pfarrer muß im Dienste der Kirche angestellt sein. Das gilt auch von Geistlichen der Inneren Mission in ihren verschiedenen Zweigen, die von der für sie zuständigen Kirchenbehörde bestätigt werden und an die Ruhegehaltskasse angeschlossen sind. Die ordinierten Prediger gehören ebenfalls zu den ordinierten Amtsträgern, die unter § 1 fallen.

Für Auslandspfarrer gilt das „Kirchengesetz über das Verhältnis der Evangelischen Kirche in Deutschland und ihrer Gliedkirchen zu evangelischen Kirchengemeinschaften und Gemeinden, Pfarrern und Gemeindegliedern deutscher Herkunft außerhalb Deutschlands“ vom 18. März 1954 (AB der EKiD Nr. 82, S. 110 ff.). Hier wird unterschieden zwischen Pfarrern, die auf Zeit und solchen, die auf Dauer entsandt werden. Nach § 20 bleibt der auf Zeit entsandte Pfarrer, soweit nichts anderes bestimmt ist, während des Auslandsdienstes der Disziplinargewalt seiner Gliedkirche unterstellt. Vorermittlungen werden von der Gliedkirche veranlaßt und vom Kirchlichen Außenamt der EKiD in Fühlung mit der Gliedkirche durchgeführt. Die Fühlungnahme mit einer Kirchengemeinschaft richtet sich nach den im Vertrag getroffenen Vereinbarungen. Das Kirchliche Außenamt leitet der Gliedkirche den Bericht über das Ergebnis der Vorermittlungen zu. Bei der Hauptverhandlung ist ein Vertreter des Kirchlichen Außenamtse zuzulassen. Im Vertrag mit einer Kirchengemeinschaft, die eine von der Evangelischen Kirche in Deutschland anerkannte Disziplinarordnung hat, kann vereinbart werden, daß auf Zeit in ihren Dienst entsandte Pfarrer dieser Disziplinarordnung ganz oder teilweise unterstehen. Dabei muß das Recht der Gliedkirche oder der EKiD, die Akten einzusehen und einen Vertreter zur Hauptverhandlung zu entsenden, gewahrt werden. Das Recht der Gliedkirche, Berufung einzulegen, ist sicherzustellen. Auf ordinierte Hilfsprediger, Pfarramtskandidaten, unständige Pfarrer sowie auch andere kirchliche Hilfsarbeiter, wie Vikarinnen, Diakone finden die Bestimmungen entsprechende Anwendung.

Auf Dauer entsandte Pfarrer scheiden aus dem Dienst ihrer Gliedkirche unter Verlust der im Anstellungsverhältnis begründeten Rechte aus (§ 23). Sie unterstehen also auch nicht mehr der Disziplinargewalt der Gliedkirche. Jedoch kommt es auf die mit der betreffenden Kirchengemeinschaft getroffene Regelung an. Missionare fallen nicht unter das Gesetz. Leiter und Mitarbeiter der in Deutschland bestehenden Missionsgesellschaften (Missionsdirektoren und Missionsinspektoren) gehören, wenn sie den Versorgungskassen angeschlossen sind, zu den Geistlichen, die unter § 1 fallen.

Nicht unter § 1 des Gesetzes fallen dagegen Pfarrer, die im Staatsdienst stehen, es sei denn, daß die Disziplinarverhältnisse besonders geregelt sind. Dies ist der Fall bei den Militärgeistlichen, die auf Grund des Vertrages der EKiD mit der Bundesrepublik Deutschland zur Regelung der evangelischen Militärseelsorge vom 22. Februar 1957 angestellt sind. In dem „Kirchengesetz zur Regelung der evangelischen Militärseelsorge in der Bundesrepublik Deutschland" vom 8. März 1957 heißt es in § 22: „Werden gegen einen Militärgeistlichen sowohl als kirchlichen Amtsträger als auch als Bundesbeamten Dienststrafverfahren eröffnet, so kann das kirchliche Verfahren bis zum Vorliegen des Ergebnisses des Verfahrens vor dem zuständigen staatlichen Dienststrafgericht ausgesetzt werden.

Wird ein Militärgeistlicher durch das kirchliche Dienststrafgericht zur Entfernung aus dem Dienst oder zur Amtsenthebung verurteilt, so hat der Militärbischof unverzüglich gemäß Artikel 23 Abs. 1 Ziff. 1 des Staatsvertrages die Entlassung des Militärgeistlichen aus dem Bundesbeamtenverhältnis herbeizuführen."

Es handelt sich hier um ein förmliches Disziplinarverfahren, nicht um ein Verfahren zur Entziehung der mit der Ordination erworbenen Rechte nach § 121 des Gesetzes. Denn in einem solchen Verfahren gibt es die Strafe der Amtsenthebung nicht, die in dem angeführten § 22 ausdrücklich erwähnt ist.

Gefängnisgeistliche werden in Westberlin von der Kirche angestellt und unterliegen daher der Disziplinargewalt der Kirche wie jeder andere Pfarrer. In der Bundesrepublik und in der Deutschen Demokratischen Republik sind die Gefängnisgeistlichen Staatsbeamte bzw. -Angestellte und fallen nicht unter § 1. In jedem Falle ist auch bei Pfarrern, die nicht unter § 1 fallen, ein Verfahren nach § 121 möglich. Die Kirche handelt hier als Inhaberin der Ordinationsbefugnis.

Von der Möglichkeit des Absatz 2 haben die Evangelische Kirche der Union und andere Gliedkirchen Gebrauch gemacht.

§ 2

(1) Wenn ein Geistlicher in oder außer dem Dienst schuldhaft Pflichten verletzt, die sich aus seinem mit der Ordination begründeten Amtsverhältnis ergeben, kann gegen ihn wegen Amtspflichtverletzung ein Disziplinarverfahren nach diesem Gesetz stattfinden. Die Amtspflichten eines Geistlichen bestimmen sich nach dem Rechte der Gliedkirche, der er angehört.

(2) Über den Vorwurf, ein Geistlicher sei in seiner Verkündigung von dem Bekenntnis der Kirche abgewichen, wird nicht nach diesem Gesetz entschieden.

(3) Für die Übung brüderlicher Zucht treffen die Gliedkirchen nähere Bestimmungen.

Das Amtsverhältnis des Pfarrers wird durch die Ordination begründet, die für seine Pflichten von ausschlaggebender Bedeutung ist, wenn auch ihr Wortlaut in der Regel nur von seinen geistlichen Pflichten handelt. Die Amtspflichten sind in dem Disziplinargesetz nicht genannt. Sie bestimmen sich nach gliedkirchlichem Recht. Hier sind sie in den Grundordnungen der einzelnen Kirchen festgelegt und noch eingehender in den Pfarrergesetzen enthalten, die in verschiedenen Kirchen bestehen, in anderen vorbereitet werden. (Z. B. Kirchengesetz über die Dienstverhältnisse der Pfarrer vom 20. 4. 1956 in der Ev. Kirche von Hessen und Nassau, Amtsbl. d. EKiD S. 235, Kirchengesetz über die Rechtsverhältnisse der Pfarrer vom 2. 12. 1955 in der Kirche von Kurhessen-Waldeck, Amtsbl. EKiD 1957 S. 12, Kirchengesetz über die Rechtsverhältnisse der Pfarrer vom 30. 10. 1953 in der Rheinischen Kirche.)

Ein Kirchengesetz betreffend die dienstrechtlichen Verhältnisse der Pfarrer der Evangelischen Kirche der Union vom 7. 5. 1958 liegt im Entwurf vor. In den Grundsätzen stimmen diese Gesetze überein. Verschiedenheiten sind in der Regel durch die geographische Lage, die Größe, die politischen Verhältnisse der Gliedkirche und ähnliches begründet. Die Verletzung der hier aufgeführten Pflichten des Pfarrers sind eine Amtspflichtverletzung im Sinne des Disziplinargesetzes.

Eine vollständige Aufzählung aller Dienstvergehen gibt es in keinem Gesetz. Sie ist auch nicht möglich, weil der Pflichtenkreis eines Geistlichen nicht unabänderlich festzulegen ist. Die unmittelbaren Amtspflichten, und zwar die geistlichen wie die der Verwaltung, und der Lebenswandel stehen sich gleich. Hervorzuheben ist, daß der Pfarrer die Pflicht zu ständigem Aufenthalt an seinem Amtssitze, die sogenannte Residenzpflicht, hat. Wegen der Beurlaubung ist für das Gebiet der Evangelischen Kirche der Union auf den Runderlaß des Evangelischen Oberkirchenrats vom 10. 10. 1928 EO I 1916/28 (Kirchl. Amtsbl. Bln.-Brandenburg 1928 S. 176) zu verweisen. Wenn ein Pfarrer seine Gemeinde ohne Erlaubnis verläßt mit der Absicht, nicht wiederzukehren, so ist dies ein Dienstvergehen, das der disziplinarischen Bestrafung unterliegt. Denn der Pfarrer ist durch die Ordination „zur hingebenden Hirtentreue“ verpflichtet (Art. 18 d. Grundordnung d. Ev. Kirche Bln.-Brandenbg.). Die Beweggründe zu solchem Tun können objektiv nur in einem Disziplinarverfahren geklärt werden, wobei das Sachliche ebenso zu berücksichtigen ist wie die Person und die Familie des Pfarrers und die Umwelt, in der er lebte. Bei ausgesprochenen und nachgewiesenen Notständen wird eine Bestrafung nicht stattfinden können, da das Bestehen einer Gefahr für Leib und Leben nicht gesetzlich vorgeschrieben werden kann (Ausnahmen sind nur der bewaffnete Soldat und Polizeiangehörige) und somit das Nichtbestehen auch nicht von einem Gericht, auch nicht einem kirchlichen, abgeurteilt werden darf.

Die verschiedenen Auffassungen, die diesem Problem gegenüber im Raum der Kirche zutage traten, besonders aber die Auswirkungen auf Pfarrerschaft und Gemeinden, führten in manchen Kreisen der Evangelischen Kirche der Union zu dem Bestreben, eine Sondergesetzgebung zu schaffen. Der Plan konnte wegen ernster rechtlicher Bedenken nicht verwirklicht werden. Die Sorge um die Wiederbesetzung verlassener Pfarrstellen führte jedoch zu einer Verordnung des Rates der Evangelischen Kirche der Union vom 3. März 1959 (Amtsbl. d. EKiD Heft 4 Seite 75). Die Verordnung hat folgenden Wortlaut:

Auf Grund des Artikels 15 Abs. 3 der Ordnung der Evangelischen Kirche der Union wird bis auf weiteres folgendes verordnet:

§ 1

(1) Verläßt ein Pfarrer seine Gemeinde, ohne zuvor die Zustimmung seiner Kirchenleitung eingeholt oder einen Antrag auf Entlassung aus dem Dienst gestellt zu haben und kehrt er trotz Aufforderung der Kirchenleitung innerhalb der ihm gesetzten Frist nicht zurück, so kann die Pfarrstelle nach Ablauf der Frist nach dem allgemein für die Besetzung dieser Pfarrstelle geltenden Recht wiederbesetzt werden.

(2) Die Aufforderung zur Rückkehr ist dem Pfarrer nach den Vorschriften des § 37 des Disziplinargesetzes der Evangelischen Kirche in Deutschland vom 11. März 1955 (ABl. EKiD 1955 Nr. 59) zuzustellen. Dabei ist er auf die nach dieser Verordnung eintretenden Rechtsfolgen seines weiteren Fernbleibens hinzuweisen.

§ 2

Der Anspruch des Pfarrers auf Dienst- und Versorgungsbezüge ruht, solange er seinen Wohnsitz oder dauernden Aufenthalt außerhalb des Währungsgebietes seiner bisherigen Pfarrstelle hat.

§ 3

Die Vorschriften des Disziplinarrechts werden durch diese Verordnung nicht berührt.

§ 4

Auf die Kirchenbeamten findet diese Verordnung entsprechend Anwendung.

§ 5

Diese Verordnung tritt mit ihrer Verkündung in Kraft. Sie gilt nicht in den Evangelischen Kirchen im Rheinland und von Westfalen.

Berlin, den 3. März 1959
Der Rat
der Evangelischen Kirche der Union
gez. D. Scharf

Es handelt sich hier also um eine Maßnahme, die nach ihrem Wortlaut nicht unmittelbar in das Disziplinarrecht eingreift, dessen Vorschriften nach § 3 nicht berührt werden sollen. Mittelbar und praktisch wirkt die Verordnung jedoch stark auf das Disziplinargesetz ein. Pfarrstellen, deren Inhaber ihre Gemeinden ohne Erlaubnis verlassen und in einer ihnen gesetzten Frist nicht zurückkehren, können wieder besetzt werden. Die Pfarrer, die unter diese Vorschrift fallen, werden nicht in den Wartestand versetzt, verlieren aber ihre Stellung, sobald die Neubesetzung vollzogen ist. Sie sind damit Geistliche ohne Amt, was disziplinarrechtlich von größter Bedeutung ist.

So begrüßenswert das Bestreben nach baldiger Wiederbesetzung verlassener Stellen ist, so scheint es zweifelhaft, ob eine Maßnahme, deren Anlaß ein disziplinarer Tatbestand ist, und die für den Betroffenen schwere Folgen hat, durch einen Verwaltungsakt getroffen werden kann, ohne daß eine unabhängige richterliche Instanz dabei mitwirkt. Selbst ein nachfolgendes Disziplinarverfahren könnte nur ein Verfahren nach § 121 sein, dem die wichtigsten Entscheidungsmöglichkeiten bereits vorweggenommen sind. Aber auch eine weitere Gefahr ist gegeben. Da der Pfarrer seine Gemeinde verlassen hat und seine Stelle verliert, könnte die einleitende Dienststelle zu der Auffassung kommen, daß keine Veranlassung mehr besteht, ein förmliches Disziplinarverfahren einzuleiten, das ja in ihr Ermessen gestellt ist. In diesem Falle wäre die einleitende Dienststelle Kläger und Richter zugleich, ein Zustand, der mit den auch auf kirchenrechtlichem Gebiet geltenden rechtsstaatlichen Grundbegriffen unvereinbar ist.

Ältere Vorschriften, nach denen die in dies Gebiet fallenden Fragen gelöst wurden, gelten in der Evangelisch-Lutherischen Landeskirche Sachsens und in Thüringen. In Sachsen gilt eine Bestimmung nach § 9 Abs. 8 des Pfarrwahlgesetzes in der Fassung vom 14. 12. 1956, Kirchl. ABl. Dresden S. 87):

> „Hat ein Geistlicher ohne Genehmigung des Landeskirchenamtes seine Gemeinde verlassen und leistet er innerhalb von 12 Wochen der Aufforderung nicht Folge, in die Arbeit auf seiner Pfarrstelle zurückzukehren, so kann er ohne ein Verfahren nach Abs. 2 in eine andere Pfarrstelle versetzt werden und es kann kein Einspruch dagegen erhoben werden."

In der Praxis erfolgt auf Grund dieser Bestimmung während der Dauer des Disziplinarverfahrens eine Versetzung des Pfarrers in eine sonst nicht wiederzubesetzende Pfarrstelle, damit die verlassene Pfarrstelle alsbald wieder besetzt werden kann.

Grundsätzlich abweichend hiervon ist die Rechtslage in Thüringen. Hier gilt der § 41 der Verfassung vom 2. November 1951, der folgenden Wortlaut hat:

„Auf seinen Antrag wird der Pfarrer vom Landeskirchenrat spätestens nach 3 Monaten aus dem Dienst der Evangelisch-Lutherischen Kirche in Thüringen entlassen, falls er bis dahin alle rückständigen Amtsgeschäfte erledigt und über die ihm anvertraute Vermögensverwaltung Rechnung gelegt hat.

Durch die Entlassung verliert er für sich und seine Angehörigen alle Ansprüche aus seinem bisherigen Dienstverhältnis. Über die Entlassung stellt der Landeskirchenrat eine Entlassungsurkunde aus."

Hierzu hat die Synode am 20. Mai 1953 (KABl. Thüringen S. 123) folgenden Auslegungsbeschluß gefaßt:

„Die Synode der Evangelisch-Lutherischen Kirche in Thüringen stellt fest, daß ein Entlassungsantrag im Sinne des § 41 Abs. 1 der Verfassung auch dann vorliegt, wenn ein Amtsträger oder Beamter der Kirche Amt und Dienst endgültig verläßt und erkennen läßt, daß er nicht gewillt ist, den Dienst wieder aufzunehmen. Eine Amtsniederlegung in diesem Sinne liegt insbesondere dann vor, wenn der Betreffende das Gebiet der Deutschen Demokratischen Republik verläßt und damit eine Fortsetzung seines Dienstes unmöglich macht.

Die Synode billigt, daß in diesen Fällen der Landeskirchenrat eine Entlasungsurkunde zustellt, in der festgestellt wird, daß der Betreffende seine Rechte aus dem Anstellungsverhältnis für sich und seine Angehörigen verloren hat."

Hier wird also die verlassene Pfarrstelle mit der Zustellung der Entlassungsurkunde frei, und es erlöschen alle Ansprüche des Betreffenden auf Besoldung und Versorgung. Insofern gilt auch hier das oben zu der Verordnung der EKU Ausgeführte. Doch wird der Geistliche nach der Regelung in Thüingen frei und ist nicht mehr an seine bisherige Kirche gebunden. Die Frage der Belassung oder des Fortfalls der in der Ordination erworbenen Rechte ist nicht geregelt. Doch scheint nach der Art des Verfahrens die Belassung der Rechte selbstverständlich. Der Pfarrer hat also die Möglichkeit, sich anderwärtig um eine neue Pfarrstelle zu bewerben, da er nicht mehr in einem Dienstverhältnis zur Thüringischen Kirche steht. Die Entscheidung über seine Bewerbung steht allein der aufnehmenden Gliedkirche zu.

Abs. 2. Über das Abweichen vom Bekenntnis der Kirche kann nur in einem Lehrzuchtverfahren entschieden werden, das der gliedkirchlichen Gesetzgebung überlassen werden muß. Mehrere Kirchen haben auf diesem Gebiet schon neues Recht geschaffen. Z. B. Lehrordnung der Vereinigten Evangelisch-Lutherischen Kirche Deutschlands vom 16. Juni 1956 (Kirchl. ABl. d. Ver. Ev.-Luth. Kirche Deutschlands 56 S. 54 ff. und Amtsbl. EKiD 56 S. 376 ff.) Dazu: Mecklenburg. Kirchengesetz über das Verfahren bei Lehrbeanstandungen vom 16. 5. 1957 (KA Meckl. Bl. Nr. 16) und Kirchengesetz über das Lehrverfahren gegen Amtsträger der Ev.-Luther. Kirche in Bayern vom 8. 5. 1957, Amtsbl. d. EKiD S. 167, Gesetz über das Lehrverfahren vom 19. 12. 1956 in der Thüring. Kirche, Amtsbl.

EKiD 1957 S. 153). Die Evangelische Kirche der Union hat seit dem Gesetz betr. das Verfahren bei Beanstandung der Lehre von Geistlichen vom 16. März 1910, das nur einmal (Fall Jatho) angewandt ist und heute nicht mehr gilt, kein neues Recht geschaffen. Ebensowenig die Ev. Kirche in Berlin-Brandenburg und viele andere Gliedkirchen.

Der Vorwurf, ein Geistlicher sei in seiner Verkündigung von dem Bekenntnis der Kirche abgewichen, ist eng auszulegen. Irrungen in der Seelsorge und im geistlichen Wirken fallen nicht darunter und müssen in anderer Weise behandelt werden. Insbesondere kann aber ein „Herabwürdigen" des Bekenntnisses durch das Verhalten des Pfarres nur im Disziplinarverfahren und nicht durch ein Lehrzuchtverfahren erledigt werden. (Vgl. Adolf von Harnack: Das neue kirchliche Spruchkollegium — Preuß. Jahrbücher, Bd. 138/1909).

Über die Übung brüderlicher Zucht vgl. das zum letzten Absatz des Vorspruches Gesagte.

§ 3

(1) Ein Disziplinarverfahren kann auch wegen solcher Amtspflichtverletzungen stattfinden, die ein Geistlicher in einem früheren Amtsverhältnis als Geistlicher oder Kirchenbeamter begangen hat.

(2) Dasselbe gilt für frühere Verfehlungen eines Geistlichen, die er nach der Ordination, aber außerhalb eines Amtsverhältnisses begangen hat, wenn ihm wegen dieser Verfehlungen gemäß § 121 die durch die Ordination erworbenen Rechte hätten entzogen werden können.

Abs 1. Es handelt sich hier um Amtspflichtverletzungen, bei denen der Geistliche zur Zeit der Tat im aktiven Dienst als Pfarrer oder Kirchenbeamter gestanden hat, jedoch in einem anderen Dienstverhältnis als bei Bekanntwerden der Tat. Die Vorschrift ist bedeutsam für Geistliche, die von einer Gliedkirche in eine andere übergegangen, aber auch für solche, die inzwischen in den Ruhestand getreten sind. Das Disziplinargesetz steht zwar nicht mehr auf dem Standpunkt, daß eine Amtspflichtverletzung nur von einem aktiven Geistlichen begangen werden kann. Sie nennt vielmehr die Geistlichen im Warte- oder Ruhestand ausdrücklich in § 1 b. Aber das Amtsverhältnis ist ein anderes geworden. Auch Geistliche, die Beamte der kirchlichen Verwaltung geworden sind, oder umgekehrt theologische Beamte der kirchlichen Verwaltung, die wieder ins Pfarramt gehen, werden von § 3 Abs. 1 betroffen.

Abs. 2. Hier werden die Pfarrer betroffen, die eine Amtspflichtverletzung zu einer Zeit begangen haben, in der sie nicht unter § 1 des Gesetzes fielen, also entweder kein Amt inne hatten oder im Staatsdienst, in gewissen Fällen auch im Auslandsdienst standen. (Vergl. das zu § 1 Ausgeführte.) Maßgebend ist auch hier die Ordination. Diese Geistlichen müssen bei Bekanntwerden der Amtspflichtverletzung im Dienste der

Kirche angestellt sein oder sich im kirchlichen Warte- oder Ruhestand befinden. Die begangene Amtsvpflicherletzung muß so schwer sein, daß sie bei ihrer Begehung die Entziehung der durch die Ordination erworbenen Rechte gerechtfertigt hätte.

Verfehlungen, die vor der Ordination bezw. vor der Anstellung als Kirchenbeamter liegen, können nicht nach dem Disziplinargesetz bestraft werden. Sie sind keine Amtspflichtverletzungen im Sinne des Gesetzes. Das staatliche Disziplinarrecht vertritt den gleichen Standpunkt. (Vgl. Curt Römer: Bundesdisziplinarordnung S. 133.) Sollte sich herausstellen, daß ein Geistlicher oder Kirchenbeamter sein Amt durch Täuschung erschlichen oder daß er vor der Ordination oder Ernennung ein Verbrechen oder Vergehen begangen hat, so kann die Berufung nach den vorhandenen oder in Vorbereitung befindlichen Pfarrergesetzen zurückgenommen werden (z. B. Entwurf eines Pfarrergesetzes der EKU vom 7. 5. 1958 § 13).

§ 4

(1) Ob wegen einer Amtspflichtverletzung mit Disziplinarmaßnahmen einzuschreiten ist, bestimmt die zuständige Dienststelle nach pflichtmäßigem Ermessen. Sie hat dabei das gesamte dienstliche und außerdienstliche Verhalten des Beschuldigten zu würdigen.

(2) Zuständige Dienststellen sind:

a) für Geistliche, die im Dienst oder unter der Leitung oder Dienstaufsicht der Evangelischen Kirche in Deutschland stehen, der Rat der Evangelischen Kirche in Deutschland,

b) für Geistliche, die im Dienst oder unter der Leitung oder Dienstaufsicht einer Gliedkirche stehen, die nach gliedkirchlichem Recht zuständige Dienststelle,

c) für Geistliche im Wartestand oder Ruhestand die zuletzt vor Beginn des Wartestandes oder Ruhestandes zuständige Dienststelle oder die Stelle, auf die die Zuständigkeit übergegangen ist,

d) für nicht angestellte ordinierte Hilfsgeistliche die Gliedkirche, die die Ordination vollzogen hat.

Im kirchlichen Disziplinarrecht herrscht, ebenso wie im staatlichen das Opportunitätsprinzip. Die zuständige Dienststelle ist nicht, wie im Strafrecht der Staatsanwalt, verpflichtet, einzuschreiten, wenn sie von einer Amtspflichtverletzung Kenntnis erhält. Ihre Maßnahmen sind vielmehr in ihr pflichtmäßiges Ermessen gestellt. Der Ausdruck „pflichtmäßig" besagt, daß keinesfalls willkürlich gehandelt werden darf, wenn nicht die Gefahr entstehen soll, daß die Betroffenen das Gefühl haben, es werde mit zweierlei Maß gemessen. Die Dienststelle muß vor allem das Interesse der Kirche und der von ihren Maßnahmen betroffenen Gemeinden sowie die Wirkung auf die Pfarrerschaft oder Beamtenschaft im Auge haben. Sie wird also das gesamte amtliche und außeramtliche Verhalten des Geistlichen prüfen müssen und unter Würdigung persönlicher und sachlicher Gesichtspunkte entscheiden, ob eine Ermahnung und Rüge genügt, ob eine Disziplinarverfügung angebracht ist oder ob ein förmliches Verfahren eröffnet werden muß. Wenn es sich um schwere Amtspflichtverletzungen im Dienst oder in der Lebensführung handelt, wird sich das Letztere nur unter außergewöhnlichen Umständen vermeiden lassen. Die Bestimmung des § 4 trägt zugleich der seelsorgerlichen Seite des kirchlichen Disziplinarverfahrens Rechnung. Eins ist der einleitenden Dienststelle allerdings verwehrt. Sie darf bei Vorliegen eines Tatbestandes, der disziplinar ist oder dafür gehalten werden kann, keine Maßnahmen treffen, die ein förmliches Disziplinarverfahren vermeiden, dem Betroffenen aber Folgen auferlegen, die einem Disziplinarurteil gleichkommen. Dies wäre eine Umgehung des Disziplinargesetzes. Der Grundsatz, daß niemand seinem ordentlichen Richter entzogen werden darf, gilt auch hier.

Zu Abs. 2 b ist auf die Kirchengesetze zu verweisen, durch die die Gliedkirchen das Disziplinargesetz bei sich eingeführt haben. (Z. B. Verordnung über das Disziplinarrecht vom 14. 5. 1956 für die Evangel. Kirche der Union, § 3.)

§ 4 Abs. 2 d kann dann von Bedeutung werden, wenn ein ordinierter Hilfsgeistlicher sich in einer Gliedkirche erlaubt oder unerlaubt aufhält, die ihn nicht ordiniert hat, ohne dort angestellt zu sein. Dann hat bei einer Amtspflichtverletzung die Kirche, die ihn ordiniert hat, das Disziplinarverfahren durchzuführen. Ein Verfahren nach § 121 ist in diesem Falle nicht möglich, da ein ordinierter Hilfsprediger Geistlicher im Sinne von § 1 des Gesetzes ist. Die Gliedkirche, in der er sich aufhält, hat der das Verfahren durchführenden Gliedkirche nach § 19 Abs. 1 des Gesetzes lediglich Amtshilfe zu leisten.

Abschnitt II

Disziplinarstrafen

§ 5

(1) Disziplinarstrafen sind:
Warnung,
Verweis,
Geldbuße,
Gehaltskürzung,
Versetzung,
Amtsenthebung,
Entfernung aus dem Dienst,
Kürzung des Ruhegehaltes,
Aberkennung des Ruhegehaltes.

(2) Bei Geistlichen im Wartestand tritt an die Stelle der Amtsenthebung Herabsetzung des Wartegeldes.

(3) Bei Geistlichen im Ruhestand tritt an die Stelle der Gehaltskürzung Kürzung des Ruhegehalts, und an die Stelle der Entfernung aus dem Dienst Aberkennung des Ruhegehalts.

(4) Auf Geistliche im Wartestand ist die Strafe der Versetzung, auf Geistliche im Ruhestand sind die Strafen der Versetzung und der Amtsenthebung nicht anwendbar.

(5) Die Strafen der Warnung, des Verweises und der Geldbuße können auch durch Disziplinarverfügung (§ 17), die anderen Strafen nur durch gerichtliches Urteil verhängt werden.

(6) In demselben Disziplinarverfahren darf nur eine der Disziplinarstrafen verhängt werden.

(7) Den Gliedkirchen bleibt vorbehalten, in ihren Durchführungsbestimmungen die Disziplinarstrafen der Geldbuße, Gehaltskürzung, Versetzung und Kürzung des Ruhegehalts für ihren Bereich auszuschließen.

Die Aufzählung der Disziplinarstrafen ist erschöpfend. Auf andere als die hier vorgesehenen Strafen darf nicht erkannt werden. Bei der Fülle und Verschiedenartigkeit der Amtspflichtverletzungen ist die Möglichkeit zahlreicher, untereinander verschiedener Strafen zu begrüßen. Dem Charakter nach sollen die leichten Strafen den Betroffenen nur nachhaltig an die Pflichten seines Amtes erinnern, während die schweren ihn aus dem Amt und äußerstenfalls aus dem Dienst entfernen.

Im Verwaltungsweg ausgesprochene Mißbilligung oder Rügen sind ebenso, wie die sogenannten Erzwingungsstrafen, die bei vergeblicher Mahnung gegen Säumige festgesetzt werden, keine Disziplinarstrafen im Sinne des Gesetzes. Die Strafe der Geldbuße soll nur bei Ordnungswidrigkeiten verhängt werden. In anderen Fälen erscheint sie unwürdig. Gegen die Strafe der Versetzung bestehen vielfach Bedenken. In größeren Gliedkirchen ist sie jedoch sehr zweckmäßig, zumal in Fällen, in denen ein Geistlicher ohne eine schwere Amtspflichtverletzung in seiner Gemeinde Anstoß erregt hat und keine richtige Verbindung mehr zu ihr finden kann. Hier soll sie ihm helfen, in einer anderen Gemeinde einen neuen Anfang zu machen. Die Durchführung ist in größeren Gliedkirchen unschwer möglich. Zahlreiche Gliedkirchen, insbesondere kleine, haben auf die Strafe der Versetzung verzichtet. Von der Versetzung von Pfarrern im Interesse des Dienstes ist diese disziplinare Versetzung grundsätzlich verschieden. Bei der Versetzung im Interesse des Dienstes darf kein disziplinarer Tatbestand vorliegen.

Abs. 4. Auf Geistliche im Wartestand ist die Strafe der Versetzung, auf Geistliche im Ruhestand sind die Strafen der Versetzung und der Amtsenthebung nicht anwendbar. Alle anderen Strafen können verhängt werden. Sie haben bei Warte- und Ruheständlern nur gemäß § 13 andere Bezeichnugen, die der Rechtsstellung des Bestraften entsprechen. Es können auch im Gegensatz zum bisherigen Recht Warnung, Verweis und Geldbuße verhängt werden. (Vergl. das zu § 1 Ausgeführte.)

Nach Absatz 7 bleibt es den Gliedkirchen vorbehalten, auch weitere Strafen, so Geldbuße, Gehaltskürzung, Kürzung des Ruhegehalts auszuschließen.

§ 6

(1) Warnung ist die Mißbilligung, Verweis die scharfe Mißbilligung einer Amtspflichtverletzung mit der Ankündigung schärferer Maßnahmen bei Wiederholung.

(2) Mißbilligungen seitens der zum Erlaß von Disziplinarverfügungen berechtigten Dienststellen sind, auch wenn sie schriftlich erfolgen, keine Disziplinarstrafen, sofern sie nicht ausdrücklich als Warnung oder Verweis bezeichnet werden.

§ 6 handelt von den mildesten Disziplinarstrafen, der Warnung und dem Verweis. Der Verweis stellt eine scharfe Mißbilligung eines disziplinaren Tatbestandes dar. Im übrigen ist zwischen beiden Strafen nur der Unterschied, daß bei Wiederholungen der erteilte Verweis schwerer wiegt. Die Strafen müssen ausdrücklich als Warnung oder Verweis bezeichnet werden, wenn sie als Disziplinarstrafe gelten sollen.

§ 7

(1) Die Geldbuße darf das einmonatige Grundgehalt des Bestraften nicht übersteigen.

(2) Die Geldbuße soll nur verhängt werden, wenn es sich um Ordnungswidrigkeiten handelt.

(3) Die Geldbuße kann von den Dienstbezügen abgezogen werden.

Die nur bei Ordnungswidrigkeiten zu verhängende Geldbuße ist eine einmalige Zahlung. Sie kann vom Gehalt abgezogen werden. Von dieser Möglichkeit sollte nur im äußersten Falle Gebrauch gemacht werden, d. h. wenn der Bestrafte die Zahlung verweigert oder ungebührlich hinauszögert. Die Pfändungsgrenze ist in jedem Falle zu beachten. Es können Ratenzahlungen bewilligt oder auch von vornherein festgesetzt werden. Die Geldbuße darf im Gegensatz zum früheren Recht (Altpreuß. Gesetz vom 16. 7. 1886, § 13) nicht mehr mit einer anderen Strafe verbunden werden. Bei Verhängung ist die Höhe des Betrages genau zu bezeichnen. Lebensunterhalt und Haushaltsführung des Geistlichen oder Kirchenbeamten sollen nicht gefährdet werden. Was die Dienstbezüge betrifft, so ist die Höhe zur Zeit der endgültigen Entscheidung maßgebend, bei einer Disziplinarverfügung die Zeit der Verhängung, bei einem Urteil der Zeitpunkt der Rechtskraft.

§ 8

(1) Die Gehaltskürzung besteht in der bruchteilmäßigen Verminderung der jeweiligen Dienstbezüge (bei Wartestandsgeistlichen der Wartestandsbezüge) um höchstens ein Fünftel und längstens auf fünf Jahre. Der Verminderung unterliegen die Geld- und Sachbezüge in Höhe des Betrages, der bei der Feststellung der Einkommensteuerpflicht als Arbeitslohn zugrunde gelegt wird. Die Durchführung der Gehaltskürzung beginnt mit der nächsten Zahlung nach Rechtskraft des Urteils, sofern in diesem nichts anderes bestimmt ist.

(2) Hat der Bestrafte aus einem früheren kirchlichen Dienstverhältnis einen Anspruch auf Versorgungsbezüge, die mit Rücksicht auf die an Abs. 1 Satz 1 genannten Bezüge nur teilweise oder gar nicht gezahlt werden, so hat die Gehaltskürzung keine Erhöhung dieser Versorgungsbezüge zur Folge.

(3) Tritt ein zur Gehaltskürzung verurteilter aktiver Geistlicher in den Wartestand oder Ruhestand, so werden die aus seinem unverminderten Diensteinkommen errechneten Versorgungsbezüge während der Gehaltskürzungsfrist um den im Urteil bestimmten Bruchteil vermindert. Dasselbe gilt für das Ruhegehalt eines Wartestandsgeistlichen, der während der Gehaltskürzungsfrist in den Ruhestand tritt.

(4) Stirbt der Bestrafte während der Gehaltskürzungsfrist, so enden die Wirkungen der Gehaltskürzung mit dem Ablauf des Sterbemonats.

Der Bruchteil, um den die jeweiligen Dienstbezüge des Bestraften vermindert werden sollen, ist im Urteil anzugeben. Im Interesse des Beschuldigten ist für die Höhe der Summe und die Länge der Zeit der Kürzung eine Grenze angegeben: Höchstens ein Fünftel und längstens fünf Jahre. Maßgebend sind die Bezüge zur Zeit der Rechtskraft des Urteils. Auf Gehaltskürzung kann nur im förmlichen Disziplinarverfahren durch Urteil erkannt werden. Abs. 2 behandelt den Fall, daß der Bestrafte aus einem früheren kirchlichen Dienstverhältnis einen Anspruch auf Versorgungsbezüge hat, die mit Rücksicht auf sein gegenwärtiges Gehalt gar nicht oder nur zum Teil bezahlt werden. Hier soll die Gehaltskürzung nicht dazu führen, daß nunmehr die Versorgungsbezüge wegen des niedriger gewordenen Gehaltes mit einem höheren Betrage ausbezahlt werden und so die Gehaltskürzung wieder ausgleichen. Es darf vielmehr an der Zahlung bzw. Nichtzahlung der Versorgungsbezüge keine Änderung eintreten.

Abs. 3. Diese Vorschrift ist zu Gunsten des Bestraften getroffen. Die Versorgungsbezüge werden von seinem unverminderten Diensteinkommen berechnet. Von dem Ruhegehalt wird dann der im Urteil festgesetzte Bruchteil gekürzt.

Abs. 4 schützt die Hinterbliebenen vor den Auswirkungen des Urteils, das gegen den Verstorbenen ergangen ist. Die Kürzung endet mit dem Ablauf des Sterbemonats. Da dann erst das Gnadenquartal beginnt, so bleiben die hier zu zahlenden Bezüge ebenso wie das Witwen- und Waisengeld von der Kürzung frei. Daß das Sterbegeld nicht gekürzt wird, bedeutet eine Milderung gegenüber der Disziplinarordnung vom 13. 4. 1939 und der Bundesdisziplinarordnung vom 28. 11. 1952, § 7.

§ 9

(1) Die Durchführung des auf Versetzung lautenden Urteils liegt der für das Amt des Bestraften zuständigen Dienststelle ob. Das dem Bestraften zu übertragende Amt muß derselben Laufbahn angehören, braucht aber im übrigen, auch hinsichtlich der Bezüge, dem bisherigen Amt nicht gleichwertig zu sein.

(2) Ist nach Feststellung der obersten Dienststelle des Bestraften binnen sechs Monaten nach Rechtskraft des Urteils die Versetzung nicht möglich gewesen, so tritt der Bestrafte zu dem von der obersten Dienststelle zu bestimmenden Zeitpunkt in den Wartestand. Dieser Beschluß ist dem Bestraften zuzustellen. Er ist unanfechtbar.

(3) In dem auf Versetzung lautenden Urteil kann bestimmt werden, daß der Bestrafte bis zur Durchführung der Versetzung von seinen Amtsgeschäften ganz oder teilweise entbunden wird und während dieser Zeit nur einen Teil seiner Dienstbezüge erhält; die Dienstbezüge können dabei bis auf den Betrag des Wartegeldes herabgesetzt werden, das dem Bestraften bei Versetzung in den Wartestand im Zeitpunkt der Rechtskraft des Urteils zustehen würde.

Abs. 1. Daß die Versetzung nur von der für den Bestraften zuständigen Dienststelle (Konsistorium, Landeskirchenamt usw.) durchgeführt werden kann, ist selbstverständlich, da sie eine Verwaltungsmaßnahme ist und von dem Disziplinargericht gar nicht vorgenommen werden könnte. Die Bestimmung, daß das zu übertragende Amt dem bisherigen zwar der Laufbahn nach, aber in sonstiger Hinsicht nicht gleichwertig zu sein braucht, ist berechtigt, weil es sich um eine Bestrafung handelt.

Abs. 2. Hier wird der obersten Dienststelle das Recht gegeben, den Bestraften, wenn seine Versetzung binnen 6 Monaten nach Rechtskraft des Urteils nicht möglich war, zu einem von ihr zu bestimmenden Zeitpunkt in den Wartestand zu versetzen. Sie erhält damit die Ermächtigung zu einer Strafverschärfung des ergangenen Urteils, da die Rechtsstellung eines Wartestandsgeistlichen nach dem Gesetz bei der nächstschwereren Strafe, der Amtsenthebung, vorgesehen ist. Dies ist für rechtsstaatliche Grundsätze bedenklich, wie denn auch das Altpreußische Kirchengesetz vom 16. 7. 1886 die Angelegenheit an die Disziplinarbehörde zurückverwies, die dann die Strafe der Versetzung in Amtsenthebung umwandelte. In der Praxis ist die Vorschrift des Abs. 2 nicht zu entbehren. Wie bereits zu § 5 ausgeführt, ist die Versetzung in größeren Gliedkirchen, zumal bei Pfarrermangel, leicht möglich. Vielfach weigern sich aber verurteilte Pfarrer, in eine ihnen nicht zusagende Stelle überzugehen. Sind wichtige Gründe für die Ablehnung vorhanden, wird die Behörde ihnen eine andere Stelle anbieten. Um eine übermäßige Verzögerung der zu treffenden Maßnahmen zu vermeiden, ist die Frist von 6 Monaten, die ausreichend scheint, gesetzt worden, nach deren fruchtlosem Ablauf die oberste Dienststelle den erwähnten Beschluß fassen kann. Liegt die Unmöglichkeit einer Versetzung an den Kirchengemeinden, die den verurteilten Geistlichen ablehnen, so bleibt als einziger Ausweg ebenfalls nur das Verfahren nach Abs. 2, das ja dem Betroffenen eigene Bewerbungen um Pfarrstellen und auch eine spätere Wiederverwendung durch die Kirchenbehörde offen läßt. Die Möglichkeit einer Anfechtung des Beschlusses ist nicht gegeben und wäre auch praktisch nutzlos, da das Disziplinargericht eine andere Entscheidung nicht realisieren könnte.

Abs. 3 wird besonders dann Anwendung finden müssen, wenn der Bestrafte in seiner Gemeinde keine Möglichkeit mehr zu einer fruchtbaren Arbeit hat und das Urteil auf Versetzung ganz oder zum Teil sich auf diese Tatsache stützt.

§ 10

(1) Durch die Amtsenthebung verliert der Bestrafte sein Amt und erhält die Rechtsstellung eines Geistlichen im Wartestand.

(2) Das Urteil kann bestimmen, daß der Bestrafte erst nach einer Frist, die auf höchstens zwei Jahre zu bemessen ist, in einem Amt als Geistlicher oder Kirchenbeamter wieder angestellt werden darf. Die für den Bestraften zuständige oberste Dienststelle kann ihn während dieser Frist einem anderen Geistlichen zur Hilfeleistung beiordnen oder in eine sonstige ihn fördernde Tätigkeit einweisen.

(3) Bis zum Ablauf des Monats, in dem das Urteil rechtskräftig wird, stehen dem Bestraften seine bisherigen Dienstbezüge zu. Der Bestrafte erhält als Wartegeld vier Fünftel des normalen Wartegeldes; doch kann im Urteil das Wartegeld auf einen geringeren Betrag herabgesetzt werden, jedoch nicht unter die Hälfte des normalen Wartegeldes. Die Zeit, die er auf Grund der Amtsenthebung im Wartestand verbringt, wird auf seine ruhegehaltsfähige Dienstzeit nicht angerechnet.

(4) Tritt der Bestrafte in den Ruhestand, so darf binnen fünf Jahren nach Rechtskraft des Urteils das Ruhegeld nicht höher sein als das nach Abs. 3 herabgesetzte Wartegeld.

(5) Stirbt der Bestrafte, so findet nach Ablauf des Sterbemonats keine Herabsetzung statt.

Abs. 1. Amtsenthebung ist die zweitschwerste Strafe gegen einen Geistlichen oder Kirchenbeamten. Sie war schon in dem altpreußischen Disziplinargesetz vom 16. Juli 1886 vorgesehen. (§ 9 u. 11) In der Disziplinarordnung der DEK vom 13. 4. 1939 wird sie Entfernung aus dem Amt genannt, unterschied sich aber kaum von den Bestimmungen des neuen Gesetzes. Das staatliche Disziplinarrecht kennt die Amtsenthebung nicht. Die Strafe bewirkt, daß der von ihr Betroffene das Amt, das er inne hat, verliert, aber Pfarrer mit den durch die Ordination erworbenen Rechten bleibt und die Stellung eines Geistlichen im Wartestand erhält.

Abs. 2. Das Urteil auf Amtsenthebung kann dadurch verschärft werden, daß der Bestrafte erst nach einer auf höchstens zwei Jahre zu bemessenden Frist wieder in ein Amt als Geistlicher oder Kirchenbeamter angestellt werden darf. Diese Vorschrift, die in früheren Disziplinargesetzen nicht enthalten war, ist neben anderen Gründen darauf zurückzuführen, daß amtsenthobene Geistliche, besonders in Zeiten des Pfarrermangels, oft so schnell eine neue Stelle fanden, daß die Strafe kaum fühlbar wurde. Der Geistliche soll in der Zeit der Anstellungssperre nicht untätig sein. Deshalb bestimmt das Gesetz, daß ihn die zuständige Dienststelle in eine ihn fördernde Tätigkeit einweisen kann. In der Praxis kommt es jedoch vor, daß sich der amtsenthobene Geistliche, der erst in einer bestimmten Frist wieder angestellt werden darf, in einer anderen Kirchenprovinz aufhält, die u. U. in einem anderen Währungsgebiet liegt. Hier kann er nur von der Kirchenbehörde seines neuen Aufenthaltsortes beschäftigt werden, die sich nach den zwischen den Gliedkirchen getroffenen Abmachungen zuvor mit seiner bisher zuständigen Kirchenbehörde in Verbindung setzen wird. Welche Tätigkeit der Geistliche ausüben kann, wird vom einzelnen Fall abhängen, insbesondere die Frage, ob er ein geistliches Amt kommissarisch verwalten darf. Von besonders liegenden Fällen abgesehen wird dies erst nach Rechtskraft des Urteils möglich sein. Dann aber bestehen dagegen keine Bedenken, da das Gesetz ausdrücklich von „anstellen" spricht, die Sperrfrist sich also nur auf die feste Wiederanstellung bezieht. Wenn sich der Pfarrer selbst eine Arbeit sucht, so muß sie der Würde des geistlichen Amtes angemessen sein. Das wird man z. B. ohne weiteres von jeder Art unterrichtender Tätigkeit sagen können, von kirchlicher oder sonstiger Verwaltungsarbeit und Ähnlichem.

Abs. 3. Das Wartegeld, das auf Grund eines Disziplinarurteils vom 1. des auf die Rechtskraft folgenden Monats ab gezahlt wird, beträgt vier Fünftel des normalen Wartegeldes, kann aber im Urteil auf einen geringeren Betrag herabgesetzt werden. Bei der finanziellen Versorgung amtsenthobener Pfarrer sind die schon bei der Frage der Beschäftigung angedeuteten Schwierigkeiten u. U. noch größer, wenn sich der Geistliche in einer Gliedkirche mit anderer Währung aufhält. In § 3 des Kirchengesetzes der Evangelischen Kirche der Union vom 15. 5. 1952 (ABl. d. EKiD 53,

Sonderheft Nr. 131 Seite 284) heißt es: „Ein Versorgungsberechtigter, der ohne Genehmigung der Kirchenkanzlei seinen Wohnsitz aus dem Währungsgebiet der Deutschen Notenbank verlegt, hat keinen Anspruch auf Zahlung der Versorgungsbezüge in der Währung des neuen Wohnsitzes."

Die Frage, ob diese Vorschrift auch auf das Wartegeld angewendet werden kann, das auf Grund von § 10 Abs. 3 vom Disziplinargericht neu festgesetzt ist, und zwar oft, während sich der Beschuldigte schon in dem neuen Währungsgebiet befindet, ist zu verneinen. Auch die oben angeführte Verordnung der EKU vom 3. 3. 1959 befaßt sich mit der Regelung der Versorgungsansprüche der Pfarrer. In § 2 dieser Verordnung heißt es: „Der Anspruch des Pfarrers auf Dienst- und Versorgungsbezüge ruht, solange er seinen Wohnsitz oder dauernden Aufenthalt außerhalb des Währungsgebietes seiner bisherigen Pfarrstelle hat."

Auch hier erhebt sich die Frage, ob unter diese Versorgungsbezüge das neu im Disziplinarverfahren während des Aufenthaltes des Beschuldigten in einem anderen Währungsgebiet festgesetzte Wartegeld nach § 10 Abs. 3 fällt. In § 3 der Verordnung vom 3. 3. 59 heißt es: „Die Vorschriften des Disziplinarrechts werden durch diese Verordnung nicht berührt". Da hier ausdrücklich das Disziplinargesetz erwähnt wird, und zwar in dem Sinne, daß seine Vorschriften unberührt bleiben, so muß man daraus schließen, daß das Wartegeld nach § 10 Abs. 3, dessen Festsetzung ein Teil des Disziplinarrechts ist, auch nicht berührt wird. Anderenfalls würde Abs. 3 der Verordnung etwas Unrichtiges aussagen. Denn dann würde die Durchführung der Vorschriften von Abs. 3 unmöglich gemacht, das Disziplinarrecht also an einem wichtigen Punkte berührt werden. Es ist hiernach festzustellen, daß ein Wartegeld, das die Disziplinarkammer festsetzt, in der Währung des Gebiets zu zahlen ist, in dem der Beschuldigte zur Zeit des Urteils seinen Wohnsitz begründet oder nach staatlicher Vorschrift berechtigten Aufenthalt genommen hat, es sei denn, daß für die Heimatkirche die tatsächliche Unmöglichkeit besteht, in der Währung des neuen Wohnsitzes zu zahlen und keine andere Stelle vorhanden ist, die die Zahlung übernehmen könnte.

Die oben zu § 2 erwähnten außerhalb des Disziplinarrechts liegenden Regelungen der Evangelisch-Lutherischen Kirchen in Sachsen und Thüringen sind, was das Finanzielle anbetrifft, eindeutig.

Abs. 5 entspricht der Vorschrift in § 8 Abs. 4. Auch das Sterbegeld und das Witwen- und Waisengeld unterliegt keinerlei Herabsetzungen mehr.

§ 11

(1) Mit der Entfernung aus dem Dienst verliert der Bestrafte den Anspruch auf sämtliche Dienstbezüge und auf die Versorgung sowie die Befugnis, die Amtsbezeichnung zu führen. Diese Wirkungen treten mit Ablauf des Monats ein, in dem das Urteil rechtskräftig wird.

(2) Die Entfernung aus dem Dienst und ihre Rechtsfolgen erstrecken sich auf alle Ämter, die der Bestrafte bei Rechtskraft des Urteils im kirchlichen Dienst bekleidet hat.

(3) War der Bestrafte vor dem Dienstverhältnis, das durch die Bestrafung beendet wird, aus einem kirchlichen Dienstverhältnis in den Ruhestand versetzt worden, so verliert er den Anspruch auf das frühere Ruhegehalt und die entsprechende Hinterbliebenenversorgung sowie die Befugnis, die dem früheren Dienstverhältnis entsprechende Amtsbezeichnung mit einem den Ruhestand bezeichnenden Zusatz zu führen, es sei denn, daß ihm der Anspruch oder die Befugnis ausdrücklich belassen werden.

Die Entfernung aus dem Dienst ist die schwerste Strafe, die das Disziplinargesetz vorsieht. Mit Ablauf des Monats, in dem das Urteil rechtskräftig wird, verliert der Bestrafte alles, was seine bisherige Stellung äußerlich gekennzeichnet hat: Dienstbezüge und Versorgungsanspruch sowie Amtsbezeichnung.

Abs. 2 fügt hinzu, daß sich diese Folgen auf alle Ämter erstrecken, die der Bestrafte im kirchlichen Dienst bekleidet hat.

Abs. 3 bestimmt, daß auch eventuelle frühere Ruhegehälter aus einem anderen kirchlichen Dienstverhältnis sowie die Amtsbezeichnung aus dem früheren Dienstverhältnis in Fortfall kommen, wenn nicht der Anspruch und die Befugnis ausdrücklich belassen werden. Die Entfernung aus dem Dienst bedeutet also nicht nur den Verlust eines bestimmten Amtes, sondern das völlige Ausscheiden aus dem Pfarrerstand und dem Dienst der Kirche. Vergl. aber § 85 des Gesetzes.

§ 12

(1) Die Entfernung aus dem Dienst hat den Verlust der mit der Ordination erworbenen Rechte zur Folge, wenn nicht das Urteil aus besonderen Gründen ausspricht, daß diese Rechte dem Bestraften belassen werden.

(2) Die mit der Ordination erworbenen Rechte im Sinne dieses Gesetzes sind die Ermächtigung zur öffentlichen Wortverkündigung, zur Verwaltung der Sakramente und zur Vornahme von Amtshandlungen sowie das Recht, eine geistliche Amtsbezeichnung zu führen und die Amtstracht eines Geistlichen zu tragen.

Hier wird als weitere Folge der Entfernung aus dem Dienst der Verlust der mit der Ordination erworbenen Rechte angeführt. Gleichzeitig ist aber vorgesehen, daß diese Rechte aus besonderen Gründen belassen werden können. Es gibt Fälle, wo ein Geistlicher wegen eines Vergehens aus dem Dienst entfernt werden muß, aber seine bisherige Amts- und Lebensführung einwandfrei, unter Umständen sogar besonders verdienstvoll sind. In solchen Fällen mildert § 12 die Schwere des Urteils. Bei erneutem Vergehen würde § 121 in Frage kommen.

Abs. 2 gibt die mit der Ordination erworbenen Rechte genau an. Eine gesetzliche Begriffsbestimmung der „Rechte des geistlichen Standes", wie es in früheren Gesetzen hieß, gab es nicht. (Vgl. jedoch V. des Leiters der Deutsch. Ev. Kirchenkanzlei v. 14. 4. 44. Ges. Bl. d. DEK. S. 3.) Die Rechte des geistlichen Standes erscheinen umfassender als die mit der Ordination erworbenen Rechte. Sie schließen z. B. auch das Recht auf eine verliehene Pfarrstelle in sich. Der in § 12 Abs. 2 gebrauchte Ausdruck ist treffend und schließt Zweifelsfälle aus. Lediglich der Begriff „öffentliche Wortverkündigung" ist nicht eindeutig, weil zu ihr z. B. auch der Prediger einer Freikirche befugt ist. Gemeint ist Wortverkündigung im Predigtamt der Kirche. Die hier aufgeführten Rechte kann das auf Entfernung aus dem Dienst lautende Urteil dem Bestraften nach § 12 Abs. 1 aus besonderen Gründen belassen. Ein völliges Ausscheiden aus dem Pfarrerstand liegt dann nicht mehr vor, wohl aber eine Entfernung aus dem Dienst der Kirche. Eine Wiederanstellung im Pfarramte ist nur dann möglich, wenn die Strafe im Gnadenwege gemäß § 120 erlassen, oder durch eine mildere ersetzt worden ist.

§ 13

(1) Auf die Disziplinarstrafe der Herabsetzung des Wartegeldes finden die Bestimmungen des § 10 Abs. 2 bis 5 sinngemäß Anwendung.

(2) Für die Disziplinarstrafe der Kürzung des Ruhegehaltes gelten sinngemäß die Bestimmungen des § 8 Abs. 1, 2 und 4.

(3) Die Disziplinarstrafe der Aberkennung des Ruhegehaltes bewirkt das Ausscheiden des Bestraften aus dem Amtsverhältnis als Geistlicher im Ruhestand. Die Bestimmungen der §§ 11 und 12 gelten sinngemäß.

(4) Tritt ein zur Gehaltskürzung oder zur Entfernung aus dem Dienst bestrafter Geistlicher vor Rechtskraft des Urteils in den Ruhestand, so wirkt das auf Gehaltskürzung lautende Urteil als Urteil auf Kürzung des Ruhegehaltes, das auf Entfernung aus dem Dienst lautende Urteil als Urteil auf Aberkennung des Ruhegehaltes. Tritt ein zur Amtsenthebung bestrafter Geistlicher vor Rechtskraft des Urteils in den Ruhestand, so gelten die Bestimmungen des § 10 Abs. 4 und 5.

§ 13 behandelt die Auswirkungen der über Warte- und Ruhegehaltsempfänger verhängten Strafen. Da nach § 5 Abs. 2 bei Geistlichen im Wartestand an die Stelle der Amtsenthebung die Herabsetzung des Wartegeldes tritt, so ist es natürlich, daß die die Auswirkung der Amtsenthebung behandelnden Vorschriften des § 10 hier sinngemäße Anwendung finden.

Dabei ist zu berücksichtigen, daß der Amtsträger im Wartestand jederzeit wieder verwendet werden kann, da er, wie die Bezeichnung angibt, auf eine Wiederanstellung wartet.

In Abs. 2 wird der mit Kürzung des Ruhegehaltes Bestrafte dem mit Gehaltskürzung Bestraften gleichgestellt, sodaß die entsprechenden Vorschriften des § 8, soweit sie anwendbar sind, sinngemäß gelten. Auch hier endet also die Kürzung mit dem Ablauf des Sterbemonats, sodaß das oben zu § 8 Gesagte gilt.

Abs. 3. Für den Amtsträger im Ruhestand ist die Aberkennung des Ruhegehaltes das Gleiche, was für die aktiven Amtsträger die Entfernung aus dem Dienst bedeutet. Die §§ 1 und 12 gelten also sinngemäß. Es kann auch hier aus besonderen Gründen Belassung der mit der Ordination erworbenen Rechte erfolgen.

In allen Fällen kann es sich um Amtspflichtverletzungen vor Übertritt in den Warte- bezw. Ruhestand, aber auch um solche, die nachher begangen sind, handeln.

Abs. 4 regelt die Folgen bei Übertritt eines mit Gehaltskürzung oder Entfernung aus dem Amt Bestraften in den Ruhestand vor Rechtskraft des Urteils.

Abschnitt III

Ermittlungen

§ 14

(1) Werden Tatsachen bekannt, die den Verdacht einer Amtspflichtverletzung begründen, so veranlaßt die zuständige Dienststelle die nötigen Ermittlungen, um den Sachverhalt aufzuklären. Dabei ist der Betroffene zu hören.

(2) Der Betroffene kann weitere Ermittlungen anregen. Er ist über das wesentliche Ergebnis der Ermittlungen zu unterrichten.

Ermittlungen vor Einleitung eines förmlichen Disziplinarverfahrens waren auch früher üblich, ohne eine gesetzliche Grundlage zu haben. Die Disziplinarordnung der DEK vom 13. 4. 1939 schuf eine solche Grundlage und machte die Vorermittlungen zu einem Bestandteil des Verfahrens. Im Disziplinargesetz vom 11. 3. 1955 gehören sie, wie die Einteilung des Gesetzes zeigt, nicht zum förmlichen Disziplinarverfahren. Ihr Ergebnis soll erst zeigen, ob ein förmliches Verfahren einzuleiten ist, ob eine Disziplinarverfügung genügt oder ob kein Anlaß zu weiteren Maßnahmen besteht.

Die Ermittlungen sind nicht in das Ermessen der zuständigen Dienststelle gestellt. Diese ist vielmehr verpflichtet, sie zu veranlassen, wenn Tatsachen bekannt werden, die den Verdacht einer Amtspflichtverletzung begründen. In ihrem Ermessen steht es, welche Folgerungen sie aus dem Ergebnis der Ermittlungen zu ziehen für nötig hält. (Vergl. auch Curt Römer: Bundesdisziplinarordnung Seite 179.) Die Ermittlungen müssen in unbedingter Unparteilichkeit vorgenommen werden und auch das für den Betroffenen Entlastende berücksichtigen. Regt er weitere Ermittlungen an, so ist seinem Antrage stattzugeben. Über das Gesamtergebnis ist er zu unterrichten. Die Einleitung von Ermittlungen erfordert einen Kollegialbeschluß der zuständigen Dienststelle, es sei denn daß außergewöhnliche Verhältnisse dies nicht tunlich erscheinen lassen.

§ 15

(1) Eine Dienststelle, die Ermittlungen nach § 14 veranlaßt, kann dem Betroffenen im Wege der Beurlaubung die Ausübung des Dienstes vorläufig untersagen, jedoch längstens für sechs Monate. Eine ihr nachgeordnete Stelle der Dienstaufsicht kann diese Maßnahme nur in dringenden Fällen treffen und muß unverzüglich die Entscheidung der zuständigen Dienststelle herbeiführen.

(2) Diese Maßnahme kann jederzeit wieder aufgehoben werden.

Die vorläufige Untersagung der Ausübung des Dienstes im Wege der Beurlaubung wird dann nötig sein, wenn der begründete Verdacht einer schweren Amtspflichtverletzung vorliegt und insbesondere dann, wenn in der Gemeinde Beunruhigung darüber herrscht. Die Beurlaubung ist auf sechs Monate begrenzt, weil anzunehmen ist, daß in dieser Zeit die Ermittlungen zu einem Ergebnis geführt haben, das eine Entscheidung über den weiteren Verlauf ermöglicht. In Fällen, die besonders schwer sind oder in der Gemeinde großes Aufsehen erregt haben, ist oft ein sofortiges Handeln geboten. Deshalb kann auch eine nachgeordnete Stelle der Dienstaufsicht die sofortige Beurlaubung anordnen. Dies wird in der Regel der zuständige Superintendent (Dekan), u. U. auch der zuständige Generalsuperintendent (Propst) und bei Kirchenbeamten der nächste Dienstvorgesetzte sein. Es muß jedoch unverzüglich die Entscheidung der zuständigen Dienststelle (Konsistorium), Landeskirchenamt (Oberkirchenrat) herbeigeführt werden. In jedem Fall hat die Maßnahme vorläufigen Charakter und kann jederzeit aufgehoben werden, sei es, daß der Verdacht sich als unbegründet erweist, sei es, daß die Einleitung des förmlichen Verfahrens die vorläufige Dienstenthebung nach § 100 erforderlich macht. Ein Verteidiger ist im Ermittlungsverfahren nicht zugelassen.

§ 16

Ergeben die Ermittlungen keinen Anlaß zu einem weiteren Verfahren, so ist dies dem Betroffenen unter Angabe der Gründe mitzuteilen.

Der Betroffene wird in jedem Falle bei Abschluß der Ermittlungen Nachricht erhalten. Bei Einleitung des förmlichen Verfahrens wird ihm die Einleitungsverfügung nach § 43 zugestellt. Genügt eine Disziplinarverfügung, so wird ihm diese nach § 17 zugestellt. Ergibt sich kein Anlaß zu einem weiteren Verfahren, so sind ihm die Gründe hierfür schriftlich mitzuteilen.

Die Einstellung der Ermittlungen hat nicht die Wirkung der Rechtskraft. Jedoch ist der Verwirkungsgedanke auch hier von Bedeutung. Bei gleichbleibendem Sachverhalt ohne neue Belastung ist die einleitende Dienststelle an ihre Entschließung gebunden.

Abschnitt IV

Disziplinarverfügung

§ 17

(1) Die nach § 4 zuständigen Dienststellen können Warnung, Verweis und Geldbuße durch Disziplinarverfügung verhängen.

(2) Die Disziplinarverfügung ergeht schriftlich und ist zu begründen. Sie wird dem Beschuldigten mit Rechtsmittelbelehrung zugestellt.

(3) Der Bestrafte kann binnen zwei Wochen nach der Zustellung Beschwerde bei der Dienststelle einlegen, die die Disziplinarverfügung erlassen hat. Diese kann der Beschwerde abhelfen. Tut sie es nicht, so hat sie die Beschwerde mit ihrer Stellungnahme innerhalb von zwei Wochen der Disziplinarkammer vorzulegen. Diese entscheidet durch Beschluß endgültig. Sie kann auch mündliche Verhandlung anordnen und Zeugen sowie Sachverständige vernehmen. Nachdem die Dienststelle, die die Disziplinarverfügung erlassen hat, die Beschwerde der Disziplinarkammer zugeleitet hat, ist sie nicht mehr befugt, ihre Verfügung zu ändern.

Die Disziplinarverfügung hat den Zweck, leichte Amtspflichtverletzungen schnell und einfach zu ahnden. Sie ist nur bei Warnung, Verweis und Geldbuße zulässig und wird von der einleitenden Dienststelle erlassen.

Abs. 2. Erfordernisse der Disziplinarverfügung sind: Schriftliche Abfassung. Mündliche Eröffnung zu Protokoll, die das frühere Recht zuließ, ist nicht mehr möglich. Bezeichnung der verhängten Strafe und schriftliche Begründung, die die zugrunde liegenden Tatsachen sowie die Strafzumessungsgrundlage genau angeben muß, sowie schließlich die Rechtsmittelbelehrung. Die Festsetzung von Kosten ist nicht vorgesehen.

Abs. 3. Wenn der Bestrafte von seinem Beschwerderecht binnen zwei Wochen Gebrauch macht, so kann die Dienststelle, die die Disziplinarverfügung erlassen hat, im Gegensatz zum früheren Recht der Beschwerde abhelfen. Tut sie es nicht, so hat sie die Beschwerde mit ihrer Stellungnahme der Disziplinarkammer vorzulegen, die durch Beschluß endgültig entscheidet, aber, wenn nötig, Zeugen und Sachverständige vernehmen und auch den Beschwerdeführer hören kann. Die Änderung der Verfügung durch die Dienststelle ist nur bis zur Zuleitung der Akten an die Disziplinarkammer zulässig.

Bemerkenswert ist hier der Ausdruck „Zuleitung", während in sonstigen Fällen, z. B. bei der Anschuldigungsschrift vom Eingang bei der Disziplinarkammer und in anderen Fällen von Zustellung gesprochen wird. Zuleiten muß also einen anderen Sinn haben. Dieser kann nur darin bestehen, daß die Abänderung der Disziplinarverfügung dann nicht mehr zulässig ist, wenn die Weitergabe an die Disziplinarkammer innerhalb der Behörde verfügt ist. Von diesem Zeitpunkt an ist, auch wenn die Absendung oder Übergabe noch nicht erfolgt ist, eine Änderung der Verfügung nicht mehr zulässig.

Die Disziplinarkammer kann die Verfügung entweder aufheben oder bestätigen. Zu einer Änderung ist sie nicht befugt. Hebt sie die Verfügung mit der Begründung auf, die verhängte Strafe sei zu hoch bezw. zu hart, so ist es möglich, daß die Dienststelle eine erneute Verfügung mit herabgesetzter Strafe erläßt. (Römer: Bundesdisziplinarordnung S. 186/87) In anderen Fällen ist die Rechtskraft eingetreten, und zwar für beide Teile. Wird Beschwerde nicht erhoben, so tritt die Rechtskraft für beide Teile nach Ablauf der Beschwerdefrist ein. Eine weitere Beschwerde ist nicht gegeben. Das Verfahren endet bei der Disziplinarkammer, ein Umstand, der zu seiner schnellen Abwicklung beitragen soll.

Abschnitt V

Förmliches Disziplinarverfahren

1. Allgemeines

§ 18

Stellt die zuständige Dienststelle (§ 4) fest, daß eine Disziplinarverfügung nicht ausreicht, so leitet sie das förmliche Disziplinarverfahren ein.

§ 18—102 handeln von dem förmlichen Disziplinarverfahren und bilden somit den Kern des Disziplinargesetzes. Nach allgemeinen Bestimmungen leitet das Gesetz von den Vorschriften für die Einleitung des Verfahrens, der Untersuchung, den Disziplinargerichten über zu dem Verfahren vor der Disziplinarkammer. Es folgen dann die Bestimmungen über die Rechtsmittel im förmlichen Verfahren und schließlich Vorschriften über die Rechtskraft und die vorläufige Dienstenthebung. Bei diesen Bestimmungen wie auch in den anderen Abschnitten bezieht sich das Gesetz bewußt nicht auf das staatliche Strafprozeßrecht. Es soll damit betont werden, daß es sich um kirchliches Recht handelt. Dies schließt jedoch nicht aus, daß man in Zweifelsfällen die Grundsätze beachtet, die Rechtslehre und Praxis im staatlichen Recht entwickelt haben.

Die Einleitung des förmlichen Disziplinarverfahrens erfordert einen Kollegialbeschluß der zuständigen Dienststelle, für dessen Gültigkeit einfache Mehrheit ausreichend ist. Welche Dienststellen zuständig sind, bestimmt das gliedkirchliche Recht.

§ 19

(1) Die kirchlichen Dienststellen leisten einander im Verfahren auf Grund dieses Gesetzes Amtshilfe.

(2) Staatliche Rechts- und Vollstreckungshilfe kann, soweit sie nach dem in den Gliedkirchen geltenden Recht zulässig ist, in Anspruch genommen werden.

Die Amtshilfe der kirchlichen Dienststellen untereinander ist, obwohl selbstverständlich, hier gesetzlich festgelegt worden. Sie besteht darin, daß eine kirchliche Behörde das Ziel einer sie ersuchenden kirchlichen Dienststelle unterstützt. Die Amtshilfehandlungen können verschiedener Art sein. So gehört es zur Amtshilfe, wenn die ersuchte Dienststelle einen Vernehmungsraum und einen Schriftführer für den Untersuchungsführer der das Verfahren durchführenden Behörde zur Verfügung stellt. Bei einer weitergehenden Amtshilfe wird die ersuchte Stelle selbst die nötigen Vernehmungen von Zeugen, die in ihrem Gebiet wohnen, durchführen. Auch kann sie den Beschuldigten hören und ihm Zeugenaussagen vorhalten, wenn er für die ersuchende Stelle schwer erreichbar ist. Die kirchliche Amtshilfe ist in allen Stadien des Verfahrens zu leisten, auch schon bei Ermittlungen. Eine gleiche Regelung der Rechtshilfe für staatliche Stellen, insbesondere für Amtsgerichte, konnte in das kirchliche Disziplinargesetz nicht aufgenommen werden, weil es ein einheitliches Verfahren für das Gebiet der EKD nicht gibt. Doch war es der Wunsch einzelner Gliedkirchen, die Möglichkeit zu einem Rechtshilfeersuchen an staatliche Gerichte zu haben. Deshalb stellt Abs. 2 es den Gliedkirchen frei, staatliche Rechts- und Vollstreckungshilfe in Anspruch zu nehmen, soweit sie nach dem bei ihnen geltenden Recht zulässig ist. Es muß jedoch ein förmliches Disziplinarverfahren eingeleitet sein.

Das Bild, das sich in den Gliedkirchen bietet, ist sehr verschiedenartig. Für das Gebiet der Evangelischen Kirche der Union besteht noch das Gesetz betr. die Kirchenverfassungen der Evangelischen Landeskirchen vom 8. 4. 1924 (Gesetzsammlung Seite 221 und KG u. VBl. Seite 134). Es bestimmt in Artikel 14:

Im förmlichen Disziplinarverfahren gegen Geistliche und Kirchenbeamte sind

1. die kirchlichen Disziplinarbehörden berechtigt, Zeugen und Sachverständige zu vereidigen,
2. die Amtsgerichte verpflichtet, dem Rechtshilfeersuchen der kirchlichen Disziplinarbehörden stattzugeben.

Ob von der Befugnis, Rechtshilfe zu erbitten, Gebrauch gemacht wird, hängt von der Lage der betreffenden Gliedkirche ab. In der Kirche Berlin-Brandenburg z. B. ist seit langer Zeit kein Ersuchen um Rechtshilfe gestellt worden. In den westlichen Gliedkirchen der EKU Rheinland und Westfalen wird das Gesetz angewandt.

Staatliche Rechtshilfe bei Zeugenvernehmungen — auf Antrag des Untersuchungskommissars oder des Vorsitzenden des Rechtsausschusses — wird gewährt. In Vollstreckungssachen jedoch ist seit langem keine Rechtshilfe erbeten worden.

In anderen Gliedkirchen ist neues Recht entstanden. Der Vertrag der evangelischen Landeskirchen in Niedersachsen vom 19. März 1955 (Kirchl. Amtsbl. f. d. Ev.-luth. Landeskirche Hannovers 1955 Stück 9) z. B. sieht in Artikel 19 vor, daß die Amtsgerichte verpflichtet sind, dem Rechtshilfeersuchen stattzugeben.

Was den Umfang der Rechtshilfe anbetrifft, so ist er mit der Bezeichnung gegeben. Rechtshilfe bedeutet, daß die eigentlichen Beschlüsse und Anordnungen im Disziplinarverfahren von den kirchlichen Disziplinarinstanzen getroffen werden und die Gerichte nur, ohne den Tatbestand selbst zu prüfen, gewisse Hilfsmaßnahmen durchführen. Wie weit diese Hilfsmaßnahmen sich erstrecken, ist schwer allgemein zu sagen. Vollstreckungshandlungen können darunter fallen Ob auch weitergehende Beschlüsse des kirchlichen Disziplinargerichts, etwa die Unterbringung eines Beschuldigten in einer Heilanstalt zur Beobachtung, im Wege der Rechtshilfe durchführbar ist, dürfte nach dem Disziplinargesetz zu verneinen sein. Nach der Disziplinarordnung vom 13. 4. 1939 war die Rechtslage anders, da dort nach § 105 die Vorschriften der Strafprozeßordnung und des Gerichtsverfassungsgesetzes ergänzend heranzuziehen sind.

§ 20

Das Disziplinarverfahren kann bis zur Beendigung eines anderen gesetzlich geordneten Verfahrens ausgesetzt werden, wenn in diesem eine Frage zur Entscheidung steht, deren Klärung auch für die Entscheidung im Disziplinarverfahren erforderlich ist. Insbesondere kann die Aussetzung des Disziplinarverfahrens erfolgen, wenn gegen den Beschuldigten ein strafgerichtliches Verfahren wegen desselben Sachverhalts stattfindet.

§ 20 behandelt den Fall, daß gegen den Beschuldigten im kirchlichen Disziplinarverfahren gleichzeitig ein anderes Verfahren schwebt, in dem eine Frage zur Entscheidung steht, deren Klärung auch für die Entscheidung im Disziplinarverfahren erforderlich ist. Hier ist Voraussetzung, daß es sich um ein gesetzlich geordnetes Verfahren handelt. Als Beispiel sei ein Ehescheidungsverfahren genannt, wenn ein kirchliches Disziplinarverfahren in der gleichen Sache schwebt. Das kirchliche Verfahren k a n n hier bis zur Beendigung des staatlichen Verfahrens ausgesetzt werden. Ausdrücklich ist nur eine Kannvorschrift gegeben, die nicht zwingend ist. Es wird nach Zweckmäßigkeitsgründen zu verfahren sein. In dem angeführten Beispiel des Ehescheidungsverfahrens dürfte die Aussetzung geboten erscheinen. Wenn sich ein Geistlicher nach Verlassen seiner Stelle dem Flüchtlingsaufnahmeverfahren unterwirft, pflegen die kirchlichen Dienststellen ihre Entscheidung ganz unabhängig von dem staatlichen Verfahren zu treffen. Findet gegen den Beschuldigten ein strafgerichtliches Verfahren wegen des gleichen Sachverhalts statt, so wird hier in der Regel die Aussetzung des kirchlichen Verfahrens erfolgen. Aber auch hier besteht nur eine Kannvorschrift. An die Beurteilung des Sachverhalts durch die staatlichen Gerichte ist die Disziplinarkammer, die vielfach andere Gesichtspunkte zu berücksichtigen hat, in keiner Weise gebunden.

§ 21

(1) Der Untersuchungsführer und die Disziplinargerichte haben von Amts wegen alles zu tun, was zur Erforschung der Wahrheit für die Schuldfeststellung und die Strafzumessung erheblich ist. Neben den belastenden sind auch die entlastenden Umstände zu ermitteln.

(2) Soweit diese Tatsachen nicht offenkundig sind oder vom Beschuldigten glaubhaft zugestanden werden, ist der Beweis, vorbehaltlich der Bestimmungen des § 22, im Disziplinarverfahren selbst zu führen. Beruht der Beweis auf der Wahrnehmung einer Person, so ist sie vorbehaltlich der Bestimmung des § 22 Abs. 2 als Zeuge zu vernehmen.

Die unparteiische Erforschung der Wahrheit von Amts wegen wird hier dem Untersuchungsführer und den Disziplinargerichten zur Pflicht gemacht. Die Auswahl der Zeugen und die Heranziehung sonstiger Beweismittel ist nicht in das Belieben von Untersuchungsführer und Disziplinargericht gestellt. Sie sind vielmehr verpflichtet, einen Zeugen zu hören, wenn auch nur zu vermuten ist, daß er Wesentliches, sei es im belastenden, sei es im entlastenden Sinne, auszusagen hat. Das Gleiche gilt von Sachverständigen, Urkunden und anderen Beweismitteln. Zum ersten Male tritt hier mit der Erwähnung der Disziplinargerichte und ihrer Pflicht zur Erforschung der Wahrheit der Grundsatz der Unmittelbarkeit der Beweiserhebung in Erscheinung, der die frühere Mittelbarkeit (Schriftlichkeit) des Disziplinarverfahrens ersetzt hat.

Abs. 2 spricht den Grundsatz der Unmittelbarkeit noch klarer aus. Wenn der Beweis auf Wahrnehmung einer Person beruht, so besteht die Pflicht, diese Person in der Hauptverhandlung als Zeugen zu vernehmen. (Vergl. § 77.)

§ 22

(1) Der Entscheidung im Disziplinarverfahren können zugrunde gelegt werden:

1. die tatsächlichen Feststellungen des rechtskräftigen Urteils in einem strafgerichtlichen Verfahren gegen den Beschuldigten, das denselben Sachverhalt zum Gegenstand hat,

2. die tatsächlichen Feststellungen der rechtskräftigen Entscheidung in einem anderen gesetzlichen geordneten Verfahren, die den den Gegenstand des Disziplinarverfahrens bildenden Sachverhalt betreffen.

(2) Niederschriften über Aussagen von Personen, die in einem anderen gesetzlich geordneten Verfahren vernommen worden sind, können nur mit Zustimmung des Beschuldigten und des Vertreters der einleitenden Dienststelle verwertet werden. Der Zustimmung bedarf es nicht, wenn die Person, um deren Aussage es sich handelt, im Disziplinarverfahren nicht vernommen werden kann.

(3) Schriftliche Auskünfte von Behörden oder sonstigen Dienststellen und Amtspersonen können der Entscheidung zugrunde gelegt werden.

In § 22 werden von dem Grundsatz der Unmittelbarkeit des Beweisverfahrens Ausnahmen zugelassen. Der Entscheidung können tatsächliche Feststellungen rechtskräftiger Entscheidungen staatlicher Verfahren zugrunde gelegt werden. Voraussetzung ist, daß es sich um ein gesetzlich geordnetes Verfahren handelt und daß die betreffende Entscheidung rechtskräftig ist, daß also der Angeklagte oder Beteiligte entweder kein Rechtsmittel gegen die Entscheidung eingelegt hat oder damit abgewiesen ist. Dies gibt eine gewisse Garantie für die Richtigkeit der Feststellung und vermeidet Doppelarbeit staatlicher und kirchlicher Instanzen. Wenn auch nicht alle Bedenken damit ausgeräumt sind, so bleibt zu erwägen, wie schwierig für eine kirchliche Stelle die Beweiserhebung gerade in Fällen ist, um die es sich hier in der Regel handelt. Zeugen können oder wollen zuweilen nicht erscheinen und die den Gerichten mögliche Ausübung des Zwanges fehlt den kirchlichen Disziplinarbehörden. In jedem Falle bleibt aber die Pflicht zu prüfen, ob es sich um ein ordnungsmäßiges Verfahren gehandelt hat.

In Abs. 2 handelt es sich um eine nur bedingt gegebene Möglichkeit, von der Unmittelbarkeit des Beweisverfahrens abzuweichen. Zu Protokoll genommene Aussagen von Personen, die in einem anderen Verfahren vernommen sind, können verwertet werden, wenn der Beschuldigte und der Vertreter der Einleitungsbehörde zustimmen. Der Zustimmung bedarf es nicht, wenn die betreffenden Personen im kirchlichen Disziplinarverfahren nicht vernommen werden können. (Tod, Abwesenheit, Krankheit, Haft u. ä.) Hier scheint es richtiger, die Aussage aus einem anderen Verfahren zu verlesen als überhaupt auf eine Aussage der betreffenden

Person zu verzichten. Voraussetzung ist aber stets, daß es sich um ein gesetzlich geordnetes Verfahren handelt, in dem die Niederschrift über die Aussage erfolgt ist.

Abs. 3 läßt zu, daß schriftliche Auskünfte von Behörden oder sonstigen Dienststellen und Amtspersonen der Entscheidung zugrunde gelegt werden. Hier wird besonders sorgfältig der Rechtscharakter und die Objektivität der betreffenden Schriftstücke geprüft werden müssen. Schwerwiegend wird die Entscheidung, wenn die zugrunde gelegten Schriftstücke zur Schuldfrage eine positive Stellung einnehmen. Eine Beeinflussung des Gerichts, die nicht ganz sichere und vor allem objektive Grundlagen hat, darf nicht stattfinden.

§ 23

Über jede Beweiserhebung außerhalb der Verhandlung vor den Disziplinargerichten ist eine Niederschrift aufzunehmen, deren Wortlaut verlesen, genehmigt und unterschrieben wird.

In der Verhandlung vor dem Disziplinargericht erfolgt mündliche Vernehmung, für deren Aufnahme in das Protokoll § 75 maßgebend ist. Für die außerhalb dieser Verhandlung stattfindende Beweiserhebung, insbesondere jede Vernehmung des Beschuldigten sowie eines Zeugen oder Sachverständigen, ist eine genaue Niederschrift zu fertigen, die im Wortlaut verlesen, genehmigt und unterschrieben sein muß. Es kann sich um Ermittlungen handeln, um Beweiserhebungen durch den Untersuchungsführer oder gemäß § 79 durch ein Mitglied der Disziplinarkammer, aber auch um Vernehmungen im Wege der Amts- und Rechtshilfe. Für die Beweiserhebung durch den Untersuchungsführer ist die Zuziehung eines Schriftführers vorgeschrieben, bei Amtshilfe ebenfalls, wenn schon ein förmliches Verfahren eingeleitet ist. Bei Ermittlungen besteht eine solche Vorschrift nicht. Wenn nicht besondere Umstände vorliegen, wird aber auch hier eine Niederschrift durch einen Schriftführer oder den Vernehmenden selbst gefertigt werden, die, wenn sie im förmlichen Verfahren verwertet werden soll, von dem erneut zu hörenden Zeugen bestätigt und zum Gegenstand seiner Aussage gemacht werden muß. Es sind jedoch auch, wenn die Lage es erfordert, formlose Ermittlungen möglich, über die ein Aktenvermerk gemacht werden soll. Für den Fall des § 79 vgl. das dort Ausgeführte.

§ 24

(1) Das Zeugnis können verweigern:

1. der Verlobte des Beschuldigten,

2. der Ehegatte des Beschuldigten, auch wenn die Ehe nicht mehr besteht,

3. wer mit dem Beschuldigten in gerader Linie verwandt, verschwägert oder durch Annahme an Kinder Statt verbunden oder in der Seiten-

linie bis zum dritten Grade verschwägert ist, auch wenn die Ehe, durch welche die Schwägerschaft begründet ist, nicht mehr besteht,

4. Geistliche über das, was ihnen in ihrer Eigenschaft als Seelsorger anvertraut worden oder bekannt geworden ist,

5. Verteidiger des Beschuldigten über das, was ihnen in dieser Eigenschaft anvertraut ist,

6. Rechtsanwälte und Ärzte über das, was ihnen bei Ausübung ihres Berufes anvertraut ist,

zu 5 und 6 soweit sie nicht von der Verpflichtung zur Verschwiegenheit entbunden sind.

(2) Den in Abs. 1 Ziff. 4 bis 6 Genannten stehen ihre Gehilfen und die Personen gleich, die zur Vorbereitung auf den Beruf an der berufsmäßigen Tätigkeit teilnehmen. Über die Ausübung des Rechtes dieser Hilfspersonen, das Zeugnis zu verweigern, entscheiden die in Abs. 1 Ziff. 4 bis 6 Genannten, es sei denn, daß diese Entscheidung in absehbarer Zeit nicht herbeigeführt werden kann. Die Entbindung von der Verpflichtung zur Verschwiegenheit gilt auch für die Hilfspersonen.

(3) Die bezeichneten Personen sind vor jeder Vernehmung über ihr Recht zur Verweigerung des Zeugnisses zu belehren.

Die Vorschrift über das Zeugnisverweigerungsrecht entspricht im wesentlichen den Bestimmungen der Strafprozeßordnung, die im früheren Recht ohne eigene Regelung übernommen wurden. Unverständlich ist es, daß in Abs. 1 Ziff. 3 dem Schwager und dem angeheirateten Neffen ein Zeugnisverweigerungsrecht eingeräumt wird, während es dem eigenen Bruder und der eigenen Schwester und deren Kindern versagt ist. Es liegt offenbar ein Versehen vor, sodaß man Geschwister und deren Kinder ebenso behandeln sollte, wie Verschwägerte bis zum dritten Grad. In der Strafprozeßordnung sind in der Seitenlinie bis zum 3. Grad Verwandte und bis zum 2. Grad Verschwägerte genannt. (§ 52 StPO.) Verteidiger, Rechtsanwälte und Ärzte können von der Verpflichtung zur Verschwiegenheit entbunden werden, Geistliche aber nicht. Hiermit wird betont, daß die Pflicht zur Verschwiegenheit bei Geistlichen in bestimmten Punkten weitergeht als bei anderen Vertrauenspersonen oder Beamten, ja, daß sie hier einen besonderen Charakter hat. Die Wahrung des Beichtgeheimnisses ist aus dem kanonischen Recht übernommen worden, gilt als eine besondere Amtspflicht, und zwar unbedingt. Die Geistlichen müssen über das, was ihnen bei Ausübung der Seelsorge anvertraut ist, Stillschweigen bewahren, auch Vorgesetzten gegenüber. Die Bestimmung ist weit auszulegen, auch u. U. über die Angaben des Beichtenden hinaus bis zu Angaben Dritter, die damit in Zusammenhang stehen. (DJZ 13 S. 1224) Es gibt deshalb im kirchlichen Disziplinarverfahren keine Entbindung von der Möglichkeit einer Aussageverweigerung. (Ebenso im staatlichen Strafverfahren — StPO.

§ 53, anders im Zvilprozeß.) Bei dieser Sach- und Rechtslage sollte den Geistlichen die Aussage in den angeführten Fragen untersagt sein. Es empfiehlt sich, Geistliche über das ihnen als Seelsorger Bekanntgewordene überhaupt nicht zu vernehmen. Denn nach dem Ausdruck „können“ besteht nur die Befugnis, nicht aber die Pflicht zur Verweigerung des Zeugnisses, und zwar in jedem Stadium des Verfahrens. Ist in dem Ermittlungsverfahren oder in der Untersuchung ausgesagt worden, so kann trotzdem die Aussage in der Verhandlung vor dem Disziplinargericht verweigert werden. Geschieht es, so darf das Gericht das Protokoll früherer Aussagen nicht verlesen lassen. Mehrere Beschuldigte haben im Verhältnis zu einander kein Zeugnisverweigerungsrecht. Andrerseits genügt es für einen Zeugen, wenn die im § 24 genannten Beziehungen zu einem von mehreren Beschuldigten vorhanden sind. (Vgl. Schwarz, Strafprozeßordnung 1956 S. 80 ff.)

Beim Verlöbnis genügt ein formloses Eheversprechen, das ernst gemeint sein muß, aber nicht öffentlich zu sein braucht. Es darf nicht gegen die guten Sitten oder das Gesetz verstoßen (z. B. Verlöbnis zwischen verheirateten Personen). Beim Ehegatten muß eine formell gültige Ehe bestehen oder bestanden haben. Die Belehrung der Zeugen über das Recht zur Aussageverweigerung ist für die Rechtsgültigkeit des Verfahrens wesentlich. Die Art der Belehrung ist dem Untersuchungsführer und dem Vorsitzenden des Disziplinargreichts überlassen. Ob beeidet wird oder nicht, spielt dabei keine Rolle, auch nicht die Minderjährigkeit des Zeugen.

In der Praxis ist eine Verweigerung der Aussage der unter Ziff. 1 bis 3 Genannten sehr selten, weil sie in der Regel dem Beschuldigten mehr schaden als nützen würde.

§ 25

(1) Jeder Zeuge kann die Auskunft auf solche Fragen verweigern, deren Beantwortung ihm selbst oder einem der in § 24 Abs. 1 Ziff. 1 bis 3 bezeichneten Angehörigen die Gefahr strafgerichtlicher Verfolgung zuziehen würde oder ihm zur Unehre gereicht.

(2) Der Zeuge ist über sein Recht zur Verweigerung der Auskunft zu belehren.

Der Unterschied dieses Paragraphen zu § 24 besteht darin, daß hier nur die Auskunft auf einzelne Fragen verweigert werden kann, deren Beantwortung dem Zeugen selbst oder einem in § 24 Abs. 1 Ziff. 1—3 bezeichneten Angehörigen die Gefahr strafgerichtlicher Verfolgung zuziehen würde. Ist diese Voraussetzung bei mehreren oder allen Fragen gegeben, so kann u. U. die ganze Aussage verweigert werden. Es muß die Gefahr strafgerichtlicher Verfolgung vorliegen. Die Gefahr eines Disziplinarverfahrens genügt nicht. Ob eine solche Gefahr vorliegen kann, entscheidet der Vernehmende, also der Untersuchungsführer sowie das Disziplinargericht bezw. sein Vorsitzender. Die Belehrung des Zeugen ist wesentlich. Ihre Unterlassung könnte ein Berufungsgrund sein. Über ihre Form vergl. das zu § 24 Ausgeführte.

Als zweiter Grund, nach dem die Auskunft verweigert werden kann, wird in § 25 angeführt, daß die Aussage dem Zeugen oder den obengenannten Personen „zur Unehre" gereicht. Diese Vorschrift geht in einem Verfahren, das in der Untersuchung wie vor dem Disziplinargericht alles tun soll, was zur Erforschung der Wahrheit erheblich ist (§ 21), zu weit. Handelt es sich z. B. um Fragen sexueller Natur, so könnte durch eine Aussageverweigerung die Feststellung der vollen Wahrheit unmöglich gemacht werden. Auch auf vielen anderen Gebieten kann es der Fall sein. In der Regel wird der Vernehmende wissen, ob eine Antwort zur Unehre gereichen könnte. Ist dies jedoch nicht der Fall, so wird die Feststellung, daß eine Aussage zur Unehre gereicht, in das subjektive Ermessen des Zeugen gestellt. Die Strafprozeßordnung überwindet die Schwierigkeiten dadurch, daß Fragen nach Tatsachen, die dem Zeugen usw. zur Unehre gereichen können, nur gestellt werden sollen, wenn es unerläßlich ist. (§ 68 a StPO.) Für die Praxis gilt das Gleiche, was zu § 24 Abs. 1 Ziff. 1—3 gesagt ist. Auch im Falle des § 25 kommen Aussageverweigerungen selten vor, weil der Zeuge mit Recht annimmt, daß das Gericht seine Schlüsse daraus ziehen würde und weil er zudem oft dazu neigt, durch seine Ausführungen nachzuweisen, daß er an der „Unehre" schuldlos sei. Die Gliedkirchen Westfalen und Rheinland haben z. B. den Passus „zur Unehre gereicht" fortgelassen. (Gemäß § 4 der Verordnung der EKU vom 14. 5. 1956.)

§ 26

Vor der Vernehmung sind die Zeugen zur Wahrheit zu ermahnen und darauf hinzuweisen, daß sie ihre Aussagen gegebenenfalls zu beeiden haben. Hierbei sind sie über die Bedeutung des Eides zu belehren.

Die Ermahnung des Zeugen zur Wahrheit gewinnt eine noch größere Bedeutung in den Kirchen, in denen eine Beeidigung nicht stattfindet. In der Verhandlung vor dem Disziplinargericht werden die anwesenden Zeugen am besten nach Eröffnung gemeinsam auf die Bedeutung eines Disziplinarverfahrens für das Schicksal des Beschuldigten hingewiesen, auf das sie durch ihre Aussage u. U. Einfluß ausüben können, die deshalb unbedingt wahr sein müsse. Es ist zweckmäßig, ihnen dabei den Gang des Verfahrens, der gesetzlich feststehe, darzulegen. Dies ist wichtig, wenn es sich um Zeugen handelt, die dem Leben und den Einrichtungen der Kirche fernstehen. Die Ermahnung im einzelnen wird naturgemäß nach ihrer Persönlichkeit verschieden sein müssen. Die Form ist dem Vernehmenden überlassen. In den Kirchen, in denen eine Beeidigung stattfinden kann, sind die Zeugen auf die Bedeutung des Eides und die Folgen eines falschen Eides hinzuweisen.

§ 27

(1) Die Zeugen sind einzeln und in Abwesenheit der später zu hörenden Zeugen zu vernehmen.

(2) Eine Gegenüberstellung mit anderen Zeugen oder mit dem Beschuldigten ist zulässig, wenn es für das weitere Verfahren geboten erscheint.

Die Vorschrift des § 27 gilt sowohl für die Untersuchung wie für die Verhandlung vor den Disziplinargerichten. Die Zeugen müssen einzeln und in Abwesenheit der später zu hörenden Zeugen vernommen werden. Es kann also den bereits vernommenen Zeugen gestattet werden, der Vernehmung der weiteren Zeugen beizuwohnen. Dies wird bei der Untersuchung kaum in Frage kommen und auch nicht zweckmäßig sein. Anders liegt es bei der Hauptverhandlung und u. U. auch in der Berufungsverhandlung. Hier kann der Vorsitzende den vernommenen Zeugen die Anwesenheit während der weiteren Verhandlung gestatten, wenn es zweckmäßig erscheint. Dies wird besonders der Fall sein bei Zeugen, die dienstlich an der Verhandlung interessiert sind (z. B. dem zuständigen Superintendenten), oder persönlich Betroffenen, wie z. B. der Ehefrau und anderen Angehörigen. Sollte der Gang der Beweiserhebung es tunlich erscheinen lassen, so ist nichts dagegen einzuwenden, wenn ein anwesender, bereits vernommener Zeuge zur Ergänzung oder zur Berichtigung noch einmal kurz gehört wird.

Eine Gegenüberstellung von Zeugen sieht § 27 Abs. 2 vor. Sie kann während der Untersuchung erfolgen. Auch von den Disziplinargerichten kann ein schon vernommener abwesender Zeuge zum Zwecke der Gegenüberstellung erneut herbeigeholt werden. Die Gegenüberstellung mit dem Beschuldigten wird, ebenso wie die der Zeugen, ausdrülicklich als solche bezeichnet werden müssen. Es ist keine Gegenüberstellung im Sinne von § 27, wenn der Beschuldigte, wie meist, in der Hauptverhandlung während der Vernehmung des Zeugen im Raume anwesend ist. Für die Untersuchung gilt das Gleiche.

§ 28

(1) Vereidigt werden können nur Zeugen, die einer christlichen Kirche angehören und das 16. Lebensjahr vollendet haben. Sie sind nur zu vereidigen, wenn der Eid zur Ermittlung der Wahrheit unerläßlich erscheint. In der Regel soll die Vereidigung erst in der Verhandlung vor der Disziplinarkammer erfolgen. Die Vereidigung ist in jedem Falle in der Niederschrift zu vermerken.

(2) Die in § 24 Abs. 1 Ziff. 1 bis 3 bezeichneten Angehörigen des Beschuldigten haben das Recht, die Beeidigung des Zeugnisses zu verweigern; sie sind hierüber zu belehren.

(3) Den Gliedkirchen bleibt vorbehalten, die Zulässigkeit der Vereidigung auszuschließen oder einzuschränken.

Die Beeidigung von Zeugen war schon vor dem Inkrafttreten des Disziplinargesetzes auf besonders wichtige Fälle beschränkt und in manchen Gliedkirchen praktisch in Fortfall gekommen. Dennoch hielt eine größere Anzahl von Gliedkirchen für erforderlich, zum mindesten die Möglichkeit einer Vereidigung aufrecht zu erhalten. Es müsse ein Mittel geben, auch der Kirche fernstehenden Zeugen das Gewissen zu schärfen und dadurch zur Erforschung der Wahrheit beizutragen. Schon der Hinweis auf die Möglichkeit der Vereidigung genüge oft, um den Zeugen zu wahren Angaben zu veranlassen. Vereinzelt besteht die Übung, Zeugen und Sachverständige lediglich durch Handschlag auf die Wahrheit ihrer Aussage zu verpflichten. Der Vorschlag, den Eid durch eine eidesstattliche Versicherung zu ersetzen, wurde von den Gliedkirchen abgelehnt, da Eid und eidesstattliche Versicherung theologisch gleich zu bewerten seien. In § 28 ist neu die Vorschrift, daß nur Zeugen, die einer christlichen Kirche angehören, vereidigt werden können, was weder geboten noch zweckmäßig erscheint. Der Eid soll nur gefordert werden, wenn er unerläßlich ist und dann in der Regel erst in der Verhandlung vor der Disziplinarkammer. Das Letztere entspricht dem Grundsatz der Unmittelbarkeit der Beweiserhebung. Über bestimmte Formen bei der Vereidigung Bestimmungen zu erlassen, erschien überflüssig, da ihre Beobachtung als selbstverständlich vorausgesetzt wurde.

Von dem in Abs. 3 den Gliedkirchen vorbehaltenen Recht, die Beeidigung auszuschließen oder einzuschränken, ist in größerem Umfange im Sinne eines völligen Fortfalls der Beeidigung Gebrauch gemacht worden. Die Gründe waren meist religiöser Natur. Dazu kam die vielfach gemachte Erfahrung, daß die Beeidigung zu entbehren sei und praktisch wenig Wert habe.

Vor der Disziplinarkammer Berlin-Brandenburg ist z. B. in zehn Jahren einmal in der Hauptverhandlung eine Beeidigung vorgenommen worden. So bestimmt § 4 der Verordnung über das Disziplinarrecht vom 14. 5. 1956 für die Evangelische Kirche der Union, daß eine Vereidigung im Disziplinarverfahren nicht stattfindet, wovon allerdings die Gliedkirchen wieder Ausnahmen machen können. (Vgl. die Annahmegesetze der Gliedkirchen)

§ 29

Der Eid wird in folgender Weise geleistet:

Der Vernehmende richtet an den Zeugen die Worte:

> **„Sie schwören bei Gott dem Allmächtigen und Allwissenden, daß Sie nach bestem Wissen die reine Wahrheit gesagt, nichts hinzugesetzt und nichts verschwiegen haben.“**

Hierauf spricht der Zeuge die Worte:

> **„Ich schwöre, so wahr mir Gott helfe.“**

Hiernach ist in den Gliedkirchen, in denen die Beeidigung vorgesehen ist, die nicht-religiöse Form des Eides ausgeschlossen und nur die angegebene Form zulässig.

Die Ev. Kirche von Westfalen sieht auch die nicht-religiöse Form des Eides vor.

§ 30

(1) Die Vernehmung beginnt damit, daß der Zeuge über Vornamen und Zunamen, Alter, Religionszugehörigkeit, Stand oder Gewerbe und Wohnort befragt wird. Erforderlichenfalls sind dem Zeugen Fragen über solche Umstände, die seine Glaubwürdigkeit in der vorliegenden Sache betreffen, insbesondere über seine Beziehungen zu dem Beschuldigten oder dem Verletzten vorzulegen.

(2) Der Zeuge ist zu veranlassen, das, was ihm von dem Gegenstand seiner Vernehmung bekannt ist, im Zusammenhang anzugeben. Zur Aufklärung und zur Vervollständigung der Aussage sowie zur Erforschung des Grundes, auf dem das Wissen des Zeugen beruht, sind nötigenfalls weitere Fragen zu stellen.

§ 30 gibt allgemeine Richtlinien über die Vernehmung von Zeugen, die für die Untersuchung wie für die Verhandlung vor der Disziplinarkammer Geltung haben. Wichtig ist, daß dem Zeugen nicht nur Einzelfragen gestellt werden sollen, sondern, daß er dazu zu veranlassen ist, das, was er über den Gegenstand seiner Vernehmung weiß, im Zusammenhang darzulegen. Bei der jetzt vorgeschriebenen Unmittelbarkeit des Beweisverfahrens werden Zeugen, die vom Untersuchungsführer gehört sind, wenn sie Wesentliches, und sei es auch nur für einzelne Punkte, auszusagen haben, in der Verhandlung vor der Disziplinarkammer nochmals gehört. Hier brauchen die formalen Fragen (Personalien usw.) nicht nochmals gestellt werden.

§ 31

Auf Sachverständige sind die Vorschriften über Zeugen entsprechend anzuwenden, soweit nicht in den nachfolgenden Paragraphen abweichende Vorschriften getroffen sind.

Wenn der Gegenstand es erfordert, können Sachverständige gehört werden. Sie werden in der Verhandlung vor dem Disziplinargericht zu vernehmen sein. Aus § 51 Abs. 4 könnte man schließen, daß auch der Untersuchungsführer Sachverständige laden kann. § 32 bestimmt jedoch, daß ein Sachverständiger aus denselben Gründen, wie ein Richter abgelehnt werden kann. Die für die Ablehnung eines Richters geltenden Vorschriften finden also Anwendung. Da über die Ablehnung eines Richters das Gericht entscheidet, wäre in der Untersuchung keine Instanz vorhanden, die über die Ablehnung des Sachverständigen entscheiden könnte.

Da eine Ablehnung aber möglich sein muß, so ist der Schluß zu ziehen, daß der Sachverständige erst in der Verhandlung vor dem Disziplinargericht auftreten kann. In der Praxis ist dies auch üblich. Über seine Ladung entscheidet der Vorsitzende (vgl. § 68 Abs. 2). Sachverständige werden besonders in den Fragen zu hören sein, die eine spezielle Sachkunde erfordern und den Richtern nicht ohne weiteres geläufig sind. (Z. B. Fragen des Gesundheitszustandes des Beschuldigten oder auch u. U. eines Zeugen, Finanzfragen, die eine besondere Prüfung erfordern, Beurteilung von Handschriften u. a.) Für Fragen, die den Richtern oder einem Teil von ihnen aus eigener Erfahrung bekannt sind, wird ein Sachverständiger nicht zuzuziehen sein. Die Vorschriften über Zeugen sind anzuwenden, soweit nicht Sondervorschriften gelten.

§ 32

(1) Ein Sachverständiger kann aus denselben Gründen, die zur Ablehnung eines Richters berechtigten (§ 42), abgelehnt werden. Ein Ablehnungsgrund kann jedoch nicht daraus entnommen werden, daß der Sachverständige als Zeuge vernommen worden ist.

(2) Das Ablehnungsrecht steht dem Vertreter der einleitenden Dienststelle und dem Beschuldigten zu. Der Ablehnungsgrund ist glaubhaft zu machen.

Über die Ablehnung vergleiche das zu § 31 Ausgeführte. Daß die Ablehnung eines Sachverständigen aus gleichen Gründen wie die des Richters möglich ist, bildet seinen hauptsächlichsten Unterschied zum Zeugen. Gegen die Vernehmung eines Sachverständigen im Wege der Amtshilfe bestehen die gleichen Bedenken, die zu § 31 gegen seine Vernehmung durch den Untersuchungsführer dargelegt sind. Die vorherige Vernehmung eines Sachverständigen als Zeuge ist kein Ablehnungsgrund und rechtfertigt in keiner Weise den Verdacht der Voreingenommenheit.

§ 33

Der Sachverständigeneid ist nach Erstattung des Gutachtens zu leisten. Er geht dahin, daß der Sachverständige das Gutachten unparteiisch und nach bestem Wissen und Gewissen erstattet hat.

Hier gilt das Gleiche, was bei § 28 über die Vereidigung gesagt ist. In Gliedkirchen, in denen eine Vereidigung im Disziplinarverfahren nicht stattfindet, entfällt auch der Sachverständigeneid.

§ 34

Soweit zum Beweise vergangener Tatsachen oder Zustände, zu deren Wahrnehmung eine besondere Sachkunde erforderlich war, sachkundige Personen zu vernehmen sind, gelten die Vorschriften über den Zeugenbeweis.

Es liegt der Fall vor, daß nicht ein Sachverständiger zur Prüfung und Begutachtung einer Tatsache oder eines Zustandes gestellt, sondern daß ein Zeuge vorhanden ist, der nur dank besonderer Sachkunde seine Aussage machen kann. Als Beispiele aus der Praxis seien erwähnt, daß ein Pfarrer oder Kirchenbeamter einen Autounfall verschuldet hat, den ein sachkundiger Verkehrspolizist beobachten konnte, oder daß ein Geistlicher auf theologischem Gebiet herabsetzende Äußerungen getan hat, die Nichttheologen in ihrer Tragweite nicht verständlich waren, die aber auch von Theologen gehört wurden und endlich, daß ein Pfarrer sich so benahm, daß Anwesende ihn für betrunken hielten, während ein ebenfalls anwesender Arzt erkannte, daß der Geistliche überanstrengt und krank war. Schließlich ist möglich, daß in einem Verfahren die Zustände im Kirchenkampf zur Zeit des Nationalsozialismus wichtig werden. Ein Zeuge, der sie miterlebt hat, wird vernommen.

In derartigen Fällen ist von den sachkundigen Personen kein Sachverständigengutachten zu erstatten, sondern sie sind wie andere Zeugen zu vernehmen. Die für den Zeugenbeweis geltenden Vorschriften finden Anwendung.

§ 35

Findet die Einnahme eines Augenscheins statt, so ist in der Niederschrift der vorgefundene Sachbestand festzustellen und darüber Auskunft zu geben, welche Spuren oder Merkmale, deren Vorhandensein nach der besonderen Beschaffenheit des Falles vermutet werden konnte, gefehlt haben.

Die Einnahme eines Augenscheins findet in kirchlichen Disziplinarverfahren selten statt. Sie kann notwendig werden z. B. bei schuldhaftem Autounfall, in einer Sache, in der die Räumlichkeiten in irgendeiner Weise bedeutsam sind. Dann ist in jedem Falle eine Niederschrift über den vorgefundenen Sachbefund, auch wenn erwartete Spuren oder Merkmale gefehlt haben, aufzunehmen. Ein Schriftführer ist zuzuziehen. Über die Anwesenheit des Beschuldigten ist nichts gesagt. Nach den sonstigen Vorschriften über die Untersuchung und die Hauptverhandlung steht jedoch fest, daß er und sein Verteidiger ebenso wie der Vertreter der Einleitungsbehörde zu dem Termin zu laden sind. (Vgl. auch § 193 StPO.)

§ 36

(1) Soweit der Inhalt anderer als der Verfahrensakten Verwertung finden soll, sind die anderen Akten zu den Verfahrensakten beizuziehen oder mit ihrem für das Verfahren wesentlichen Inhalt abschriftlich zu den Verfahrensakten zu nehmen. Dem Beschuldigten und seinem Verteidiger ist auf Antrag Einsicht in die Verfahrensakten und etwaige Beiakten zu gewähren.

(2) Der Vertreter der einleitenden Dienststelle kann sich durch Einblick in die Akten über den Stand des Verfahrens unterrichten.

Bei den Akten, die zu den Verfahrensakten beizuziehen oder mit ihrem für das Verfahren wesentlichen Inhalt abschriftlich zu den Verfahrensakten zu nehmen sind, wird es sich, von Ausnahmefällen abgesehen, um die Personalakten und um etwaige Gerichtsakten handeln, die angefordert worden sind. Das Letztere wird stets der Fall sein, wenn der Beschuldigte ein gerichtliches Strafverfahren gehabt hat und das kirchliche Disziplinarverfahren bis zu seinem Abschluß ausgesetzt war oder, wenn wegen einer Ehescheidung ein Verfahren eingeleitet ist. (§ 20) In der Disziplinarordnung der DEK vom 13. 4. 1939 durften die Personalakten gemäß § 53 als einzige nicht eingesehen werden. Da diese Vorschrift in § 36 fehlt, so können die Personalakten ebenfalls eingesehen werden. Ist es aus bestimmten Gründen nicht erwünscht, so muß die Beiziehung zu den Verfahrensakten unterbleiben. Der für das Verfahren wesentliche Inhalt ist dann abschriftlich zu den Verfahrensakten zu nehmen. In diesem Falle dürfen die eigentlichen Personalakten nicht eingesehen werden. Die gerichtlichen Beiakten stehen dem Beschuldigten und seinem Verteidiger zur Verfügung, gerichtliche Strafakten allerdings nur mit Genehmigung der Stelle, die sie übersandt hat. Ausgenommen sind nur innerdienstliche Akten, die Urteilsentwürfe, Entwürfe zu Beschlüssen und Verfügungen, Vermerke über Abstimmungen u. ä. enthalten. (Vgl. Römer, Bundesdisziplinarordnung Seite 247.) Die Akteneinsicht findet auf Antrag in der Geschäftsstelle der Disziplinarkammer statt, wo sich der Beschuldigte und sein Verteidiger auch Auszüge fertigen können. Ein Anspruch auf Ausfertigung von Auszügen durch die Geschäftsstelle besteht nicht. Da der Beschuldigte nach Einleitung des Verfahrens sich eines Verteidigers bedienen kann (§ 44), so kann auch die Akteneinsicht schon während der Untersuchung, die zum Verfahren gehört, (§ 47) stattfinden, und zwar auch durch den Beschuldigten allein, wenn er keinen Verteidiger hat. Über den Antrag sowie bei Zweifelsfällen entscheidet der Vorsitzende der Disziplinarkammer. Der Vertreter der Einleitungsbehörde kann in jedem Stadium des Verfahrens die Akten, und zwar stets auch die Personalakten, einsehen.

§ 37

Sind Schriftstücke zuzustellen, so kann es geschehen

1. **durch Übergabe an den Empfänger gegen Empfangsschein; verweigert der Empfänger die Annahme des Schriftstückes oder das Ausstellen des Empfangsscheines, so gilt das Schriftstück mit der Weigerung als zugestellt, wenn eine Niederschrift über den Vorgang zu den Akten gebracht ist,**
2. **durch eingeschriebenen Brief mit Rückschein,**

3. **durch Postzustellung mit Zustellungsurkunde,**
4. **durch Bekanntmachung im kirchlichen Amtsblatt, wenn der Aufenthalt des Empfängers nicht zu ermitteln ist,**
5. **an Behörden und sonstige kirchliche Dienststellen auch durch Vorlegen der Akten mit der Urschrift des zustellenden Schriftstückes; der Empfänger hat den Tag, an dem ihm die Akten vorgelegt werden, darin zu vermerken.**

Die Fälle, in denen eine Zustellung notwendig ist, sind im Disziplinargesetz ausdrücklich bezeichnet. Zustellungsbedürftig sind nach Vorschrift des Gesetzes

1. Disziplinarverfügung § 17 Abs. 2,
2. Beschluß der Disziplinarkammer über Beschwerde gegen eine Disziplinarverfügung § 17 Abs. 3 in Verbindung mit § 91 Abs. 5 und 6,
3. Einleitungsverfügung der zuständigen Dienststelle im förmlichen Disziplinarverfahren § 43,
4. Einstellungsverfügung der einleitenden Dienststelle im förmlichen Disziplinarverfahren § 54 Abs. 3,
5. Anschuldigungsschrift, die der Vorsitzende der Disziplinarkammer dem Beschuldigten zustellt § 65 Abs. 2, desgl. Nachträge zur Anschuldigungsschrift § 66 Abs. 2,
6. Einstellungsverfügung des Vorsitzenden der Disziplinarkammer § 67 Abs. 1, und die dagegen angerufene Entscheidung der Disziplinarkammer § 67 Abs. 2,
7. sämtliche Ladungen zu der Verhandlung vor der Disziplinarkammer § 69 Abs. 1,
8. Einstellungsverfügung nach § 70 Abs. 3,
9. das Urteil der Disziplinarkammer § 86 Abs. 3,
10. Zurücknahme eines von der einleitenden Dienststelle zu Gunsten des Beschuldigten eingelegten Rechtsmittels § 90 Abs. 3,
11. alle Entscheidungen, die über Beschwerden gefällt sind § 91 Abs. 6,
12. Verlängerung der Berufungsfrist durch den Vorsitzenden der Disziplinarkammer § 92 Abs. 1, desgl. Verlängerung der Frist zur Begründung der Berufung § 94 Abs. 1,
13. Verwerfung der Berufung durch den Vorsitzenden der Disziplinarkammer § 95 Abs. 1,
14. Berufungsschrift und Berufungsbegründung § 96,
15. Verwerfung der Berufung durch den Vorsitzenden des Disziplinarhofes § 97 Abs. 2,
16. Beschluß des Vorsitzenden des Disziplinarhofes oder des Disziplinarhofes über Einstellung des Verfahrens § 97, Abs. 3,
17. Urteile des Disziplinarhofes § 98 Abs. 2,

18. Beschluß über Verwerfung eines Antrages auf Wiederaufnahme des Verfahrens § 108 Abs. 2,
19. Aufhebung eines früheren Urteils im Wiederaufnahmeverfahren auf Antrag der einleitenden Dienststelle § 110 Abs. 4,
20. Beschluß der Disziplinarkammer über Herabsetzung oder Entziehung eines Unterhaltsbeitrages, desgl. Beschluß des Disziplinarhofes über die dagegen eingelegte Beschwerde § 113 Abs. 3,
21. Bescheid über Kosten, die der Beschuldigte zu tragen hat, und Entscheidung des Vorsitzenden der Disziplinarkammer über Beschwerde dagegen § 118.

Die Zustellung tritt an die Stelle der üblichen Übersendung oder Übergabe, um den Nachweis des Empfanges zu sichern und die Zeit, in der er erfolgt ist, festzustellen. Dies ist wichtig, insbesondere bei der Wahrung von Fristen. Die in § 37 genannten fünf verschiedenen Zustellungsarten sind gleichwertig. Für Fälle, in denen der Aufenthalt des Empfängers nicht zu ermitteln ist, gilt die Regelung von Ziff. 4, um einen Ersatz für wirkliche Zustellung und die Möglichkeit des Bekanntwerdens zu schaffen. Trotz der Vorschriften über die verschiedenen Möglichkeiten der Zustellung haben sich in der Praxis nicht selten Schwierigkeiten hinsichtlich des Beginnes und der Innehaltung von Rechtsmittelfristen ergeben. So sind z. B. Zweifel darüber entstanden, ob bei Vorlage eines Urteils an die einleitende Dienststelle gemäß §§ 86 (3), 37 Ziff. 5 Disz.-Ges. das Datum des Vermerks des Empfängers den Tag des wirklichen Aktenzugangs richtig wiedergab. Als weiteres Beispiel sei angeführt, daß sich Ungewißheit über den rechtzeitigen Eingang einer Berufung ergeben hat, weil das Datum der Berufungsschrift eine Reihe von Tagen vor dem im Eingangsstempel des Konsistoriums vermerkten Datums lag. Um solche Unklarheiten zu vermeiden, scheint es notwendig, Vorsorge zu treffen, daß der Beginn von Rechtsmittelfristen und der Zeitpunkt des Eingangs von Rechtsmitteln einwandfrei aktenmäßig nachweisbar sind. So dürfte es in dem erwähnten Falle der Zustellung gemäß § 37 Ziff. 5 zweckmäßig sein, die vorzulegenden Akten durch besonderen Boten an den Empfänger zu übermitteln und sich von diesem sofort eine das Datum der Aktenübergabe tragende Empfangsbescheinigung geben zu lassen. Gänzlich unzulässig ist es, daß etwa ein Vertreter der Einleitungsbehörde das Datum des Empfanges von Akten versehentlich oder willkürlich hinausschiebt. Dies würde durch die erwähnte Maßnahme unmöglich gemacht.

Der Eingang von Rechtsmitteln muß noch am Eingangstage auf dem betreffenden Schriftstück vermerkt werden. Um etwaigen Einwendungen gegen die Richtigkeit dieses Vermerkes vorzubeugen, sollte stets der mit dem Poststempel versehene Umschlag des Briefes, mit dem die Rechtsmittelschrift einging, bei den Akten verwahrt werden. Die gemäß § 87 des Disz.Ges. dem Beschuldigten bei der Zustellung von Entscheidungen, gegen die ihm ein Rechtsmittel zusteht, über das Rechtsmittel zu erteilende Belehrung muß sich auch auf Frist und Form erstrecken und genau die Stelle angeben, bei der das Rechtsmittel einzulegen ist.

Eine Verfügung des Vorsitzenden der Disziplinarkammer, durch welche die Frist zur Einlegung oder zur Begründung der Berufung verlängert wird, muß zwar nicht mehr, wie im früheren Recht gleichzeitig mit dem Urteil zugestellt werden, aber vor Ablauf der Berufungs- oder Begründungsfrist erfolgen. (§ 92 Abs. 1 Satz 2 und § 94 Abs. 1) Eine Fristverlängerung nach Ablauf der erwähnten Frist ist nach dem Disziplinargesetz nicht statthaft. (Vergl. hierzu Verfg. d. Ev. Kirche d. Union, Kirchenkanzlei, v. 27. 11. 1958, EO I 2086/58.)

§ 38

Eine Frist endigt mit Ablauf des Tages der letzten Woche, der durch seine Benennung oder Zahl dem Tage entspricht, an dem die Frist begonnen hat. Fällt das Ende einer Frist auf einen Sonntag oder auf einen allgemeinen oder kirchlichen Feiertag, so endigt die Frist mit dem Ablauf des nächstfolgenden Werktages.

§ 38 regelt den Ablauf von Fristen. Eine z. B. am Mittwoch beginnende Frist von einer Woche endet mit Ablauf des Mittwochs der nächsten Woche. Nur, wenn das Ende der Frist auf einen Feiertag fällt, so endigt die Frist mit Ablauf des nächstfolgenden Werktages.

Eine offenbare Lücke ist es, daß hier nur Wochenfristen geregelt sind, während nach § 92 die Berufungsfrist, also die wichtigste Frist, die das Gesetz enthält, einen Monat währt. Hier kann man § 43 StPO sinngemäß anwenden, in dem es heißt:

„Eine Frist, die nach Wochen oder Monaten bestimmt ist, endigt mit Ablauf des Tages der letzten Woche oder des letzten Monats, der durch seine Benennung oder Zahl dem Tag entspricht, an dem die Frist begonnen hat; fehlt dieser Tag in dem letzten Monat, so endigt die Frist mit dem Ablauf des letzten Tages dieses Monats.

Fällt das Ende einer Frist auf einen Sonntag oder allgemeinen Feiertag, so endigt die Frist mit Ablauf des nächstfolgenden Werktages." Anfangstag d. h. der Tag der Zustellung zählt nicht mit.

§ 39

(1) Gegen die Versäumung einer Frist kann die Wiedereinsetzung in den vorigen Stand beansprucht werden, wenn der Antragsteller durch Naturereignisse oder andere unabwendbare Zufälle an der Einhaltung der Frist verhindert worden ist. Als unabwendbarer Zufall ist es anzu-

schen, wenn der Antragsteller von einer Zustellung ohne sein Verschulden keine Kenntnis erlangt hat.

(2) Das Gesuch um Wiedereinsetzung in den vorigen Stand muß binnen einer Woche nach Beseitigung des Hindernisses bei der Stelle, bei der die Frist wahrzunehmen gewesen wäre, unter Angabe und Glaubhaftmachung der Versäumnisgründe eingebracht werden. Mit dem Gesuch ist zugleich die versäumte Handlung selbst nachzuholen.

(3) Über das Gesuch entscheidet die Stelle, die bei rechtzeitig erfolgter Handlung zur Entscheidung in der Sache selbst berufen gewesen wäre, endgültig.

(4) Durch das Gesuch um Wiedereinsetzung in den vorigen Stand wird die Vollstreckung einer Entscheidung nicht gehemmt. Die Disziplinarkammer oder der Disziplinarhof kann jedoch einen Aufschub der Vollstreckung anordnen.

Die Bestimmungen über die Wiedereinsetzung in den vorigen Stand entsprechen den Vorschriften der Strafprozeßordnung über den gleichen Gegenstand. (§ 44 StPO.) Es fehlt im Disziplinargesetz nur der Passus, daß auch die fehlende Belehrung über ein Rechtsmittel den Antrag auf Wiedereinsetzung möglich macht. Dies ist demnach im Disziplinarrecht nicht der Fall. Der Antrag setzt eine außergewöhnliche Lage voraus, die glaubhaft gemacht werden muß. Abs. 1 Satz 2 kann nur als Beispiel für einen unabwendbaren Zufall gewertet werden. Die Beseitigung des Hindernisses kann erst dann angenommen werden, wenn der Betroffene Kenntnis von der durch den unabwendbaren Zufall hervorgerufenen Fristversäumnis erhalten hat.

Die Stelle, die bei rechtzeitiger Handlung zur Entscheidung in der Sache selbst berufen gewesen wäre (also z. B. bei Berufung gegen ein Urteil der Disziplinarkammer der Disziplinarhof), entscheidet über den Wiedereinsetzungsantrag endgültig. Die Beschwerde gegen die Entscheidung, die § 46 StPO. zuläßt, kennt das kirchliche Disziplinarrecht nicht, ein Zeichen, daß auch hier möglichste Beschleunigung angestrebt werden soll. Ein Aufschub der Vollstreckung wird anzuordnen sein, wenn das Gesuch Aussicht auf Erfolg hat. Daß es nicht von vornherein die Vollstreckung hemmt, soll Verschleppung vorbeugen.

§ 40

(1) Der Untersuchungsführer oder ein Mitglied eines Disziplinargerichts ist von seinem Amt ausgeschlossen,

1. **wenn er selbst durch die Pflichtverletzung verletzt ist,**
2. **wenn er Ehegatte oder Vormund der beschuldigten oder der verletzten Person ist oder gewesen ist,**
3. **wenn er mit dem Beschuldigten oder mit dem Verletzten in gerader Linie verwandt, verschwägert oder durch Annahme an Kindes Statt**

4*

verbunden, in der Seitenlinie bis zum dritten Grade verwandt oder bis zum zweiten Grade verschwägert ist, auch wenn die Ehe, durch welche die Schwägerschaft begründet ist, nicht mehr besteht,

4. wenn er in der Sache als Zeuge oder Sachverständiger vernommen worden ist.

(2) Mitglied eines Disziplinargerichts kann nicht sein, wer mit der Verfolgung des Gegenstandes der Anschuldigung amtlich befaßt gewesen ist.

Unter Verletzung in Ziff. 1 ist zu verstehen, daß der Untersuchungsführer oder der Disziplinarrichter durch die Amtspflichtverletzung unmittelbar betroffen ist, und zwar in seinen persönlichen Rechtsgütern, aber auch in seiner amtlichen Ehre. Kollektivbeleidigungen genügen höchstens für die dabei persönlich Genannten. Beleidigungen der Kirchenbehörde oder der kirchlichen Disziplinarinstanzen werden entsprechend zu beurteilen sein. Beleidigung eines einzelnen Beamten, der im Disziplinarverfahren keine amtliche Funktion hat, trifft nicht die am Verfahren beteiligten Personen. Die Beleidigung des Untersuchungsführers oder eines Richters während des Verfahrens begründet keine Ausschließung. Ein Verlöbnis gibt nur einen Ablehnungsgrund (vergl. Otto Schwarz, StPO. Seite 43).

In Abs. 2 ist umstritten, wie weit die Bestimmung auszudehnen ist, daß Mitglied eines Disziplinargerichtes nicht sein kann, wer mit der Verfolgung des Gegenstandes der Anschuldigung amtlich befaßt gewesen ist. § 6 der Verordnung über das Disziplinarrecht vom 14. 5. 1956 gibt für das Gebiet der EKU Ausführungsbestimmungen zu § 40 Abs. 2. Nach ihnen wird lediglich die Beteiligung an Beschlüssen über eine Disziplinarverfügung (§ 17) als Ausschließungsgrund für die Mitwirkung bei der Entscheidung in der Disziplinarkammer angesehen. Die Mitwirkung bei Beschlüssen in Disziplinarsachen bei den einleitenden Dienststellen soll jedoch nicht als Ausschließungsgrund gelten. Diese Bestimmung erscheint, besonders in ihrer Allgemeinheit, äußerst bedenklich. Es ließe sich allenfalls rechtfertigen, wenn ein Mitglied des Konsistoriums, Landeskirchenamts oder Oberkirchenrats, das sich der Stimme enthalten hat und sich nicht in dienstlicher Abhängigkeit vom Leiter der Behörde befindet, Mitglied des Disziplinargerichts ist, wie überhaupt Teilnahme an der Einleitung des Disziplinarverfahrens noch kein Zeichen für Parteilichkeit zu sein braucht. Eindeutiger ist die Sachlage bei Entscheidungen über Einlegung der Berufung. Wenn hier ein Mitglied der einleitenden Dienststelle oder, wie in der Praxis vorgekommen, ein Mitglied der Kirchenleitung, die mit einer Sache wegen ihrer besonderen Wichtigkeit befaßt ist, für die Berufung stimmt, weil das Urteil erster Instanz zu milde erscheint, so ist hiermit eine klare Stellungnahme vollzogen. Wer seine Einstellung zu dem angefochtenen Urteil nach der einen oder anderen Seite hin amtlich zu erkennen gibt, der kann nicht dem Berufungsgericht angehören, das über das eingelegte Rechtsmittel entscheiden soll. Er ist gebunden und nicht mehr unabhängig im Sinne von § 57 Disz.Ges. Wird er abgelehnt, so erfolgt seine Ablehnung zu Recht.

§ 41

(1) Ein Mitglied eines Disziplinargerichts, das bei einer durch Rechtsmittel angefochtenen Entscheidung mitgewirkt hat, ist von der Mitwirkung bei der Entscheidung in höherer Instanz ausgeschlossen.

(2) Der Untersuchungsführer darf in den Sachen, in denen er die Untersuchung geführt hat, nicht Mitglied eines Disziplinargerichts sein.

Abs. 1. Hier ist die Mitwirkung im Sinne von Mitentscheidung gemeint. Eine nur passive Anwesenheit genügt nicht, auch nicht die Vornahme von Handlungen bei Ersuchen von Amtshilfe. Zweckmäßig ist jedoch, wenn auch ein solches Zusammentreffen vermieden wird.

Abs. 2. Der Untersuchungsführer, der im Disziplinargericht nicht mitwirken darf, muß wirkliche Untersuchungshandlungen vorgenommen haben, nicht nur im Ermittlungsverfahren oder bei vorbereitenden Handlungen tätig gewesen sein. Doch gilt auch hier das zu Abs. 1 Gesagte.

§ 42

(1) Der Untersuchungsführer oder ein Mitglied eines Disziplinargerichts kann sowohl in den Fällen, in denen er von der Ausübung des Amtes ausgeschlossen ist, als auch wegen Besorgnis der Befangenheit abgelehnt werden. Wegen Besorgnis der Befangenheit findet die Ablehnung statt, wenn ein Grund vorliegt, der geeignet ist, Mißtrauen gegen die Unparteilichkeit des Abgelehnten zu rechtfertigen. Das Ablehnungsrecht steht der Einleitungsbehörde und dem Beschuldigten zu.

(2) Über die Ablehnung des Untersuchungsführers entscheidet die Stelle, die ihn bestellt hat. Über die Ablehnung eines Richters entscheidet das Gericht, dem er angehört, durch unanfechtbaren Beschluß, wobei an Stelle des Abgelehnten sein Stellvertreter mitwirkt.

(3) Liegt eine Ablehnung nicht vor, teilt aber der Untersuchungsführer oder ein Mitglied eines Disziplinargerichts einen Sachverhalt mit, der seine Ablehnung (Abs. 1) begründen könnte, so entscheiden hierüber die entsprechenden in Absatz 2 genannten Stellen. Das gleiche gilt, wenn aus anderer Veranlassung Zweifel darüber entstehen, ob der Betreffende von der Ausübung des Amtes ausgeschlossen ist.

§ 42 behandelt die Möglichkeit der Ablehnung des Untersuchungsführers und der Disziplinarrichter. Sie kann erfolgen in den Fällen, in denen ein Ausschluß ohnehin kraft Gesetzes nach § 40 gegeben, aber nicht erfolgt ist. Einer Ablehnung aus diesem Grunde wird, wenn einer der in § 40 angeführten Gesichtspunkte nachweisbar vorliegt, stattgegeben werden müssen. Schwieriger ist die Entscheidung über eine Ablehnung, die wegen Besorgnis der Befangenheit erfolgt. Es muß hier ein Grund vorliegen, der geeignet ist, Mißtrauen gegen die Unparteilichkeit des Abgelehnten zu rechtfertigen. Sowohl dem Vertreter der Einleitungsbehörde wie dem Beschuldigten steht das Recht der Ablehnung zu. In der Praxis wird es fast nur von dem Beschuldigten ausgeübt. Bei der oft lange dauernden Untersuchung wird es von dem Untersuchungsführer abhängen, ob er durch seine Persönlichkeit und die Art seiner Amtsführung bei dem Beschuldigten den Eindruck erweckt, daß er bei allem Streben nach Aufklärung objektiv und nicht einseitig eingestellt ist. Der Beschuldigte wieder ist verpflichtet, dem Untersuchungsführer das Amt nicht durch Unwahrhaftigkeit, Ausflüchte und Verschleppungsversuche zu erschweren. Bei dieser nicht leichten Aufgabe ist es in der Praxis keine Ausnahme, daß der Beschuldigte von Mißtrauen gegen den Untersuchungsführer erfüllt ist und ihn für seinen Gegner hält. So kommt es zur Ablehnung des Untersuchungsführers durch den Beschuldigten. Die Einleitungsbehörde, die den Untersuchungsführer bestellt hat, wird unparteiisch nach Anhörung des Abgelehnten prüfen müssen, ob der Beschuldigte Grund zu seinem Vorgehen hat. Wenn dies auch nur in gewissem Umfange der Fall ist, wird sie gut tun, dem Antrage stattzugeben und einen anderen zu bestellen. Vertrauen des Beschuldigten zum Untersuchungsführer beeinflußt das Verfahren günstig und dient der Ermittlung der Wahrheit.

Die Ablehnung des Untersuchungsführers durch die Einleitungsbehörde kann im Grunde nur durch den Vertreter der Einleitungsbehörde erfolgen und den Anlaß haben, daß der Untersuchungsführer in seinem Amt zu sehr die Interessen des Beschuldigten wahrnimmt. Daß die Einleitungsbehörde von sich aus den Untersuchungsführer, den sie selbst bestellt hat, und dessen Bestellung sie nach § 49 nur aus bestimmten Gründen widerrufen kann, ablehnt, ist in der Praxis schwer vorstellbar. Aber auch die Ablehnung durch den Vertreter der Einleitungsbehörde ist selten.

Die Ablehnung eines Disziplinarrichters kann die verschiedensten Ursachen haben, zunächst die in § 40 genannten Ausschließungsgründe, falls sie nicht beachtet sind. Sodann sind denkbar schon vorhandene Spannungen zwischen Richter und Beschuldigtem u. a. Endlich sei verwiesen auf das zu § 40 Abs. 2 Ausgeführte.

Hierbei muß betont werden, daß eine wirkliche Befangenheit nicht vorzuliegen braucht, sondern daß die Besorgnis der Befangenheit, und zwar vom Standpunkt des Beschuldigten aus, genügt, um die Ablehnung zu begründen. Ob diese Besorgnis gerechtfertigt ist, muß geprüft werden.

Hinzuweisen ist auf die Vorschrift, daß das Gericht, dem der Richter angehört, über die Ablehnung entscheidet und daß dabei an Stelle des Abgelehnten sein Stellvertreter mitwirkt. Erfolgt die Ablehnung erst in der Verhandlung und ist der Stellvertreter nicht anwesend oder seine Herbeiholung nicht sogleich möglich, so kann eine Ablehnung Vertagung notwendig machen.

Abs. 3 behandelt den Fall, daß der Untersuchungsführer oder ein Richter selbst gegen seine Mitwirkung Bedenken hat und die Gründe mitteilt, oder daß aus anderer Veranlassung Zweifel bestehen, ob der Betreffende von der Ausübung des Amtes ausgeschlossen ist. Dann findet das gleiche Verfahren statt wie in den übrigen Fällen.

2. Einleitung des Verfahrens

§ 43

(1) Das Verfahren beginnt mit der Zustellung einer Einleitungsverfügung der zuständigen Dienststelle an den Beschuldigten.

(2) Die Einleitungsverfügung muß den wesentlichen Inhalt der Beschuldigung angeben und soll möglichst den Vertreter der einleitenden Dienststelle und den Untersuchungsführer bezeichnen (§ 48).

Die Einleitungsverfügung ist der entscheidende Akt, durch den das förmliche Disziplinarverfahren in Gang kommt. Mit ihrer Zustellung ist es eröffnet. Wesentliche Bestandteile der Einleitungsverfügung sind die genaue Bezeichnung des Beschuldigten (Amtsbezeichnung, Name, Wohnsitz), kurze Angabe der Anschuldigungspunkte, die keine Einzelheiten zu enthalten braucht, aber erkennen lassen muß, worum es sich handelt. Der Umfang des Disziplinarverfahrens wird nicht durch die Einleitungsverfügung bestimmt, sondern durch die Anschuldigungsschrift (§ 83).

Wenn die Einleitungsbehörde weitere Anschuldigungspunkte nachträglich bis zur Hauptverhandlung zum Gegenstand des Verfahrens macht, so bedarf es dann keiner Ergänzung der Einleitungsverfügung, wenn es sich um weitere Einzelheiten der angegebenen Amtspflichtverletzung handelt. Wird dem Beschuldigten dagegen eine völlig neue Amtspflichtverletzung vorgeworfen, so ist die Einleitungsverfügung zu ergänzen und die ergänzende Verfügung zuzustellen. Weiter soll die Einleitungsverfügung den Vertreter der einleitenden Dienststelle und den Untersuchungsführer bezeichnen. Es handelt sich hier um eine Sollvorschrift. Die Namen können auch nachträglich mitgeteilt werden. In der Regel aber werden sie in der Einleitungsverfügung genannt. Die Einleitungsverfügung ist von dem Leiter der zuständigen Dienststelle oder seinem Vertreter zu unterzeichnen. Unzulässig und anfechtbar ist die Unterzeichnung durch einen Behördenleiter oder durch einen Beamten der Dienststelle, der selbst der Disziplinarkammer oder dem Disziplinarhof als Vorsitzender oder als Beisitzer angehört.

Ein Rechtsmittel gegen die Eröffnung des Disziplinarverfahrens gibt es nicht. Sie ist nicht anfechtbar, es sei denn mit der Dienstaufsichtsbeschwerde. Ein Ziel des Verfahrens braucht nicht angegeben zu werden. Im Gegensatz zum Bundesdisziplinargesetz (§ 28 Abs. 2) und zur Gesetzgebung einzelner Länder ist dem Geistlichen und Kirchenbeamten nicht das Recht gegeben, die Einleitung des förmlichen Disziplinarverfahrens gegen sich selbst zu beantragen. Nur die Kirchenbehörde hat darüber nach pflichtmäßigem Ermessen zu entscheiden, obwohl es Fälle gibt, in denen man wünschen möchte, daß das Antragsrecht gegeben wäre, allerdings mit der Möglichkeit der Ablehnung durch die zuständige Dienststelle.

Auf die Dienstbezüge des Beschuldigten hat die Einleitung des förmlichen Disziplinarverfahrens keinen Einfluß. Es muß als Sondermaßnahme die vorläufige Dienstenthebung gemäß § 100 erfolgen, wobei die dort vorgesehenen Einbehaltungen von Gehaltsteilen angeordnet werden können, was jedoch nur in schweren Fällen zu geschehen pflegt.

§ 44

(1) Der Beschuldigte kann sich nach Einleitung des Verfahrens eines Verteidigers bedienen.

(2) Als Verteidiger sind zuzulassen

a) Geistliche einer Gliedkirche der Evangelischen Kirche in Deutschland,

b) Lehrer an den evangelischen theologischen Fakultäten der staatlichen Universitäten und an den evangelischen kirchlichen Hochschulen,

c) Volljuristen, Rechtslehrer an deutschen Hochschulen und Rechtsanwälte, die einer Gliedkirche der Evangelischen Kirche in Deutschland angehören und das kirchliche Wahlrecht nicht verloren haben.

(3) Andere geeignete Personen, die einer Gliedkirche der Evangelischen Kirche in Deutschland angehören und das kirchliche Wahlrecht nicht verloren haben, können als Verteidiger zugelassen werden.

Die Vorschriften über Zulassung eines Verteidigers unterscheiden sich in verschiedenen Punkten vom bisherigen Recht. Im Gesetz vom 16. 7. 1886 wird die Verteidigung in der Hauptverhandlung durch einen Rechtsanwalt zugelassen. Nach der Disziplinarordnung vom 13. 4. 1939 kann die Tätigkeit des Verteidigers einsetzen mit dem Anhängigwerden des Verfahrens bei der Disziplinarkammer, d. h. nach Eingang der Anschuldigungsschrift dort. Im § 44 des Disziplinargesetzes kann sich der Beschuldigte nach Einleitung des Verfahrens eines Verteidigers bedienen. Da zum Verfahren auch die Untersuchung gehört, so kann der Verteidiger schon während der Untersuchung tätig sein. Dies ist eine wesentliche Neuerung zu Gunsten des Beschuldigten. Auch in den Vorschriften darüber, wer als Verteidiger zuzulassen ist, kann man eine charakteristische Entwicklung verfolgen. Spricht das alte Gesetz von 1886 nur von einem Rechtsanwalt als Beistand in der Hauptverhandlung oder als Vertreter für den nicht erschienenen Beschuldigten, dem Einsicht in die Untersuchungsakten zu gestatten ist, so läßt die Disziplinarordnung vom 13. 4. 1939 neben dem Volljuristen auch Hochschullehrer und Geistliche als Verteidiger vor der Disziplinarkammer zu, wobei die kirchliche Stellung des Volljuristen unberücksichtigt bleibt und bei dem Hochschullehrer die Fakultät nicht bezeichnet wird. § 44 des Disziplinargesetzes unterscheidet in Absatz 2 und 3 zwei Kategorien von Verteidigern, solche, die zugelassen werden müssen und andere, die zugelassen werden können. In der ersten Kategorie stehen Geistliche und theologische Hochschullehrer an der Spitze. Ihnen sind gleichgestellt Volljuristen, d. h. solche, die die Befähigung zum Richteramt oder zum höheren Verwaltungsdienst haben, Rechtslehrer an deutschen Hochschulen und Rechtsanwälte. Volljuristen sind besonders genannt, um auch Richter und höhere Verwaltungsbeamte sowie Verwaltungsrechtsräte zuzulassen. Von allen unter Ziff. c Genannten wird gefordert, daß sie einer Gliedkirche der EKiD angehören und das kirchliche Wahlrecht nicht verloren haben. Wenn die Verteidiger die angeführten Eigenschaften besitzen, so müssen sie zugelassen werden.

In der zweiten Kategorie werden „andere geeignete Personen" genannt, von denen auf kirchlichem Gebiet das Gleiche wie von den unter Absatz 2 c Aufgeführten gefordert wird. Diese Personen können zugelassen werden, haben aber keinen Anspruch darauf.

Es ist zu bedauern, daß in der zweiten Gruppe nicht auch ausnahmsweise besonders geeignete katholische Verteidiger zugelassen werden können. In Einzelfällen sind solche Verteidiger früher vor den Disziplinargerichten aufgetreten und haben sich durchaus bewährt.

§ 44 Abs. 1 besagt, daß der Beschuldigte sich nach Einleitung des Verfahrens eines Verteidigers bedienen kann. Trotz dieses Wortlautes ist es nicht zweifelhaft und entspricht der Praxis, daß für einen Beschuldigten auch mehrere Verteidiger auftreten können. Auch in § 137 StPO wird nur der Beistand eines Verteidigers erwähnt. Gleichwohl haben Rechtslehre und Praxis, die man hier beachten darf, zu der Auffassung geführt, daß der Beschuldigte in jeder Lage des Verfahrens, also auch außerhalb der Hauptverhandlung, sich mehrerer Verteidiger bedienen könne. (Vergl. Schwarz Strafpr.Ordn. § 137 Anm. 2, Löwe-Rosenberg Komm. z. Strafprozeßordnung 1934 § 137 Anm. 3, Kleinknecht-Müller Komm. z. StPO 1958 § 137 Anm. 1.)

Bei kirchlichen Disziplinarverfahren wird man dies in verstärktem Maße annehmen müssen, weil dort oft neben den Rechtsfragen auch theologische Gesichtspunkte zur Erörterung stehen. In solchen Fällen kann es im Interesse der Verteidigung geboten sein, einen Geistlichen und einen Juristen nebeneinander als Verteidiger heranzuziehen. Darüber hinaus noch weitere Verteidiger zuzulassen, besteht allerdings kein Anlaß und ist auch schon vom Disziplinarhof abgelehnt worden. Die Verteidigung muß den Bedürfnissen einer geordneten Verfahrensdurchführung entsprechen und kann somit auf das sachgemäß Notwendige beschränkt werden. (Kleinknecht-Müller § 27 Anm. 3, vergl. auch Erlaß der Ev. Kirche i. D., Kirchenkanzlei Berliner Stelle vom 9. 2. 1959 KB I 128/59.)

Die Bestellung eines Verteidigers von Amts wegen kennt das kirchliche Disziplinarrecht nicht.

In der Praxis vor der Disziplinarkammer hängt die Zuziehung eines Verteidigers meist von der Schwierigkeit des Falles ab. Zahlreiche Beschuldigte sehen davon ab, sich eines Verteidigers zu bedienen. In den Nachkriegsjahren hat die Bestellung von Geistlichen als Verteidiger, die erst seit der Disziplinarordnung vom 13. 4. 1939 möglich ist, stark zugenommen. Sie hat, besonders durch die bei Theologen vorhandene Kenntnis des pfarramtlichen Lebens, gute Erfolge gezeitigt. In schwierigen Fällen, in denen theologische und juristische Fragen zur Erörterung standen, hat sich das Zusammenwirken von Theologen und Juristen in der Verteidigung bewährt.

§ 45

Sind für den Beschuldigten, der mehrere Ämter bekleidet hat, verschiedene Dienststellen (§ 4) zuständig, so darf nur eine von ihnen das Verfahren einleiten. Verständigen sie sich nicht darüber, so entscheidet der Rat der Evangelischen Kirche in Deutschland.

Daß ein Beschuldigter mehrere Ämter bekleidet, ist nicht selten. In der Mehrzahl der Fälle wird aber die Einleitungsstelle dieselbe sein, da ein Geistlicher oder Kirchenbeamter Doppelämter oder Nebenämter in seiner eigenen Kirche inne zu haben pflegt und somit die Kirchenbehörde und Kirchenleitung der Gliedkirche zuständig bleibt. Es gibt aber auch Fälle, in denen verschiedene Dienststellen zuständig sind. Erinnert sei an die Geistlichen der Evangelischen Kirche Berlin-Brandenburg, die nebenamtliche Mitglieder der Kirchenkanzlei der Evangelischen Kirche der Union sind. Ja, es gibt Fälle, in denen ein geistlicher Kirchenbeamter Mitglied des Konsistoriums, Mitglied der Kirchenkanzlei der EKU und zugleich Gemeindepfarrer ist. In diesen Fällen muß eine Verständigung zwischen den zuständigen Dienststellen stattfinden. Wenn sie nicht erfolgt, muß die Angelegenheit dem Rat der EKiD vorgelegt werden, der zu entscheiden hat. Zu beachten ist auch das Verhältnis von Haupt- und

Nebenamt bei einem Beschuldigten. Ist z. B. ein Geistlicher zugleich nebenamtliches Mitglied der Kirchenbehörde, so würde im Bereiche der EKU nach § 3 Abs. 1 b der Verordnung vom 14. 5. 1956 die Kirchenleitung zuständige Dienststelle für das Nebenamt sein, für das Hauptamt aber das Konsistorium oder Landeskirchenamt. Im staatlichen Disziplinarrecht hat die für das Hauptamt zuständige Dienststelle in solchen Fällen einzuleiten. (§ 30 Abs. 3 Bundesdisziplinarordnung.) Im Gegensatz hierzu ist im kirchlichen Disziplinarverfahren die Zuständigkeit der Kirchenleitung gegeben. § 3 Abs. 1 b macht keinen Unterschied zwischen haupt- und nebenamtlichen Mitgliedern der Kirchenbehörde und nennt zudem in gleichem Zusammenhange die Mitglieder der Kirchenleitung, die stets nur nebenamtlich tätig sein können. Somit kann kein Zweifel bestehen, daß, ebenso wie bei Mitgliedern der Kirchenleitung, auch bei nebenamtlichen Mitgliedern von Kirchenbehörden die Kirchenleitung die für die Einleitung zuständige Dienststelle ist.

§ 46

Verfahren, die gegen mehrere Beschuldigte wegen desselben Sachverhalts oder gegen einen Beschuldigten wegen verschiedener Sachverhalte eingeleitet sind, können miteinander verbunden und wieder getrennt werden.

Es sind zwei Fälle möglich. Entweder sind mehrere Beschuldigte an dem gleichen Sachverhalt beteiligt oder ein Beschuldigter hat verschiedene Amtspflichtverletzungen begangen. In beiden Fällen kann eine Verbindung der Verfahren stattfinden, die auch wieder gelöst werden kann. Die Verbindung ist zweckmäßig, damit nicht bei gleichem Sachverhalt verschiedene Urteile gefällt werden und im zweiten Falle, damit gegen einen Beschuldigten ein einheitliches Verfahren durchgeführt wird. Voraussetzung ist, daß die Verfahren spruchreif sind. Die Sachlage ist einfach, wenn die Verfahren von der gleichen Dienststelle eingeleitet worden sind, was in der Regel der Fall sein wird. Es sind aber auch Verbindungen möglich, wenn mehrere Einleitungsbehörden beteiligt sind. Dann muß von einer Einleitungsbehörde oder von einem Beschuldigten ein Antrag an die andere beteiligte Einleitungsbehörde gestellt werden, damit sich die beiden Dienststellen über das zu Veranlassende einigen können. Die einleitenden Behörden können Verbindung oder Trennung nur so lange verfügen, wie die Verfahren nicht bei der Disziplinarkammer anhängig sind, d. h. bis zum Eingange der Anschuldigungsschrift (§ 65). Sind die Verfahren bei der Disziplinarkammer anhängig, so kann diese die Verbindung oder Trennung anordnen. Sind verschiedene Disziplinarkammern zuständig, so können sie die zu treffenden Maßnahmen, wenn sie möglich sind, nur im Wege der Vereinbarung beschließen.

§ 47

(1) Das förmliche Verfahren gliedert sich in die Untersuchung und in das Verfahren vor dem Disziplinargericht.

(2) Von der Untersuchung kann abgesehen werden, wenn der Sachverhalt hinreichend geklärt ist. Der Beschuldigte ist davon in Kenntnis zu setzen.

Die Gliederung des förmlichen, d. h. an bestimmte Formen gebundenen Disziplinarverfahrens in Untersuchung und Verfahren vor der Disziplinarkammer entspricht dem bisherigen Recht. (Altpreuß. Dis.Ges. v. 16. 7. 1886 § 17 Abs. 2, Disz.Ordn. v. 13. 4. 1939 § 33.) Den Trennungsstrich zwischen beiden Abschnitten bildet der Eingang der Anschuldigungsschrift bei der Disziplinarkammer. Von diesem Zeitpunkt ab kann das Verfahren nur noch durch gerichtliche Entscheidung beendet werden. Im neuen Disziplinarrecht, das den Grundsatz der Unmittelbarkeit der Beweiserhebung einführt, hat die Verhandlung vor der Disziplinarkammer an Bedeutung gewonnen. Doch ist auch jetzt die Untersuchung immer noch von großer Wichtigkeit. Aber sie ist nicht mehr, wie im Altpr.Disz.-Gesetz von 1886, ein notwendiger Bestandteil des Verfahrens. Abs. 2 besagt, daß von ihr abgesehen werden kann, wenn der Sachverhalt hinreichend geklärt ist. Dies kann z. B. der Fall sein, wenn ein Strafurteil vorliegt, das den Tatbestand eingehend gewürdigt hat, oder, wenn ein klarer Sachverhalt gegeben ist, den der Beschuldigte eingesteht. Er ist von dem Fortfall der Untersuchung in Kenntnis zu setzen. Das Recht, eine Untersuchung zu verlangen, hat er nicht. Doch wird die Dienststelle einem dahingehenden Antrage stattzugeben haben, wenn wesentliche Einwände erhoben oder neue Beweise angetreten werden. In jedem Falle, besonders, wenn ein staatliches Urteil in gleicher Sache ergangen ist, muß der Beschuldigte eingehend zu der ihm zur Last gelegten Amtspflichtverletzung gehört werden. Dies muß, ob eine Untersuchung stattgefunden hat oder nicht, in der Verhandlung vor der Disziplinarkammer geschehen. Der Fortfall der Untersuchung ist in der Praxis selten und stellt einen Ausnahmefall dar.

§ 48

(1) Bei oder alsbald nach Einleitung des förmlichen Disziplinarverfahrens bestellt die einleitende Dienststelle für sich einen Vertreter und, falls sie nicht von der Untersuchung absieht, einen Untersuchungsführer. Die Bestellungen sind dem Beschuldigten spätestens bei seiner ersten Ladung zur Vernehmung mitzuteilen.

(2) Zum Vertreter der einleitenden Dienststelle und zum Untersuchungsführer sollen grundsätzlich Mitglieder und theologische oder juristische Hilfsarbeiter der einleitenden Dienststelle sowie Pfarrer und Kirchenbeamte bestellt werden.

(3) Die Bestellung des Vertreters der einleitenden Dienststelle kann widerrufen werden. Er ist an die Weisungen der einleitenden Dienststelle gebunden.

Der Vertreter der einleitenden Dienststelle und der Untersuchungsführer werden in der Regel bei Einleitung des förmlichen Verfahrens bestellt und in der Einleitungsverfügung namentlich bezeichnet. Spätestens müssen die Bestellungen aber dem Beschuldigten bei seiner ersten Ladung mitgeteilt werden, damit er weiß, mit wem er es zu tun hat. Für beide Ämter sollen grundsätzlich Mitglieder oder Hilfsarbeiter der einleitenden Dienststelle bestellt werden. Aber auch Pfarrer und sonstige Kirchenbeamte, die die nötige Vorbildung haben, können bestellt werden, dagegen nicht außerhalb der Behörde stehende Juristen oder Theologen, die nicht im Pfarramt stehen. Beamteneigenschaft ist nicht Voraussetzung. Diese Vorschriften sind in kleinen Behörden, die u. U. nur einen Juristen haben, schwer durchführbar. Deshalb sollten hier Ausnahmen zugelassen werden.

Der Vertreter der einleitenden Dienststelle ist der verlängerte Arm der Behörde, die durch ihn ihre Anträge stellt und an deren Weisung er gebunden ist. Es ist daher natürlich, daß seine Bestellung widerrufen werden kann. In der Praxis ist er selbständiger als es nach den gesetzlichen Vorschriften den Anschein hat. Die Behörde kann ihre Weisungen meist nur grundsätzlich und in Umrissen erteilen, vor allem aber hat er seine Anträge am Schlusse der Beweiserhebung vor der Disziplinarkammer und auf Grund ihres Ergebnisses zu stellen, das man nicht voraussehen kann.

Eine Ablehnung durch den Beschuldigten ist nicht möglich.

3. Untersuchung

§ 49

(1) Dem Untersuchungsführer dürfen keine Weisungen gegeben werden.

(2) Die Bestellung des Untersuchungsführers kann nur widerrufen werden, wenn er aus einem Amt als Kirchenbeamter, Hilfsarbeiter oder Geistlicher, das er bei seiner Bestellung bekleidet hat, ausscheidet.

Wenn auch in der Untersuchung nicht mehr wie früher der Schwerpunkt des Verfahrens liegt, so ist sie nach dem neuen Disziplinargesetz doch von großer Bedeutung. Dieser Bedeutung entsprechend ist die Stellung des Untersuchungsführers gestaltet. Wer zum Untersuchungsführer bestellt werden kann, ist in § 48 bestimmt. Über die Möglichkeiten seiner Ablehnung und die Art seiner Tätigkeit vergl. das zu § 42 Ausgeführte. Der Untersuchungsführer hat die Stellung eines unabhängigen Untersuchungsrichters. Er ist an Weisungen seiner Behörde nicht gebunden und übt richterliche Befugnisse aus. Seine Bestellung kann nur widerrufen werden, wenn er aus dem Amt ausscheidet, auf Grund dessen er berufen worden ist. Andere, rein persönliche Gründe sind in dieser Vorschrift einbegriffen, da sie, wenn sie schwerwiegend sind oder die Wahrnehmung unmöglich machen, ein Ausscheiden aus dem Hauptamt zur Folge haben würden. Die Unabhängigkeit der Stellung hat zur Folge, daß der Untersuchungsführer die Beweiserhebungen, die für die Durchführung der Untersuchung notwendig sind, selbständig und unter eigener Verantwortung vornimmt. Auch Dienstreisen kann er selbständig ausführen. Vernehmungstermine hat er anzusetzen und die Ladungen dazu selbst zu unterzeichnen. Wegen Verschleppung des Verfahrens, etwaiger sonstiger Ordnungswidrigkeiten oder seines persönlichen Verhaltens wegen kann er, wie jeder andere Beamte, im Wege der Dienstaufsicht zur Verantwortung gezogen werden. Die Bestellung eines Untersuchungsführers, die nicht den gesetzlichen Vorschriften entspricht, würde einen wesentlichen Mangel des Verfahrens bedeuten und seine Wiederholung erforderlich machen. Das Disziplinargericht kann in solchem Falle nur auf Einstellung des Verfahrens erkennen.

§ 50

(1) Der Untersuchungsführer hat einen Schriftführer hinzuzuziehen, den er auf sein Amt, insbesondere zur Verschwiegenheit, verpflichtet.

(2) Über einen Antrag auf Ablehnung des Schriftführers entscheidet der Untersuchungsführer endgültig.

Die Zuziehung eines Schriftführers und die Aufnahme eines Protokolls ist wesentlich für jede Untersuchungshandlung. Fehlt beides oder eins von beiden, so ist die Untersuchungshandlung nicht verwertbar und muß wiederholt werden. Der Schriftführer braucht kein Beamter zu sein. Es kann auch ein Angestellter, ebenso eine geeignete weibliche Schreibkraft der Dienststelle zugezogen werden. Der Schriftführer ist zu verpflichten. Dies hat in ähnlicher Weise wie bei den Mitgliedern der Disziplinarkammer zu geschehen, und zwar auch bei Beamten, am besten durch Handschlag. Bei Beamten genügt die einmalige Verpflichtung bei Beginn der Tätigkeit für alle kommenden Untersuchungen. Bei Angestellten ist die Verpflichtung bei jeder neuen Untersuchung zu wiederholen. Sie bezieht sich nicht nur auf treue und gewissenhafte Protokollführung, sondern vor allem auf Verschwiegenheit. Die Verpflichtung ist zu protokollieren. Das Protokoll muß sorgfältig und vollständig angefertigt werden, und zwar in gewöhnlicher Schrift oder in Maschinenschrift. Kurzschrift ist für das Protokoll selbst nicht zu verwenden und müßte übertragen werden. Die Aussagen sind zu verlesen, von den Zeugen zu genehmigen und zu unterschreiben. Das gleiche gilt von der Anhörung des Beschuldigten. Daß ihm Zeugen- oder andere Aussagen vorgehalten sind, muß ersichtlich sein. Das Gesamtprotokoll ist von dem Untersuchungsführer und dem Schriftführer zu unterzeichnen. Hierdurch übernimmt der Schriftführer eine

Mitverantwortung für die Niederschrift und ihre Richtigkeit. Er ist also nicht mechanische Schreibkraft des Untersuchungsführers. Bei Nichtbeachtung der Formvorschriften kann das Protokoll in der Verhandlung vor der Disziplinarkammer u. U. nicht zu verwerten sein.

Der Schriftführer kann abgelehnt werden. Über den Antrag entscheidet der Untersuchungsführer endgültig. Eine Beschwerde gegen seinen Entscheid ist nicht gegeben.

§ 51

(1) Der Untersuchungsführer vernimmt den Beschuldigten und erhebt die Beweise. Der Vertreter der einleitenden Dienststelle, der Beschuldigte und sein Verteidiger sind zu den Beweiserhebungen zu laden und haben das Recht, Fragen zu stellen. Der Untersuchungsführer kann die vorgenannten Beteiligten einzeln oder insgesamt von der Teilnahme an Untersuchungshandlungen ausschließen, wenn er es mit Rücksicht auf den Untersuchungszweck für nötig hält. In diesem Falle hat er den Ausgeschlossenen über das Ergebnis zu unterrichten und den Vorgang in der Niederschrift zu vermerken. Der Untersuchungsführer hat das Recht, Fragen, die nicht zur Sache gehören, zurückzuweisen. Auf Antrag ist dies in der Niederschrift zu vermerken.

(2) Ergibt die Beweiserhebung die Notwendigkeit weiterer Untersuchungshandlungen, so kann der Untersuchungsführer diese auch ohne vorherige Ladung des Vertreters der einleitenden Dienststelle, des Beschuldigten und seines Verteidigers vornehmen, wenn der Fortgang des Untersuchungsverfahrens es erfordert. In diesem Falle hat er den Vertreter der einleitenden Dienststelle, den Beschuldigten und seinen Verteidiger über das Ergebnis der weiteren Untersuchungshandlungen zu unterrichten.

(3) Beweisanträgen des Vertreters der einleitenden Dienststelle muß der Untersuchungsführer stattgeben. Beweisanträgen des Beschuldigten oder des Verteidigers soll er stattgeben, soweit sie für die Schuldfrage, das Strafmaß oder die Gewährung eines Unterhaltsbeitrages (§ 85) von Bedeutung sein können.

(4) Der Untersuchungsführer kann den Beschuldigten, den Verteidiger sowie Zeugen und Sachverständige aus dem Verhandlungsraum verweisen, wenn sie den zur Aufrechterhaltung der Ordnung erlassenen Weisungen nicht Folge leisten.

Die Untersuchung beginnt mit der Ladung des Beschuldigten, für die Zustellung nicht vorgeschrieben ist, aber u. U. zweckmäßig sein kann. Eine Frist ist nicht genannt. Sie muß den Umständen nach angemessen sein. Der Beschuldigte ist weder zum Erscheinen noch zur Aussage verpflichtet, hat aber die Folgen einer Weigerung zu tragen, die in der Praxis selten ist. Zu Beweiserhebungen sind der Vertreter der einleitenden Dienststelle sowie der Beschuldigte und sein Verteidiger zu laden und haben das Recht, Fragen zu stellen. Die Vernehmung des Beschuldigten ist im Gesetz besonders genannt und damit deutlich von den Beweiserhebungen abgesetzt. Die Ladung des Vertreters der einleitenden Dienststelle ist für diese Vernehmung nicht vorgeschrieben. Dies hat seinen Grund darin, daß es wünschenswert ist, wenn der Untersuchungsführer den Beschuldigten zunächst allein vernimmt. Die Untersuchung führt nicht selten zu Gesprächen zwischen dem Beschuldigten und dem Untersuchungsführer, die u. U. eine Atmosphäre des Vertrauens schaffen können. Wenn solche Gespräche Erfolg haben sollen, was für den Gang des Verfahrens wesentlich sein kann, so dürfen Dritte dabei nicht zugegen sein. Bei weiteren Anhörungen des Beschuldigten, insbesondere, wenn ihm Zeugenaussagen vorgehalten werden, hat der Verteidiger das Recht, zugegen zu sein. Auch dem Vertreter der einleitenden Dienststelle wird die Anwesenheit nicht verweigert werden können. Zu Beweiserhebungen, im wesentlichen zu der Vernehmung von Zeugen, ist der Beschuldigte und sein Verteidiger sowie der Vertreter der einleitenden Dienststelle zu laden. Der Untersuchungsführer hat jedoch das Recht, die Beteiligten einzeln oder insgesamt von der Teilnahme auszuschließen, wenn er es mit Rücksicht auf den Untersuchungszweck für nötig hält. Diese Vorschrift ist von großer Wichtigkeit. Bei schwierigen örtlichen Verhältnissen, zumal in Dörfern oder kleinen Städten, wird der Untersuchungsführer oft von seinem Recht Gebrauch machen müssen. Es ist bei Untersuchungen ein häufig wiederkehrender Fall, daß Zeugen ungern Belastendes, in das sie womöglich selbst mit verwickelt sind, aussagen, zumal, wenn es sich bei dem Beschuldigten um eine angesehene, einflußreiche Persönlichkeit handelt. Ist der Beschuldigte dann aber selbst dabei und hat er auch noch einen geschickten Verteidiger zur Seite, so wird aus gehemmten und ängstlichen Zeugen oft gar nichts herauszubekommen sein. Die Nachteile, die etwa entstehen könnten, wenn der Untersuchungsführer den Beschuldigten und seinen Verteidiger und evtl. auch den Vertreter der einleitenden Dienststelle ausschließt, werden dadurch wieder ausgeglichen, daß der Grundsatz der Unmittelbarkeit der Beweiserhebung im Verfahren vor der Disziplinarkammer gilt und alle wichtigen Zeugen dort erneut oder auch zum ersten Male gehört werden müssen. Zudem werden die Ausgeschlossenen vom Untersuchungsführer von dem Ergebnis unterrichtet. Der Vorgang ist in der Niederschrift zu vermerken.

Die selbständige Stellung des Untersuchungsführers ist dadurch betont, daß er Fragen, die nicht zur Sache gehören, zurückweisen kann und mehr noch durch seine Befugnis, weitere Untersuchungshandlungen auch ohne Ladung des Vertreters der Einleitungsbehörde, des Beschuldigten und seines Verteidigers vorzunehmen, wenn der Fortgang des Verfahrens es erfordert. Er muß nur die beteiligten Personen von dem Ergebnis unterrichten. Diese Vorschrift dient zur Beschleunigung und soll Verschleppung oder Verdunklung vermeiden.

Der Vertreter der einleitenden Behörde sowie der Beschuldigte und sein Verteidiger können Beweisanträge stellen. Ihre Behandlung regelt Abs. 3. Die Beweisanträge des Beschuldigten sollen großzügig behandelt werden, um auch den leisesten Verdacht der Voreingenommenheit zu vermeiden. Die Aufrechterhaltung der Ordnung bei der Verhandlung liegt dem Untersuchungsführer ob. Seine Befugnisse sind in Abs. 4 festgelegt.

§ 52

(1) Ergibt die Untersuchung den Verdacht einer weiteren Amtspflichtverletzung, so kann der Vertreter der einleitenden Dienststelle mit Genehmigung dieser Dienststelle beantragen, daß die Untersuchung auf neue Tatsachen erstreckt wird.

(2) Dem Beschuldigten und dem Verteidiger ist Gelegenheit zu geben, sich auch zu den neuen Anschuldigungen zu äußern.

Darf der Untersuchungsführer notwendig gewordene weitere Untersuchungshandlungen selbständig vornehmen, so kann der Vertreter der einleitenden Dienststelle beantragen, die Untersuchung auf neue Tatsachen zu erstrecken, wenn der Verdacht einer weiteren Amtspflichtverletzung sich ergeben hat. Er bedarf dazu jedoch der Genehmigung der Behörde, die er vertritt. Diese Vorschrift soll unüberlegten Anträgen vorbeugen, ist aber auch sonst zur Unterrichtung der Dienststelle, die das Verfahren eingeleitet hat, notwendig. Wenn es sich um eine neue Amtspflichtverletzung handelt, die mit der bisher festgestellten nicht zusammenhängt, so ist die Ergänzung der Einleitungsverfügung angebracht. Der Beschuldigte und sein Verteidiger müssen zu den neuen Anschuldigungen gehört werden.

§ 53

Hält der Untersuchungsführer das Ziel der Untersuchung für erreicht, so hat er dem Beschuldigten Gelegenheit zu geben, sich abschließend zu äußern. Danach legt er der einleitenden Dienststelle die Akten vor.

Am Schluß der Untersuchung steht wieder die Anhörung des Beschuldigten, der sich abschließend äußern soll. Wenn er auf ein abschließendes Wort verzichtet, so ist dies kenntlich zu machen und zu vermerken, daß ihm dazu Gelegenheit gegeben ist. Der Vertreter der einleitenden Dienststelle braucht zu dieser abschließenden Vernehmung nicht geladen zu werden. Der Beschuldigte kann, wenn er den Wunsch hat, in Begleitung seines Verteidigers erscheinen.

Ist der Untersuchungsführer der Überzeugung, daß das Ziel der Untersuchung erreicht ist, so gibt er die Akten der einleitenden Dienststelle zurück, bei der sie ihrem Vertreter für das Verfahren zugehen. Zweckmäßig wird der Abschluß der Untersuchung so gehandhabt, daß der Untersuchungsführer in einer Kollegialsitzung der einleitenden Behörde mitteilt, daß er die Untersuchung für abgeschlossen hält und dabei u. U. in Kürze wichtige Einzelheiten angibt, insbesondere auch auf Punkte hinweist, die sich nicht haben aufklären lassen. Die einleitende Dienststelle entscheidet dann, ob sie mit dem Erreichten einverstanden ist oder ob sie durch ihren Vertreter weitere Beweisanträge zu stellen für notwendig hält. Bei der Rückgabe der Akten ist ein zusammenfassender Bericht, wie ihn die Disziplinarordnung vom 13. 4. 39 (§ 39) für nötig hielt, nicht mehr vorgesehen. Über nichtaufzuklärende Punkte empfiehlt sich ein Vermerk.

§ 54

(1) Die einleitende Dienststelle muß das Verfahren einstellen,

a) wenn es nicht rechtswirksam eingeleitet oder wenn es unzulässig ist,

b) wenn der Beschuldigte stirbt,

c) wenn der Beschuldigte aus der Stellung eines Geistlichen im Amt oder im Warte- oder Ruhestand nach dem gliedkirchlichen Recht unter Wegfall aller damit verbundenen Ansprüche und Befugnisse (§§ 11 und 12) ausscheidet.

(2) Die einleitende Dienststelle hat das Verfahren ferner einzustellen, wenn sie auf Grund des Ergebnisses der Untersuchung zu der Überzeugung gelangt, daß eine schuldhafte Amtspflichtverletzung nicht vorliegt oder nicht erweisbar ist. Sie kann das Verfahren auch aus Gründen ihres pflichtmäßigen Ermessens einstellen. In diesem Falle kann sie in Verbindung mit der Einstellung auch eine Disziplinarverfügung nach § 17 erlassen.

(3) Die Einstellungsverfügung ist zu begründen und dem Beschuldigten zuzustellen.

Die einleitende Dienststelle kann das Verfahren nur einstellen, wenn es noch nicht bei dem Disziplinargericht anhängig ist, d. h. also bis zum Eingange der Anschuldigungsschrift dort. Denn nur bis zu diesem Zeitpunkt hat sie das Verfahren in der Hand. In § 54 sind die Einstellungsgründe genannt, die formeller oder materieller Art sein können. Sie sind teils zwingend, teils in das Ermessen der Behörde gestellt. Bei Vorliegen der formellen Gründe muß das Verfahren eingestellt werden:

1. wenn es nicht rechtswirksam eingeleitet oder wenn es unzulässig ist.

Dies kann der Fall sein bei Einleitung durch eine sachlich unzuständige Einleitungsbehörde oder gegen eine der kirchlichen Disziplinargewalt nicht unterstehende Person (z. B. einen früheren Geistlichen, der auf die durch die Ordination erworbenen Rechte verzichtet hat). Das Erstere wird selten sein, kann aber vorkommen z. B. bei Übergang eines Geistlichen von einer Gliedkirche in die andere. Der zweite Fall kann sich ereignen, weil die Verzichtserklärungen von Geistlichen zuweilen unklar sind und von der Behörde anders als von dem Erklärenden aufgefaßt werden, wenn z. B. ein Verhandlungspartner den Verzicht auf die augenblickliche Stelle, der andere aber den Verzicht auf die mit der Ordination erworbenen Rechte gemeint hat. Unzulässig kann ein Verfahren sein, wenn sich z. B. herausstellt, daß das dem Beschuldigten zur Last gelegte Vergehen v o r seiner ersten Anstellung begangen ist, als er noch nicht Geistlicher war. (Vergl. das zu § 3 in Abs. 3 Ausgeführte.)

2. wenn der Beschuldigte stirbt.

Mit seinem Tode endet die Disziplinargewalt der Kirche über ihn. Die Hinterbliebenen sollen nicht benachteiligt werden. In den Fällen 1 und 2 sind die Kosten des Verfahrens von der Kirche zu tragen.

3. wenn der Beschuldigte aus der Stelle eines Geistlichen im Amt oder im Warte- oder Ruhestand nach gliedkirchlichem Recht unter Wegfall der damit verbundenen Ansprüche und Befugnisse (§§ 11 und 12) ausscheidet.

Der Fall der Entlassung eines Pfarrers oder Kirchenbeamten auf Antrag und unter Belassung zumindest seiner Amtsbezeichnung und der Möglichkeit, in eine andere Stelle überzugehen, fällt für den § 54 fort. Als Möglichkeiten des Ausscheidens unter Wegfall aller Ansprüche und Befugnisse kommen nur in Frage: Der Austritt aus der Kirche oder Übertritt zu einer anderen Religionsgemeinschaft, bei Geistlichen die Feststellung nach gliedkirchlichem Recht in einem Lehrzuchtverfahren, daß die fernere Wirksamkeit als Pfarrer nicht mehr tragbar ist und als häufiger Fall der Verzicht auf die in der Ordination begründeten Rechte und bei Kirchenbeamten die Entlassung auf Antrag unter Verzicht auf alle Ansprüche. Zu dem Verzicht des Geistlichen vergl. § 122 Diszipl.Gesetz, wonach Annahme durch die oberste Dienststelle erforderlich ist, in Verbindung mit § 18 der VO der EKU vom 14. 5. 1956. Es muß sich hier um ein Ausscheiden handeln, das während des schwebenden Disziplinarverfahrens erfolgt. Die im Gesetzestext hinzugefügten §§ 11 und 12 beziehen sich nur auf die in diesen Paragraphen festgelegten Folgen des Ausscheidens aus dem Dienst. Die in früherem Recht im Anschluß an staatliche Gesetze vorgesehenen Bestimmungen, daß ein Geistlicher oder Kirchenbeamter bei bestimmten schweren staatlichen Strafurteilen ohne weiteres aus dem Dienst ausscheidet und alle Ansprüche und Befugnisse verliert, gibt es nicht mehr. Es müßte jetzt stets nachträglich ein Disziplinarverfahren eingeleitet werden, um den Sachverhalt unter kirchlichen Gesichtspunkten nachzuprüfen.

Abs. 2 behandelt die Einstellung des Verfahrens aus m a t e r i e l l e n G r ü n d e n. Die Untersuchung kann ergeben, daß eine schuldhafte Amtspflichtverletzung nicht vorliegt oder nicht erweisbar ist. In diesem Falle muß das Verfahren eingestellt werden. Die weitere Möglichkeit, das Verfahren einzustellen, knüpft an § 4 an, nach dem die zuständige Dienststelle nach pflichtmäßigem Ermessen das Einschreiten mit disziplinaren Maßnahmen bestimmt. Auch am Schluß der Untersuchung sind die weiteren Maßnahmen in ihr pflichtmäßiges Ermessen gestellt. Es kann sein, daß die Angelegenheit zu geringfügig erscheint, um sie vor die Disziplinarkammer zu bringen. Dann kann die Behörde eine Disziplinarverfügung nach § 17 erlassen oder das Verfahren ganz einstellen. Es ist aber auch möglich, daß die Untersuchung gezeigt hat, eine weitere Durchführung des Disziplinarverfahrens werde für die betroffene Gemeinde oder Anstalt schwerwiegende Nachteile mit sich bringen, zu denen die Amtspflichtverletzung in keinem rechten Verhältnis steht. In diesen Fällen k a n n die einleitende Dienststelle das Verfahren einstellen. Es muß stets die Einstellung des ganzen Verfahrens erfolgen, nicht für einzelne Anschuldigungspunkte. Dagegen ist es möglich, einzelne Punkte, bei denen kein Beweis erbracht ist oder die zu geringfügig sind, aus der Anschuldigungsschrift fortzulassen und sie damit der Entscheidung durch die Disziplinarkammer zu entziehen. Dem Beschuldigten ist ein schriftlicher Bescheid über die Einstellung zuzustellen, in dem, wenn es sich um die Fälle Abs. 1 c und Abs. 2 handelt, über die Kostenfrage zu entscheiden ist. Ein Rechtsmittel ist gegen die Einstellungsverfügung nicht gegeben, es sei denn die Dienstaufsichtsbeschwerde. Rechtskraftwirkung hat die Einstellungsverfügung nicht. Der in ihr erörterte Sachverhalt kann in einem neuen Verfahren wieder aufgenommen werden. Es gilt jedoch auch hier das zu § 16 Ausgeführte.

§ 55

(1) Wird das Verfahren nicht eingestellt, so legt der Vertreter der einleitenden Dienststelle der Disziplinarkammer eine Anschuldigungsschrift vor.

(2) Die Anschuldigungsschrift muß die Tatsachen, in denen die Pflichtverletzung erblickt wird, und die Beweismittel angeben. Sie darf Belastendes nur verwerten, soweit der Beschuldigte Gelegenheit gehabt hat, sich dazu zu äußern.

Die A n s c h u l d i g u n g s s c h r i f t ist der entscheidende Einschnitt zwischen Untersuchung und Verfahren vor der Disziplinarkammer. Der Vertreter der einleitenden Dienststelle hat sie nach den Weisungen seiner Behörde zu verfassen. Die Bedeutung der Anschuldigungsschrift beruht darin, daß sie den Umfang der disziplinargerichtlichen Entscheidung bestimmt (§ 83). In wichtigen Fällen wird deshalb der Vertreter der einleitenden Dienststelle sich zumindest wegen der Punkte, die die Anschuldigung bilden, des Einverständnisses seiner Behörde vergewissern. Ob ein solches Einvernehmen vorliegt, braucht das Disziplinargericht nicht zu prüfen. Es hat den Anschuldigungsstoff so hinzunehmen, wie er ihm vorgelegt wird (OVG. Bd. 89 S. 406). Außer den Anschuldigungspunkten soll die Anschuldigungsschrift die persönlichen Verhältnisse des Beschuldigten, seinen dienstlichen Werdegang, u. U. auch seine Vermögenslage schildern. Der Sachverhalt, in dem ein Dienstvergehen erblickt wird, ist genau unter Angabe der Beweismittel darzulegen, bei mehreren Punkten in geordneter Reihenfolge. Es genügen nicht allgemeine Vorwürfe, sondern nur Tatsachen. Eine disziplinarrechtliche Würdigung ist anzuschließen. Die Stellung eines bestimmten Strafantrages ist nicht notwendig und meist auch nicht zweckmäßig. Belastendes darf nur in die Anschuldigungsschrift aufgenommen werden, wenn der Beschuldigte Gelegenheit hatte, sich dazu zu äußern, und zwar im Disziplinarverfahren selbst, nicht in einem anderen Verfahren, dessen Akten herangezogen werden. Die Äußerung wird im allgemeinen in der Untersuchung erfolgt sein. Ist sie fortgefallen, im Ermittlungsverfahren. Es kann auch eine schriftliche Äußerung als ausreichend angesehen werden. Lehnt der Beschuldigte ab zu erscheinen oder sich schriftlich zu äußern, so ersetzt diese Weigerung die Anhörung. Der Sachverhalt muß in den Akten vermerkt werden. Ob dem Erfordernis rechtlichen Gehörs genügt ist, hat das Disziplinargericht zu prüfen. Ist es nicht in allen Punkten der Fall, so muß es die Anschuldigungsschrift zurückgeben. (Vergl. auch Römer a.a.O. S. 242.) Der Anschuldigungsschrift sind die Disziplinarakten beizufügen, ebenso die Personalakten des Beschuldigten sowie weitere Akten, die angefordert worden sind, also etwaige staatliche Strafakten, Ehescheidungsakten u. ä. Außerdem ist eine Ausfertigung der Anschuldigungsschrift zur Zustellung an den Beschuldigten beizulegen.

4. Disziplinargerichte

§ 56

(1) Disziplinarkammern werden gebildet bei der Evangelischen Kirche in Deutschland für deren Amtsstellen und bei den Gliedkirchen. Die Bildung gemeinsamer Disziplinarkammern für den Bereich mehrerer Gliedkirchen ist zulässig.

(2) Der Disziplinarhof der Evangelischen Kirche in Deutschland ist Berufungsgericht. Er kann in einen lutherischen, einen reformierten und einen unierten Senat gegliedert werden.

(3) Den Gliedkirchen steht es frei, von der Vorschrift des Absatzes 2 keinen Gebrauch zu machen. In diesem Falle bilden sie für ihren Bereich einen eigenen Disziplinarhof. Die Bildung eines gemeinsamen Disziplinarhofs für den Bereich mehrerer Gliedkirchen ist zulässig.

(4) Nötigenfalls sind bei den Disziplinarkammern Abteilungen, bei dem Disziplinarhof mehrere Senate gleichen Bekenntnisses zu bilden. Das Nähere bestimmt für die Gerichte der Evangelischen Kirche in Deutschland der Rat, für die Gerichte der Gliedkirchen deren Leitungen.

Die Bezeichnungen Disziplinargericht, Disziplinarkammer und Disziplinarhof entsprechen dem staatlichen Recht und der Disziplinarordnung vom 13. 4. 1939. Um den kirchlichen Charakter des Disziplinargesetzes zu betonen, ist geprüft worden, ob nicht besser der Ausdruck Kirchengericht verwendet werden könne. Jedoch war diese Bezeichnung bei einer Anzahl von Gliedkirchen für andere Zwecke, besonders für kirchliche Verwaltungsgerichte, gebraucht worden. Deshalb ist es bei dem Namen Disziplinargericht geblieben, der den Zweck und die Aufgabe dieser Gerichte eindeutig zum Ausdruck bringt.

Die Disziplinarkammern sind die Disziplinargerichte erster Instanz im förmlichen Disziplinarverfahren. Außerdem sind sie Beschwerdeinstanz gegen die Disziplinarverfügung (§ 17 Abs. 3) und entscheiden auf Antrag der einleitenden Dienststelle durch Beschluß über Entziehung oder Herabsetzung des einem dienstentlassenen Pfarrer gewährten Unterhaltsbeitrages (§ 113). Disziplinarkammern werden gebildet bei der EKiD und bei den Gliedkirchen. Bei kleineren Gliedkirchen können gemeinsame Disziplinarkammern für mehrere Gliedkirchen gebildet werden. Das Einzelne ist aus den Überleitungsgesetzen der Gliedkirchen ersichtlich (vergl. Teil II). Grundsätzlich, d. h. wenn nicht nach Abs. 3 vorgegangen wird, ist der Disziplinarhof der EKiD Berufungsgericht, bei dem, um konfessionellen Wünschen Rechnung zu tragen, ein lutherischer, ein reformierter und einunierter Senat gebildet werden können. Von der Möglichkeit in Abs. 3 hat die EKU Gebrauch gemacht. (Vergl. d. Verordnung über das Disziplinarrecht vom 14. 5. 1956 und das dort Ausgeführte.)

Bei den Disziplinarkammern können Abteilungen und beim Disziplinarhof Senate gleichen Bekenntnisses gebildet werden. Auch hierzu vergl. die Einführungsgesetze der Gliedkirchen. Wenn es sich um größere Bezirke handelt, können auch aus anderen als konfessionellen Gründen Abteilungen bei den Disziplinargerichten eingerichtet werden. Der Disziplinarhof der EKU hat z. B. einen ersten und einen zweiten Senat und die Disziplinarkammer beim Evangelischen Konsistorium Berlin-Brandenburg hat laut Beschluß der Kirchenleitung eine Abteilung für den West-, eine andere für den Ostbereich der Kirchenprovinz, beide unter gleichem Vorsitz.

§ 57

Die Mitglieder der Disziplinargerichte führen ihr Amt in Bindung an die Heilige Schrift und das Bekenntnis ihrer Kirche. Sie müssen, soweit sie nicht Geistliche sind, die Befähigung zum Amt des Ältesten (Kirchen-

vorstehers) besitzen. Sie führen ihr Amt in richterlicher Unabhängigkeit. Sie sind nur dem Gesetz unterworfen und an Weisungen nicht gebunden.

Die Bestimmungen dieses Paragraphen sind das Herzstück des Disziplinargesetzes. Sie sichern die Unabhängigkeit der Rechtsprechung. Der erste Satz betont erneut, daß das Disziplinarrecht geistliches Recht ist und die Disziplinarrichter an die Heilige Schrift und das Bekenntnis ihrer Kirche gebunden sind. Diese Gebundenheit bildet die Grundvoraussetzung für ihr Amt. Damit auch die äußeren Bedingungen gegeben sind, fordert Satz 2 für Nichttheologen die Befähigung zum Amt des Ältesten. Daß nach den Vorschriften der Grundordnungen (z. B. Art. 40 der Grundordnung der Evangl. Kirche Berlin-Brandenburg) Älteste, die das 70. Lebensjahr vollendet haben, bei einer Neuwahl nicht wieder vorgeschlagen werden sollen, hat mit der Befähigung zum Amt des Ältesten nichts zu tun. Worin diese Befähigung besteht ist z. B. für Berlin-Brandenburg in Art. 40 Abs. 1 der Grundordnung angegeben. Da die dort geforderten Voraussetzungen mit Erreichung der Altersgrenze nicht fortfallen, so besteht die Befähigung zum Ältestenamt an sich weiter. Es können also auch über Siebzigjährige Mitglied eines Disziplinargerichts sein. Dies ist bei der Schwierigkeit, geeignete Mitglieder zu finden, die neben der kirchlichen Grundlage besondere Eigenschaften für ihr Amt aufweisen müssen, von großer Bedeutung. Die beiden letzten Sätze sagen das Wesentliche für die Disziplinarrechtsprechung aus: Die Mitglieder der Disziplinargerichte führen ihr Amt in richterlicher Unabhängigkeit. Sie sind nur dem Gesetz unterworfen und an Weisungen nicht gebunden. Ohne diese Unabhängigkeit wäre die Rechtsprechung der Disziplinargerichte wertlos. Es könnten dann auch andere Organe bei Amtsverletzungen von Geistlichen und Kirchenbeamten entscheiden. Das Gesetz sucht die Unabhängigkeit des Richters sicherzustellen, indem es z. B. die vorherige Befassung mit dem Gegenstand der Anschuldigung als Grund bezeichnet, nicht Mitglied eines Disziplinargerichtes sein zu können (§ 40 Abs. 2), ferner dadurch, daß es Ausschließungsgründe kennt (§ 40) und die Möglichkeit von Ablehnungen vorsieht (§ 42). Notwendig ist aber vor allem, daß die Richter selbst den Willen zur Unabhängigkeit und Unparteilichkeit haben und sich z. B. nicht durch die Strömungen oder Stimmungen in der einleitenden Dienststelle oder bei einzelnen hervorragenden Persönlichkeiten beeinflussen lassen. Es gehört zur Unabhängigkeit der Richter und braucht deshalb nicht besonders ausgesprochen zu werden, daß sie wegen einer in Ausübung ihres Amtes getroffenen Entscheidung im Wege der Dienstaufsicht nicht zur Verantwortung gezogen werden können.

§ 58

(1) Die Disziplinarkammer entscheidet in der Besetzung mit einem rechtskundigen Vorsitzenden, zwei geistlichen und zwei nichtgeistlichen Beisitzern. Von den Beisitzern muß mindestens einer rechtskundig sein. Ist eine Gliedkirche zu solcher Besetzung nicht in der Lage, so entscheidet die Disziplinarkammer in der Besetzung mit einem rechtskundigen Vorsitzenden, einem geistlichen und einem weiteren Beisitzer.

(2) Der Disziplinarhof der Evangelischen Kirche in Deutschland entscheidet in der in Absatz 1 Satz 1 vorgesehenen Besetzung. Seine Mitglieder müssen jeweils dem Bekenntnis des Beschuldigten angehören.

(3) Rechtskundig sind — vorbehaltlich abweichender Bestimmungen der Gliedkirchen — Volljuristen und Rechtslehrer an deutschen Hochschulen.

(4) In Fällen, in denen die Gerichte durch Beschluß zu entscheiden haben, genügt die Besetzung mit dem Vorsitzenden und je einem geistlichen und nichtgeistlichen Beisitzer.

Die Besetzung der Disziplinarkammer mit fünf Richtern ist eine Neuerung gegenüber der Disziplinarordnung vom 13. 4. 1939, die für die Disziplinarkammer eine Besetzung mit nur drei Richtern vorsah. Diese Besetzung war in großen Gliedkirchen und bei verantwortungsvollen Entscheidungen nicht ausreichend. Schon die Rechtsausschüsse, die durch die Verfassung der Evangelischen Kirche der altpreußischen Union von 1922 eingeführt wurden, waren mit fünf Richtern besetzt. Das Gesetz bestimmt in Übereinstimmung mit dem früheren Recht, daß der Vorsitzende rechtskundig sein muß. Ihm stehen zur Seite zwei geistliche und zwei nichtgeistliche Beisitzer. Von den nichtgeistlichen Beisitzern muß mindestens einer rechtskundig sein. Es können aber auch die beiden nichtgeistlichen Beisitzer rechtskundig sein, was nicht selten der Fall ist. Da, wie bereits bei § 57 erwähnt, die Gewinnung geeigneter Disziplinarrichter nicht leicht ist und zudem noch Stellvertreter bestellt werden müssen (§ 61 Abs. 4), so sind kleinere Gliedkirchen oft nicht in der Lage, die große Anzahl von Disziplinarrichtern zu stellen. Deshalb läßt § 58 Abs. 1 Satz 2 zu, daß die Disziplinarkammern solcher Gliedkirchen in einer Besetzung mit einem rechtskundigen Vorsitzenden, einem geistlichen und einem weiteren Beisitzer entscheiden. In diesem Falle wird der weitere Beisitzer am besten ebenfalls rechtskundig sein. Der Disziplinarhof der EKiD entscheidet in der gleichen Besetzung, wie sie in Abs. 1 Satz 1 vorgesehen ist. Die Berufungsinstanz entschied auch nach der Disziplinarordnung vom 13. 4. 1939 in der Besetzung mit fünf Richtern. Nunmehr haben erste und zweite Instanz, von Ausnahmefällen abgesehen, zahlenmäßig die gleiche Besetzung, was dem Bedürfnis entspricht. Die Mitglieder des Disziplinarhofes müssen jeweils dem Bekenntnis des Beschuldigten angehören. Dies entspricht der Vorschrift in § 56 Abs. 2, die allerdings nur eine Kannvorschrift ist und von der § 56 Abs. 3 Ausnahmen zuläßt. Diese Ausnahmen sind in den Gliedkirchen gemacht worden (vergl. Übernahmegesetze), insbesondere in der EKU (Verordn. v. 14. 5. 1956 § 10). Die Bestimmung des Absatzes 3, daß rechtskundig Volljuristen und Rechtslehrer an deutschen Hochschulen sind, entspricht allgemeiner Anschauung. Ausnahmen davon sollten vermieden werden.

Abs. 4 behandelt die Fälle, in denen die Disziplinargerichte durch Beschluß entscheiden. Dies sind bei der Disziplinarkammer die Entscheidung über die Beschwerde gegen eine Disziplinarverfügung (§ 17) der Beschluß über die Beschwerde gegen die Entscheidung des Vorsitzenden über Einstellung des Verfahrens (§ 67), alle Entscheidungen über Beschwerden durch die Disziplinarkammer oder den Disziplinarhof (§ 91), Verwerfung des Antrages auf Wiederaufnahme des Verfahrens durch Diziplinarkammer oder Disziplinarhof (§ 108), Beschluß über Wiederaufnahme des Verfahrens durch Disziplinarkammer oder Disziplinarhof (§ 109), Beschluß auf Freispruch auf Antrag der einleitenden Dienststelle im Wiederaufnahmeverfahren (§ 110), Beschluß über völlige oder teilweise Entziehung des Unterhaltsbeitrages durch die Disziplinarkammer und auf Beschwerde durch den Disziplinarhof (§ 113). In diesen Fällen genügt die Besetzung der Disziplinargerichte mit dem Vorsitzenden und je einem geistlichen und nichtgeistlichen Beisitzer. Der Ausdruck „genügt" zeigt, daß die geringere Besetzung zulässig, aber nicht vorgeschrieben ist. Es kann auch das Disziplinargericht in voller Besetzung den Beschluß fassen, und es mag Fälle geben, in denen dies erwünscht ist.

§ 59

Die Disziplinargerichte entscheiden mit einfacher Mehrheit. Wenn auf Entfernung aus dem Dienst oder auf Aberkennung des Ruhegehalts oder auf Entziehung der mit der Ordination erworbenen Rechte erkannt werden soll, ist Zweidrittelmehrheit erforderlich.

Die Mitglieder der Disziplinargerichte werden nicht immer in der Beurteilung der Rechtslage einig sein. Dann wird eine Abstimmung erforderlich, um ein Ergebnis zu erzielen. Die Entscheidung ist stets ernst zu nehmen, da sie in das Schicksal eines Menschen eingreift. Handelt es sich um ein Urteil, das die berufliche Stellung des Beschuldigten nicht wesentlich berührt oder ihm wenigstens nicht weitere Möglichkeiten abschneidet, oder ist es ein Urteil, das ihn freispricht oder das Verfahren einstellt, so genügt bei einer Abstimmung einfache Mehrheit. Schwerer wiegt aber die Verantwortung des Gerichts, wenn das Urteil den Beschuldigten ganz und, wenn nicht für immer, so doch für Jahre aus seinem Beruf entfernt, ihm alle erworbenen Rechte und Ansprüche nimmt und somit entscheidend sein Leben beeinflußt. Für ein solches Urteil verlangt das Gesetz, wenn nicht Einstimmigkeit herrscht, was zu erstreben ist, bei der Abstimmung mit Recht Zweidrittelmehrheit.

§ 60

Die Zuständigkeit der Disziplinarkammer bestimmt sich nach der Dienststelle, die das förmliche Disziplinarverfahren eingeleitet hat (§ 4). Sie bleibt von einem Wechsel des Dienstverhältnisses des Beschuldigten unberührt.

Hier wird festgelegt, daß stets die Disziplinarkammer zuständig ist, die bei der Dienststelle besteht, die das Verfahren eingeleitet hat. Ist das Verfahren z. B. vom Landeskirchenamt in Bielefeld eingeleitet, so ist das westfälische Disziplinargericht zuständig. Tritt bei dem Beschuldigten ein Wechsel seines Dienstverhältnisses während des Verfahrens ein, so bleibt die Zuständigkeit der Disziplinarkammer bestehen. Ein Wechsel, der endgültig ist, wird während des Verfahrens selten vorkommen. Es gibt jedoch Fälle, in denen der Beschuldigte nur leichtere Amtspflichtverletzungen begangen hat, gleichwohl aber in seiner Stellung untragbar geworden ist. Liegt kein Grund zu einer vorläufigen Dienstenthebung vor und will man die Arbeitskraft des Beschuldigten nicht ungenutzt lassen, so ist die Zuteilung einer Tätigkeit für ihn an anderer Stelle möglich. In solcher Lage bleibt die bei seiner Heimatbehörde bestehende Disziplinarkammer zuständig.

§ 61

(1) Die Mitglieder der Disziplinarkammer der Evangelischen Kirche in Deutschland werden von dem Rat der Evangelischen Kirche in Deutschland ernannt.

(2) Die Mitglieder des Disziplinarhofs der Evangelischen Kirche in Deutschland werden vom Rat der Evangelischen Kirche in Deutschland auf Grund von Vorschlagslisten der Gliedkirchen ernannt, in denen das Bekenntnis des Vorgeschlagenen angegeben ist.

(3) Das gliedkirchliche Recht bestimmt, wer die Mitglieder der gliedkirchlichen Gerichte bestellt.

(4) Für die Vorsitzenden und Beisitzer der Gerichte sind mindestens je zwei Stellvertreter zu bestellen. Dabei ist die Reihenfolge ihres Eintritts zu regeln.

§ 61 behandelt die Ernennung der Mitglieder der Disziplinargerichte. Die Mitglieder der Disziplinarkammer der EKiD, die nur für Geistliche und Kirchenbeamte im Dienst oder unter der Leitung oder unter der Dienstaufsicht der EKiD zuständig ist, ernennt der Rat der EKiD. Das Gleiche gilt von Mitgliedern des Disziplinarhofes der EKiD, hier jedoch auf Grund von Vorschlagslisten der Gliedkirchen, in denen das

Bekenntnis anzugeben ist. Die Vorlage der Listen soll bezwecken, daß die Kirchengebiete der EKiD, soweit möglich, gleichmäßig bei der Auswahl berücksichtigt und daß sachkundige Richter ernannt werden.

Die Mitglieder der gliedkirchlichen Gerichte werden nach gliedkirchlichem Recht ernannt. Die Überleitungsgesetze bestimmen das Nähere, für das größte gliedkirchliche Gebiet die V. der EKU vom 14. 5. 1956.

Abs. 4 schreibt vor, daß für die Vorsitzenden und Beisitzer mindestens zwei Stellvertreter zu bestellen sind. Diese für die Praxis unentbehrliche Bestimmung zeigt, welche Fülle geeigneter Personen gefunden werden muß, um eine Disziplinarkammer und einen Disziplinarhof vollständig zu besetzen. Zu den genannten Richtern treten noch Beamtenbeisitzer und nach gliedkirchlichem Recht Vertreter der Vikarinnen und Prediger. Die Disziplinarkammer Berlin-Brandenburg umfaßt z. B. in zwei Abteilungen etwa 40 Richter und Stellvertreter. Daß für kleinere Gliedkirchen deshalb eine Besetzung mit einem Vorsitzenden und zwei Beisitzern zugestanden ist (§ 58), erklärt sich hierdurch von selbst. Der Vorsitzende wird als solcher gewählt, ebenso seine Vertreter, desgl. die Beisitzer und ihre Vertreter in zu bestimmender Reihenfolge des stellvertretenden Eintritts.

Die für die sachgemäße Durchführung der Disziplinarverfahren wichtigste Frage ist im Gesetz nicht geregelt und kann es auch nicht sein, spielt aber bei Anwendung der gesetzlichen Vorschriften eine umso größere Rolle. Es ist die Frage, wer zum Vorsitzenden oder Beisitzer des Disziplinargerichts bestellt werden soll. Man wird hier zwischen erster und zweiter Instanz zu unterscheiden haben. Die Disziplinarkammer als erste Instanz soll den Verhältnissen nahestehen, wie sie in der Gliedkirche, für die sie bestellt ist, herrschen. Der Vorsitzende muß eine genaue, bis ins Einzelne gehende Kenntnis des kirchlichen Lebens sowie der Aufgaben eines Pfarrers oder Kirchenbeamten haben. Die geistlichen Beisitzer werden Superintendenten und Pfarrer der Kirche sein, die sie bestellt hat, so daß bei ihnen die persönliche Erfahrung vorausgesetzt werden darf. Nicht immer einfach ist es, rechtskundige Beisitzer zu gewinnen. Es werden Juristen jeder Art in Betracht kommen, die im kirchlichen Leben stehen oder in anderer Art der Kirche verbunden sind, u. U. auch solche, die bei kirchlichen Stellen, etwa der Inneren Mission, beschäftigt sind, und bei denen man die nötige innere Unabhängigkeit annehmen darf. Schwierig ist die Frage, ob ein Beamter der einleitenden Dienststelle als Vorsitzender oder als Beisitzer der Disziplinarkammer angehören darf. Es ist in der Regel durchaus wahrscheinlich, daß ein solcher Beamter, der am besten als Vorsitzender in Betracht käme, ebenso unabhängig handelt, wie ein anderer Richter. Er muß sich jedoch in seiner Behörde von jeder Mitwirkung bei Einleitung des Verfahrens, bei Abstimmungen aller Art, die sich auf das Verfahren beziehen, fernhalten. Zu bedenken ist, daß die

Zugehörigkeit zur einleitenden Dienststelle neben Gefahren auch Vorteile mit sich bringt, besonders beim Vorsitzenden. Er kann den Büroapparat, den die Disziplinarkammer braucht, leichter handhaben und wird die kirchliche Lage und die persönlichen Verhältnisse des Beschuldigten besser als ein Außenstehender übersehen können. Schließlich ist er in der Lage, sich des verurteilten Beschuldigten, der oft dringend Rat und Hilfe braucht, anzunehmen. Immerhin muß berücksichtigt werden, daß die Bedenken gegen Mitglieder der einleitenden Dienststelle, aber auch der Kirchenleitung als Disziplinarrichter steigen. So haben z. B. die Gliedkirchen Westfalen, Schleswig-Holstein und Oldenburg in ihren Überleitungsgesetzen bestimmt, daß Mitglieder der Behörde und der Kirchenleitung dem Disziplinargericht nicht als Richter angehören dürfen. In Württemberg gilt das Gleiche von den Mitgliedern des Oberkirchenrats. Die Mitglieder der Kirchenleitung oder die Synodalen, die die Richter der Disziplinarkammer zu bestellen haben, werden in jedem Falle ihr Augenmerk auf die Persönlichkeit der in Betracht Kommenden richten müssen, insbesondere, wenn das Amt die Gefahr sich überschneidender Pflichten mit sich bringen könnte (vergl. auch das zu § 40 Abs. 2 Ausgeführte).

Beim Disziplinarhof, sei es nun der Disziplinarhof der EKiD, sei es der der EKU, der die Berufungsinstanz ist, kann ein gewisser Abstand zu den Ereignissen, die den Gegenstand des Verfahrens bilden, nicht von Schaden, ja u. U. von Nutzen sein. Er wird sich von selbst dadurch ergeben, daß mindestens ein Teil der Richter, oft auch der Vorsitzende, aus einer anderen Kirchenprovinz stammen. Die objektive Überprüfung eines Urteils erster Instanz wird so am besten gewährleistet. Im übrigen gilt von den Richtern das Gleiche, das zu § 57 und oben bei der Disziplinarkammer ausgeführt ist.

§ 62

(1) Die Amtszeit der Mitglieder beträgt sechs Jahre. Sie können nach Ablauf der Amtszeit wiederbestellt werden. Scheidet ein Mitglied während der Amtszeit aus, so wird ein Nachfolger für den Rest der Amtszeit bestellt.

(2) Vor Beginn ihrer Tätigkeit werden die Vorsitzenden und ihre Stellvertreter durch die Stellen, die sie bestellt haben, die Beisitzer durch den Vorsitzenden verpflichtet, ihr Richteramt in Bindung an die Heilige Schrift und das Bekenntnis ihrer Kirche unparteiisch auszuüben.

Die Amtszeit der Mitglieder der Disziplinargerichte beträgt sechs Jahre. Diese Vorschrift gilt auch für die Stellvertreter, Beamtenbeisitzer usw. Eine völlige Neubesetzung der Gerichte alle 6 Jahre würde sich auf die Bildung einer gleichmäßigen Rechtsprechung und auf den Gang der Verfahren ungünstig auswirken. Deshalb ist angeregt worden, ähnlich wie bei den Gemeindekirchenräten, in kürzeren Abständen einen Teil der Richter ausscheiden zu lassen. Doch dürfte die mit Recht gefürchtete völlige Neubildung kaum jemals in Frage kommen. Stets wird ein Teil, oft der größere Teil oder sogar das gesamte Gericht wieder bestellt werden, sodaß die Gleichmäßigkeit der Rechtsprechung gewahrt bleibt Bei vorzeitigem Ausscheiden eines Mitgliedes, das nach den im § 63 gegebenen Vorschriften erfolgen kann, wird ein Nachfolger für den Rest der Amtszeit bestellt. Hat also das ausscheidende Mitglied vier Jahre amtiert, so bleibt der Nachfolger nur noch zwei Jahre bis zur Neubildung des Gerichts im Amt. Eine Entschädigung wird für die Tätigkeit eines Disziplinarrichters nicht gewährt. Das Amt ist ein Ehrenamt. Reisekosten und Tagegelder richten sich nach den allgemein dafür geltenden Bestimmungen. Die Vorsitzenden der Disziplinargerichte werden durch die Leiter der Stellen, die sie bestellt haben, auf den Wortlaut, wie er am Schluß des § 62 wiedergegeben ist, verpflichtet, und zwar durch Handschlag in feierlicher Form. Die Beisitzer verpflichtet der Vorsitzende in gleicher Weise am Beginn der ersten Sitzung, an der sie teilnehmen. Über beide Verpflichtungen ist ein kurzes Protokoll aufzunehmen.

§ 63

(1) Das Amt eines Mitgliedes eines Disziplinargerichts erlischt,

a) wenn die rechtlichen Voraussetzungen seiner Bestellung weggefallen sind,

b) wenn die Kirchenleitung nach sorgfältigen Ermittlungen, in deren Verlauf der Betroffene zu hören ist, Tatsachen feststellt, die das Mitglied so schwer belasten, daß sie gegen einen kirchlichen Amtsträger die Einleitung eines förmlichen Verfahrens im Sinne dieses Gesetzes oder die vorläufige Untersagung der Amtsausübung rechtfertigen würden,

c) wenn das Mitglied sein Amt mit Zustimmung der Kirchenleitung niederlegt,

d) wenn das Mitglied infolge körperlicher oder geistiger Gebrechen zur Ausübung seines Amtes nicht mehr in der Lage ist.

(2) Das Amt eines Mitgliedes eines Disziplinargerichts ruht, wenn gegen das Mitglied als kirchlichen Amtsträger ein förmliches Verfahren im Sinne dieses Gesetzes eingeleitet oder ihm die Amtsausübung vorläufig untersagt wird. Das Ruhen endet mit rechtskräftigem Freispruch wegen erwiesener Unschuld oder mit Einstellung des Verfahrens gemäß § 54 Abs. 1 Buchst. a. In allen anderen Fällen erlischt das Amt mit Rechtskraft des Urteils oder der Einstellung des Verfahrens.

(3) Das Erlöschen oder das Ruhen wird von der Stelle, die das Mitglied ernannt hat, festgestellt.

Die Aufzählung der Fälle, in denen das Amt des Mitgliedes eines Disziplinargerichtes erlischt, ist erschöpfend.

a) Die rechtlichen Voraussetzungen der Bestellung sind z. B. weggefallen, wenn ein Disziplinarrichter aus der Kirche austritt oder wenn ein geistlicher Beisitzer auf die mit der Ordination erworbenen Rechte verzichtet, wenn ein Beamtenbeisitzer in den Staatsdienst übergeht u. ä.

b) Die Tatsachen, die das Mitglied so stark belasten, daß sein Amt erlischt, muß die Kirchenleitung nach Ermittlungen, in deren Verlauf der Betroffene zu hören ist, feststellen. Die Belastung muß so schwer sein, daß sie die Einleitung eines Disziplinarverfahrens rechtfertigen würde. Beachtlich ist bei dieser Bestimmung wieder, wie unabhängig sich das Disziplinarrecht vom staatlichen Recht gemacht hat. Auch hier hat nicht ein Delikt, das staatliche Gerichte ahnden, das Erlöschen zur Folge, sondern ein Vergehen, das im kirchlichen Disziplinarverfahren aufgeklärt werden müßte. Tatasächlich werden die staatlichen Urteile durch diese Bestimmung mit umfaßt, denn ein Delikt, das mit einer schweren staatlichen Strafe geahndet wird, hätte auch ein kirchliches Disziplinarverfahren zur Folge. Gerügt worden ist die Vorschrift, daß die Kirchenleitung die Feststellungen vornehmen soll. Dies müsse, so ist gesagt worden, von einer unabhängigen Stelle geschehen, etwa von dem Disziplinarhof. Nähere Überlegung zeigt jedoch, daß die Einschaltung des Disziplinarhofes schwierig wäre, schon weil es sich um eine Gliedkirche handeln kann, deren Verhältnisse er nicht genug kennt. Zudem ergibt sich die Frage, welche Stelle zuständig sein soll, wenn ein Mitglied des Disziplinarhofes selbst betroffen ist. So ist die Befassung der Kirchenleitung bzw. des Rates der EKU bzw. der EKiD das Gegebene.

c) Zur Niederlegung des Amtes ist ein Mitglied stets berechtigt. Es wird die Zustimmung der Kirchenleitung dazu einholen. Doch hat die Kirchenleitung keine Mittel, einen Disziplinarrichter zur Beibehaltung seines Amtes zu nötigen.

d) Bei dieser Vorschrift ist zu fragen, wer die Unfähigkeit zur Ausübung des Amtes festzustellen hat, wenn das Mitglied nicht selbst die Folgerungen aus seiner körperlichen oder geistigen Hinfälligkeit zieht. Dies kann im Einklang mit den anderen Punkten nur die Kirchenleitung sein, der notfalls der Vorsitzende über den Sachverhalt berichten muß und die u. U. ein ärztliches Gutachten einzuholen hat.

Allgemein ist zu sagen, daß nur von den kirchlichen Stellen selbst festgestellte Gründe das Erlöschen des Amtes zur Folge haben. Es müßte also auch bei anderen Vorkommnissen, z. B. der Verurteilung eines Rechtsanwaltes, in einem standesrechtlichen Verfahren stets eine Prüfung des Sachverhalts durch die kirchliche Stelle erfolgen.

Hervorzuheben ist endlich, daß das Amt nicht endet bei Versetzung eines Mitgliedes in den Ruhestand oder in eine andere Stellung. Auch bei geistlichen und nichtgeistlichen Kirchenbeamten ist es ein Amt eigener Art, das mit dem kirchlichen Hauptamt nichts zu tun hat. (Mit Ausnahme der unter a) angeführten Fälle.) Abs. 2 spricht vom Ruhen des Amtes, während ein Disziplinarverfahren gegen das Mitglied als kirchlichen Amtsträger schwebt. Das Ruhen endet mit Freispruch, der wegen erwiesener Unschuld, nicht aus Mangel an Beweisen erfolgt sein muß, oder mit der Einstellung des Verfahrens. Im anderen Falle erlischt das Amt. Die Stelle, die das Mitglied bestellt hat, stellt das Erlöschen des Amtes oder das Ruhen fest. Als solche Stelle wird die Kirchenleitung, der Rat der EKU oder der EKiD anzusehen sein, weil eine Synode, die die Disziplinarrichter berufen hat, kaum mit der Angelegenheit befaßt werden kann.

§ 64

(1) Für das Gericht bestellt der Vorsitzende einen Schriftführer und einen Stellvertreter. Der Schriftführer hat die Niederschrift in den Verhandlungen des Gerichts zu führen. Der Schriftführer und sein Stellvertreter sollen der kirchlichen Verwaltung angehören.

(2) Der Schriftführer ist vor Beginn seiner Tätigkeit durch den Vorsitzenden auf sein Amt, insbesondere auf Verschwiegenheit zu verpflichten.

Der Vorsitzende hat für das Disziplinargericht einen Schriftführer und für ihn einen Stellvertreter zu bestellen. Beide sollen der kirchlichen Verwaltung angehören. Der Schriftführer ist Leiter der Geschäftsstelle, die bei der kirchlichen Behörde besteht, der das Disziplinargericht angegliedert ist. (Für das Gebiet der EKU vgl. § 19 der Verordnung vom 14. 5. 1956.) Er erledigt dort alle anfallenden Arbeiten (Ladungen zu der Verhandlung des Disziplinargerichts, Zustellung der Urteile usw.) In der Verhandlung fertigt er die Niederschrift, für die § 75 nähere Bestimmungen gibt. Der Schriftführer ist vor Beginn seiner Tätigkeit durch den Vorsitzenden zu verpflichten. Über die Möglichkeit der Ablehnung des Schriftführers bestimmt das Gesetz nichts. Doch kann man aus den Bestimmungen über die Ablehnung des Schriftführers beim Untersuchungsführer schließen, daß auch der Schriftführer des Disziplinargerichts abgelehnt werden kann. Auch darf man auf § 31 der StPO verweisen, nach dem Urkundsbeamte der Geschäftsstelle und andere als Protokollführer zugezogene Personen abgelehnt werden können. Auch die Ausschließungsgründe gelten für den Schriftführer in gleicher Weise wie für den Untersuchungsführer oder ein Mitglied des Disziplinargerichts (§ 40 Disz.Ges.). Ausgenommen ist nur der Grund der Mitwirkung in einer durch Rechtsmittel angefochtenen Entscheidung. Der Schriftführer kann in beiden Instanzen tätig sein, was in der Praxis allerdings kaum vorkommen dürfte, da verschiedene Behörden und verschiedene Geschäftsstellen beteiligt sind. Über die Ablehnung entscheidet das Disziplinargericht endgültig. (Vgl. Otto Schwarz, Strafprozeßordnung S. 55.)

5. Verfahren vor der Disziplinarkammer

§ 65

(1) Mit dem Eingang der Anschuldigungsschrift wird das Verfahren bei der Disziplinarkammer anhängig. Von diesem Zeitpunkt an kann die einleitende Dienststelle das Verfahren nicht mehr einstellen.

(2) Der Vorsitzende stellt dem Beschuldigten eine beglaubigte Abschrift der Anschuldigungsschrift zu und bestimmt eine Frist, innerhalb deren er sich schriftlich dazu äußern kann.

Mit Eingang der Anschuldigungsschrift, über die Näheres zu § 55 ausgeführt ist, wird das Verfahren bei der Disziplinarkammer anhängig. Die einleitende Dienststelle kann es nicht mehr einstellen. Eine Beendigung des Verfahrens ist nur noch durch gerichtliche Entscheidung möglich. Die erste Maßnahme, die nach dem Anhängigwerden des Verfahrens bei der Disziplinarkammer zu erfolgen hat, ist die Zustellung einer beglaubigten Abschrift der Anschuldigungsschrift durch den Vorsitzenden an den Beschuldigten, dem eine Frist zur schriftlichen Äußerung gesetzt wird. Erst nach Ablauf dieser Frist darf die Festsetzung des Termins zur Verhandlung erfolgen. Die Zustellung der Anschuldigungsschrift an den Beschuldigten ist eine wesentliche Verfahrensvorschrift. Ihre Unterlassung wäre ein Verfahrensmangel, der zur Aufhebung des Urteils führen müßte und auch nicht durch Verzicht des Beschuldigten auf Einwendungen geheilt werden könnte. Die Vorschrift ist deshalb wesentlich, weil die Anschuldigungsschrift den Rahmen des Verfahrens vor der Disziplinarkammer bestimmt und der Beschuldigte diese Begrenzung kennen muß, um seine Verteidigung danach einzurichten. Zustellung der Anschuldigungsschrift an den Verteidiger ist nicht vorgeschrieben. Doch ist die Übersendung einer Abschrift zweckmäßig und üblich. Der Beschuldigte kann sich noch einmal schriftlich äußern, ist aber nicht dazu verpflichtet. Vielfach wird er nach einer gründlichen Untersuchung und Erörterung aller in Betracht kommenden Fragen kaum mehr Wesentliches zu sagen haben.

§ 66

(1) Die einleitende Dienststelle kann bis zum Beginn der Verhandlung (§ 76 Abs. 1) neue Anschuldigungspunkte zum Gegenstand des Verfahrens machen. Teilt sie eine solche Absicht dem Vorsitzenden der Disziplinarkammer mit, so hat dieser das Verfahren auszusetzen, bis der Vertreter der einleitenden Dienststelle einen Nachtrag zur Anschuldigungsschrift vorgelegt oder die Fortsetzung des Verfahrens beantragt hat.

(2) § 65 Abs. 2 gilt sinngemäß.

Wenn die einleitende Dienststelle das Verfahren nicht mehr einstellen kann, so hat sie auf der anderen Seite die Möglichkeit, es durch neue Anschuldigungspunkte, die sich nachträglich ergeben haben, zu erweitern. Teilt sie diese Absicht dem Vorsitzenden der Disziplinarkammer mit, so ist dieser verpflichtet, das Verfahren auszusetzen, bis der Nachtrag zur Anschuldigungsschrift eingeht. Diesen Nachtrag hat der Vorsitzende gemäß § 65 Abs. 2 dem Beschuldigten zuzustellen, der sich darauf äußern kann.

§ 67

(1) Stellt sich heraus, daß eine Voraussetzung des § 54 Abs. 1 vorliegt, so stellt der Vorsitzende der Disziplinarkammer das Verfahren ein. Die Entscheidung ist zu begründen und dem Vertreter der einleitenden Dienststelle und dem Beschuldigten zuzustellen. Auf übereinstimmenden Antrag des Vertreters der einleitenden Dienststelle und des Beschuldigten kann der Vorsitzende das Verfahren auch dann einstellen, wenn eine Voraussetzung des § 54 Abs. 1 nicht vorliegt.

(2) Gegen die Entscheidung des Vorsitzenden kann innerhalb von zwei Wochen die Entscheidung der Disziplinarkammer angerufen werden. Die Disziplinarkammer entscheidet über die Einstellung durch Beschluß endgültig. Absatz 1 Satz 2 gilt auch hier.

§ 67 behandelt seltene Fälle der Einstellung des Verfahrens, bevor es zur Verhandlung vor der Disziplinarkammer kommt. Liegt ein Fall des § 54 Abs. 1 vor (vgl. das dort Ausgeführte) und hat die einleitende Dienststelle das Verfahren trotzdem nicht eingestellt, so muß der Vorsitzende das Verfahren einstellen. Aber auch, wenn die Voraussetzung des § 54 Abs. 1 nicht vorliegt, kann der Vorsitzende das Verfahren einstellen, wenn der Vertreter der einleitenden Dienststelle und der Beschuldigte es übereinstimmend beantragen. Ein solcher Antrag wird dann gestellt werden, wenn sich entweder die Aussichtslosigkeit oder die Untunlichkeit des Verfahrens ergeben hat und eine andere Regelung zweckmäßiger erscheint. Es soll eine Möglichkeit gegeben werden, eine gütliche Beilegung auch noch herbeizuführen, wenn die Disziplinarkammer schon mit der Sache befaßt ist. Der Vorsitzende ist nicht verpflichtet, dem Antrage stattzugeben. Er kann ihn auch ablehnen. Gegen die Entscheidung des Vorsitzenden ist die Beschwerde an die Disziplinarkammer gegeben, die endgültig entscheidet. Der Vorsitzende hat aber auch die Möglichkeit, nicht selbst zu entscheiden, sondern von vornherein die Frage der Disziplinarkammer zur Entscheidung zu unterbreiten. Es genügt dann die Besetzung mit dem Vorsitzenden und zwei Beisitzern (§ 53 Abs. 4). Der Beschluß ist endgültig und muß ebenso wie die Entscheidung des Vorsitzenden dem Beschuldigten zugestellt werden.

§ 68

(1) Nachdem die Äußerungsfrist nach § 65 Abs. 2 oder § 66 Abs. 2 verstrichen ist, findet, falls das Verfahren nicht eingestellt ist, die Verhandlung statt. Den Termin bestimmt der Vorsitzende.

(2) Der Vorsitzende lädt zu der Verhandlung den Vertreter der einleitenden Dienststelle, den Beschuldigten und seinen Verteidiger. Er lädt die Zeugen und Sachverständigen, deren Erscheinen er für nötig hält, und ordnet das Herbeischaffen etwaiger Beweismittel an.

(3) Die Namen der geladenen Zeugen und Sachverständigen sind dem Vertreter der einleitenden Dienststelle, dem Beschuldigten und seinem Verteidiger mitzuteilen. Dem Beschuldigten und dem Verteidiger ist mit der Ladung ferner eine Liste der Mitglieder des Gerichts und ihrer Stellvertreter mit dem Hinweis mitzuteilen, daß die etwaige Ablehnung eines Richters spätestens eine Woche vor dem Verhandlungstermin bei dem Gericht eingegangen sein muß.

(4) Der Vertreter der einleitenden Dienststelle und der Beschuldigte können Zeugen und Sachverständige stellen. Das Gericht beschließt, ob sie zu vernehmen sind.

Der weitere Verlauf des Verfahrens, wie er in der überwältigenden Zahl der Fälle üblich ist, wird hier festgelegt. Nach Ablauf der Äußerungsfrist in § 65 Abs. 2 bzw. § 66 Abs. 2 setzt der Vorsitzende, ob die Äußerung erfolgt ist oder nicht, den Termin für die Verhandlung fest und lädt dazu den Vertreter der einleitenden Dienststelle, den Beschuldigten und seinen Verteidiger. Wer als Zeuge oder Sachverständiger zu vernehmen ist, bestimmt der Vorsitzende. Er ist nicht an die Anträge des Vertreters der einleitenden Dienststelle oder des Beschuldigten gebunden, sondern kann u. U. mehr und andere Zeugen laden. Die in der Anschuldigungsschrift angeführten Zeugen sollen möglichst geladen werden. Die Namen der Zeugen und Sachverständigen sind dem Beschuldigten und seinem Verteidiger sowie dem Vertreter der einleitenden Dienststelle mitzuteilen. Dies ist im Gegensatz zu früherem Recht bindende Vorschrift. Eine wichtige weitere Neuerung des Gesetzes besteht darin, daß dem Beschuldigten und seinem Verteidiger mit der Ladung eine Liste der Mitglieder des Gerichts und ihrer Stellvertreter mitgeteilt wird mit dem Hinweis, daß die etwaige Ablehnung eines Richters spätestens eine Woche vor dem Termin beim Gericht eingegangen sein muß. Diese Bestimmung ist eine Vergünstigung für den Beschuldigten, der vorher wissen soll, wer seine Richter sind. Die Fristen scheinen jedoch etwas kurz bemessen. Die vorgesehene Möglichkeit der Ablehnung eines Richters eine Woche vor dem Termin schließt nicht aus, daß auch in der Verhandlung selbst eine Ablehnung erfolgen kann (vgl. § 40 und das dort Ausgeführte). Über die Vernehmung von Zeugen und Sachverständigen, die der Vertreter der einleitenden Dienststelle und der Beschuldigte stellen, beschließt das Gericht. Diese Vorschrift kann von Bedeutung werden, wenn z. B. der Vertreter der einleitenden Dienststelle auf Weisung seiner Behörde einen bestimmten Zeugen oder Sachverständigen gehört wissen will oder wenn der Beschuldigte Ähnliches erstrebt. Beide Parteien können bei der Disziplinarkammer keine Zeugen oder Sachverständigen durchsetzen, die die Kammer nicht für nötig hält, z. B. für Fragen, die das Gericht glaubt selbst beurteilen zu können, oder für die die Mitglieder aus eigener Kenntnis sachverständig sind (vgl. die Ausführungen zu § 31).

§ 69

(1) Die Ladungen sind zuzustellen.

(2) Zwischen der Zustellung an den Beschuldigten und dem Termin der Verhandlung müssen mindestens zwei Wochen liegen, wenn der Beschuldigte nicht auf die Frist verzichtet. Als Verzicht gilt auch, wenn er sich auf die Verhandlung eingelassen hat, ohne zu rügen, daß die Frist nicht eingehalten sei.

Die Zustellung der Ladungen ist eine wesentliche Verfahrensvorschrift. Die Frist, die zwischen der Zustellung der Ladung und dem Termin liegt, muß mindestens zwei Wochen betragen, kann jedoch länger sein. Der Beschuldigte kann auf die Einhaltung der Frist verzichten, was angenommen wird, wenn er sich auf die Verhandlung einläßt, ohne die Nichteinhaltung der Frist zu rügen. Wenn es nicht früher geschehen ist, empfiehlt es sich, den Beschuldigten bei der Ladung auf die Möglichkeit hinzuweisen, sich der Hilfe eines Verteidigers zu bedienen.

§ 70

(1) Zur Verhandlung soll der Beschuldigte persönlich erscheinen. Die Verhandlung kann aber auch bei seinem Ausbleiben stattfinden. Er kann sich durch einen Verteidiger vertreten lassen.

(2) Ist der Beschuldigte aus zwingenden Gründen am Erscheinen verhindert und hat er es rechtzeitig mitgeteilt, so ist ein neuer Termin zur Verhandlung anzusetzen. Ist der Beschuldigte vorübergehend verhandlungsunfähig, so kann der Vorsitzende das Verfahren aussetzen und auch eine schon begonnene Verhandlung unterbrechen oder vertagen.

(3) Der Vorsitzende hat vor Beginn der Verhandlung den Termin aufzuheben und das Verfahren einzustellen, wenn sich herausstellt, daß eine Voraussetzung des § 54 Abs. 1 Buchst. b oder c vorliegt.

Die Vorschriften des Gesetzes über die Verhandlungen vor der Disziplinarkammer haben bei der Unmittelbarkeit des Verfahrens erhöhte Bedeutung gewonnen.

Der Beschuldigte soll zur Verhandlung persönlich erscheinen. Doch kann die Verhandlung auch bei seinem Ausbleiben stattfinden. Die Vertretung durch einen Verteidiger ist zugelassen. Diese Bestimmungen sind nötig, um einer Verschleppung des Verfahrens durch Nichterscheinen des Beschuldigten vorzubeugen, zumal das Gericht keine Möglichkeit hat, das Erscheinen zu erzwingen. Eine Verhandlung ohne den Beschuldigten ist aber in jedem Falle, zumal bei der Wichtigkeit, die der Verhandlung im Rahmen des Verfahrens beizumessen ist, ein Notbehelf. Der persönliche Eindruck des Beschuldigten auf die Richter, die ihn oft noch nicht kennen, seine Anhörung, schließlich sein gesamtes Verhalten, sind meist von so großer, zuweilen ausschlaggebender Bedeutung, daß nur in Ausnahmefällen ohne ihn verhandelt werden sollte. Vom Gesetz vorgeschrieben ist die Anberaumung eines neuen Verhandlungstermines, wenn der Beschuldigte aus zwingenden Gründen am Erscheinen verhindert ist und dies rechtzeitig mitgeteilt hat. Schwerwiegende Gründe können Krankheit, Haft, Verkehrsschwierigkeiten, schwerwiegende Ereignisse in der Familie u. Ä. sein. Vorübergehende Verhandlungsunfähigkeit kann zur Aussetzung des Verfahrens und bei schon begonnener Verhandlung zur Unterbrechung oder Vertagung führen. Eine Einstellung des Verfahrens, allerdings nur bei Vorliegen von § 54 Abs. 1 b oder c, ist auch in diesem Stadium vor Beginn der Verhandlung durch den Vorsitzenden noch möglich. Nach Beginn der Verhandlung kann der Vorsitzende das Verfahren nicht mehr einstellen. Die Einstellung erfolgt dann durch Urteil.

§ 71

(1) Die Verhandlung ist nicht öffentlich.

(2) Der Vorsitzende kann Vertreter kirchlicher Dienststellen und andere Personen, die ein berechtigtes Interesse an den Verhandlungen haben, zulassen.

(3) Es bleibt dem gliedkirchlichen Recht vorbehalten zu bestimmen, daß der Vorsitzende zu seiner Unterstützung einen kirchlichen Mitarbeiter zuziehen kann.

Daß die Verhandlung vor kirchlichen Disziplinargerichten nicht öffentlich ist, hat seine Berechtigung. Es ist angeregt worden, auf Antrag des Beschuldigten eine öffentliche oder wenigstens teilöffentliche Verhandlung zuzulassen, da ein Beschuldigter u. U. zum Zwecke seiner Rehabilitierung ein Interesse an einer öffentlichen Verhandlung haben könne. Doch sind diese Erwägungen nicht überzeugend. Die Gefahren einer ständig oder bei manchen Fällen zugelassenen Öffentlichkeit wären größer als ein fragwürdiger Nutzen. Abgesehen davon, daß Auseinandersetzungen in der Presse zu erwarten wären, könnte eine Beeinflussung der Zeugen eintreten und u. U. eine Teilnahme von Freunden und Gegnern des Beschuldigten, deren Meinungsverschiedenheiten nicht im Raum der Kirche ausgetragen werden dürfen. Berechtigten Interessen wird durch Abs. 2 hinreichend Rechnung getragen. (Vgl. das zu § 27 Ausgeführte.)

Zu der in Abs. 3 gebotenen Möglichkeit sind die Übernahmegesetze der Gliedkirchen Teil II zu vergleichen. Das größte gliedkirchliche Gebiet, die Evangelische Kirche der Union, hat in § 12 der Verordnung vom 14. 5. 56 von der Möglichkeit der Heranziehung eines kirchlichen Mitarbeiters durch den Vorsitzenden Gebrauch gemacht. Doch ist die Frage umstritten. Aus dem staatlichen Justizdienst kommende Juristen haben ins Feld geführt, mit der Zuziehung eines kirchlichen Mitarbeiters durch den Vorsitzenden, der der Verhandlung und der Beratung des Disziplinargerichts beiwohne, sei einem rechtsstaatlichen Grundsatz widersprochen. Dies gelte besonders von der Anwesenheit des kirchlichen Vertreters bei der Beratung. Von den kirchlichen Sachverständigen wurde demgegenüber auf die jahrzehntelange Praxis hingewiesen, die niemals zu Beanstandungen oder gar zu Schwierigkeiten geführt habe. Der kirchliche Mitarbeiter solle lediglich einige Schriftstücke in der Verhandlung verlesen und bei der Beratung als stiller Zuhörer teilnehmen, um das Urteil machen zu können. Wenn die Anfertigung des Urteils dem Vorsitzenden oder einem Beisitzer übertragen werden müsse, so könne das Disziplinargericht nur noch vorwiegend im Ruhestand befindliche Mitglieder haben. Ein im vollen Beruf stehender Disziplinarrichter habe nicht die Zeit, schwierige Urteile anzufertigen.

Bei Würdigung der beiden entgegengesetzten Standpunkte ist zu berücksichtigen, daß die Rolle des kirchlichen Mitarbeiters durch die Unmittelbarkeit des Verfahrens an Bedeutung eingebüßt hat. Bei dem Verfahren vor der Disziplinarkammer ist der kirchliche Mitarbeiter in der Regel der Untersuchungsführer, der als „Hilfsberichterstatter ohne Stimmrecht“ unter den an der Verhandlung Teilnehmenden aufgeführt wird. Er gibt neben dem zum eigentlichen Berichterstatter bestellten Mitgliede des Gerichts eine ganz kurze Einführung in den beruflichen und, falls nötig, persönlichen Werdegang des Beschuldigten. Da die Zeugen vor der Kammer vernommen werden, sind u. U. einige Schriftstücke und zuweilen Aussagen nichtgeladener, weniger wichtiger Zeugen zu verlesen.

Gegen diese Tätigkeit des Mitarbeiters dürfte kaum etwas einzuwenden sein. Problematischer ist die Frage der Anwesenheit des kirchlichen Mitarbeiters bei der Beratung des Gerichts. Auch hier kann die lange Praxis, die sich bewährt hat, geltend gemacht werden. Es ist jedoch zu berücksichtigen, daß die Gewaltentrennung, die Frage der Unparteilichkeit des Gerichts heute in der Kirche stärker beachtet wird als in früheren Jahrzehnten. Deshalb sollte die Anwesenheit des kirchlichen Mitarbeiters bei der Beratung vermieden werden. Der Hinweis auf die

Absetzung der Entscheidung kann nicht als hinreichender Grund angesehen werden. Für den Disziplinarhof gelten die gleichen Gesichtspunkte.

§ 72

(1) Die Hauptverhandlung erfolgt in ständiger Gegenwart der Mitglieder des Gerichts, des Schriftführers und des Vertreters der einleitenden Dienststelle sowie des Beschuldigten und des Verteidigers, wenn sie erschienen sind.

(2) Die ständige Gegenwart der Mitglieder des Gerichts gilt als gewahrt, wenn für ausfallende Mitglieder Ergänzungsrichter eintreten, die der Vorsitzende zu der Hauptverhandlung zugezogen hat und die von Anfang an daran teilgenommen haben.

Die Hauptverhandlung beginnt mit Schriftlesung und Aufruf der Sache (§ 76) und endet mit der Verkündung des Urteils und Mitteilung der wesentlichen Urteilsgründe (§ 86). Auch für diese am Beginn und am Schlusse stehenden Teile der Verhandlung gilt also die Vorschrift des § 72. Zur richtigen Besetzung des Disziplinargerichts müssen anwesend sein: Die Mitglieder des Gerichts, der Schriftführer, der Vertreter der einleitenden Dienststelle, der Beschuldigte, wenn er erschienen ist, ein oder mehrere Verteidiger, wenn der Beschuldigte von seinem Recht, sich ihrer zu bedienen, Gebrauch gemacht hat. Die Gegenwart dieser Personen muß „ständig" sein, d. h. es darf keine von ihnen auch nur auf kürzeste Zeit den Verhandlungsraum verlassen. Wenn dies etwa nötig wird, muß der Vorsitzende eine Pause in der Verhandlung eintreten lassen. Abs. 2 gibt den Mitgliedern des Gerichts eine Möglichkeit, u. U. die Verhandlung auf Zeit oder vorzeitig zu verlassen, wenn Ergänzungsrichter zugezogen sind, die von Anfang an an der Verhandlung teilgenommen haben. Bei der selbst in größeren Gliedkirchen schwierigen Besetzung der Disziplinargerichte dürfte es schwer sein, von dieser Möglichkeit Gebrauch zu machen. Sie wird nur dann in Frage kommen, wenn der körperliche Zustand eines Richters so ist, daß man befürchten muß, er werde eine längere Verhandlung nicht durchhalten können. Wenn die Urteilsverkündung nicht im Anschluß an die Hauptverhandlung stattfindet, sondern zu einem späteren Zeitpunkt, so muß auch dafür die gleiche Besetzung des Gerichts gegeben sein. Den Termin der Urteilsverkündung kann der Vorsitzende allein bekanntgeben.

§ 73

(1) Die Leitung der Verhandlung, die Vernehmung des Beschuldigten und die Aufnahme des Beweises erfolgt durch den Vorsitzenden.

(2) Der Vorsitzende hat den beisitzenden Richtern, dem Vertreter der einleitenden Dienststelle, dem Beschuldigten und dem Verteidiger auf Verlangen zu gestatten, Fragen an die Zeugen und Sachverständigen zu stel-

len. Ungeeignete oder nicht zur Sache gehörende Fragen kann der Vorsitzende zurückweisen.

Die Pflichten, die der Vorsitzende wahrzunehmen hat, die Leitung der Verhandlung und die Vernehmung des Beschuldigten und der Zeugen kann er keinem anderen Mitgliede des Gerichts übertragen. Er hat die vollständige Vernehmung selbst durchzuführen. Die Beisitzer, der Vertreter der einleitenden Dienststelle, der Beschuldigte und sein Verteidiger haben das Recht, Fragen an die Zeugen zu stellen. Den Beisitzern und dem Vertreter der einleitenden Dienststelle wie dem Verteidiger steht das gleiche Recht auch dem Beschuldigten gegenüber zu. Es ist erwünscht, daß besonders die Beisitzer von ihrem Recht Gebrauch machen, damit theologische und juristische Gesichtspunkte berücksichtigt werden und so die Besetzung des Gerichts in rechter Weise zum Tragen kommt. Ungeeignete Fragen oder solche, die nicht zur Sache gehören, die nicht selten gestellt werden, kann der Vorsitzende zurückweisen. Die Beurteilung der Fragen steht ihm allein zu. Doch kann vom Vertreter der einleitenden Dienststelle, vom Beschuldigten und seinem Verteidiger die Nichtzulassung einer Frage beantragt werden.

§ 74

(1) Die Aufrechterhaltung der Ordnung in der Verhandlung liegt dem Vorsitzenden ob.

(2) Durch Beschluß des Gerichts können der Beschuldigte, der Verteidiger, Zeugen, Sachverständige und bei der Verhandlung nicht beteiligte Personen aus dem Verhandlungsraum verwiesen werden, wenn sie den zur Aufrechterhaltung der Ordnung erlassenen Weisungen nicht Folge leisten.

Die Aufrechterhaltung der Ordnung in der Verhandlung, die dem Vorsitzenden obliegt, umfaßt Ermahnungen und Rügen, Untersagung ungebührlicher Aufführung (z. B. auch Verbot des Photographierens im Verhandlungsraum u. ä.). Eine Beschwerde gegen Anordnungen des Vorsitzenden ist nicht gegeben. Verweisung aus dem Verhandlungsraum, die nur gegen den Beschuldigten, seinen Verteidiger, Zeugen, Sachverständige und evtl. anwesende und an der Verhandlung nicht beteiligte Personen in Frage kommt, wenn sie Ordnungswidrigkeiten begehen, kann der Vorsitzende nicht allein vornehmen. Sie erfordert einen Beschluß des Gerichts.

§ 75

(1) Über den Gang der Verhandlung ist eine Niederschrift anzufertigen, die vom Vorsitzenden und vom Schriftführer zu unterzeichnen ist. Sie muß enthalten:

a) Ort und Tag der Verhandlung,

b) die Namen der Richter, des Schriftführers, des Vertreters der einleitenden Dienststelle und des etwa hinzugezogenen kirchlichen Mitarbeiters,

c) die Namen des Beschuldigten, des Verteidigers, der Zeugen und Sachverständigen.

(2) Die Niederschrift muß den Gang und die Ergebnisse der Verhandlung im wesentlichen wiedergeben und die Beobachtung aller wesentlichen Förmlichkeiten ersichtlich machen, auch die Bezeichnung der verlesenen Schriftstücke sowie die im Laufe der Verhandlung gestellten Anträge, die ergangenen Entscheidungen und die Urteilsformel enthalten.

(3) Kommt es auf die Feststellung eines Vorganges in der Verhandlung oder des Wortlautes einer Aussage oder Äußerung an, so hat der Vorsitzende die vollständige Niederschreibung und Verlesung anzuordnen. In der Niederschrift ist zu bemerken, daß die Verlesung geschehen und die Genehmigung erfolgt ist, oder welche Einwendungen erhoben sind.

Die Bestimmungen des § 75 für die Anfertigung der Niederschrift lassen erkennen, daß nicht an ein wörtliches Mitschreiben, etwa in Kurzschrift, gedacht ist. Die Niederschrift hat vielmehr die einzelnen Teile der Verhandlung, wie sie in den §§ 76—86 vorgeschrieben ist, deutlich zu machen und die Ergebnisse wiederzugeben sowie die Beobachtung der nötigen Formalitäten sichtbar werden zu lassen. Das Ergebnis der Anhörung des Beschuldigten, die Aussagen der Zeugen und Sachverständigen sowie die Anträge des Vertreters der einleitenden Dienststelle und des Verteidigers sind so wiederzugeben, daß das Wesentliche daraus zu ersehen ist. Gestellte Anträge, verlesene Schriftstücke u. ä. sind aufzuführen. Das Anfertigen der Niederschrift ist also nichts weniger als eine mechanische Arbeit. Sie erfordert einen Überblick über das Verfahren, der Wichtiges vom Unwesentlichen zu scheiden vermag. Deshalb soll der Schriftführer in der Verhandlung vor dem Disziplinargericht ein Kirchenbeamter sein, der die Akten kennen muß. Durch seine Unterschrift übernimmt er die Mitverantwortung für Richtigkeit und Vollständigkeit der Niederschrift.

Abs. 3 schreibt vor, daß Feststellung eines Vorganges in der Verhandlung oder der Wortlaut einer Aussage oder Äußerung dann vollständig niederzuschreiben und zu verlesen sind, wenn sie besondere Wichtigkeit haben. Der Vorsitzende hat das Nähere zu bestimmen. Anträge der Beisitzer und der sonstigen Beteiligten sind zulässig.

§ 76

(1) Die Verhandlung wird mit Schriftlesung eröffnet.

(2) Nach Aufruf der Sache trägt der Vorsitzende oder ein von ihm zum Berichterstatter ernannter Beisitzer in Abwesenheit der Zeugen das

Ergebnis des bisherigen Verfahrens in gedrängter Form vor. Aus den Akten und Beiakten ist vorzutragen, was für eine Gesamtbeurteilung wichtig sein kann. Der Beschuldigte wird, wenn er erschienen ist, zur Person und Sache gehört.

Mit § 76 beginnen die Vorschriften, die die Verhandlung vor der Disziplinarkammer im Einzelnen regeln.

Es soll zum Ausdruck gebracht werden, daß die Verhandlung vor einem kirchlichen Gericht im Raume der Kirche stattfindet. Deshalb wird sie nach bindender Vorschrift mit Schriftlesung eröffnet. Bewußt ist Schriftlesung vorgesehen, um damit eine alle Beteiligten umfassende und einende Grundlage zu gewinnen, die ein u. U. subjektiv gefärbtes Gebet des Vorsitzenden vielleicht nicht sein würde. Es ist jedoch nichts dagegen einzuwenden, wenn der Vorsitzende ein kurzes freies Gebet anschließt, das dann aber auch das gemeinsame Anliegen aller zum Ausdruck bringen soll, wie etwa die Bitte um rechte Erkenntnis und um Finden eines gerechten Spruches. Die Fassung des Gesetzes könnte zu der Annahme führen, daß die Schriftlesung vor Aufruf der Sache stattfindet. Dies ist jedoch nicht der Sinn des Gesetzes. Mindestens das vollzählig besetzte Gericht sowie der Beschuldigte und sein Verteidiger müssen anwesend sein. Es empfiehlt sich deshalb, die Sache aufzurufen und alle Beteiligten einschließlich der bereits anwesenden Zeugen, Sachverständigen oder sonst zugelassenen Personen eintreten zu lassen. Dann folgt Schriftlesung und u. U. Gebet durch den Vorsitzenden. Der Einfluß auf die gesamte Atmosphäre ist erfahrungsgemäß erstaunlich, und die Kraft des göttlichen Wortes bewährt sich gerade hier wunderbar. Dies gilt nicht zuletzt auch von dem Eindruck auf Zeugen, die der Kirche fernstehen und die einen Hauch davon verspüren, daß es um etwas anderes geht als um eine staatliche Gerichtsverhandlung. Im Anschluß daran tut der Vorsitzende gut daran, die Zeugen zusammen vortreten zu lassen, sie auf ihre Verantwortung hinzuweisen und zur Wahrheit zu ermahnen sowie den gesetzlich vorgeschriebenen Gang der Verhandlung darzulegen. Dies erübrigt sich selbstverständlich, wenn die Zeugen kirchliche Mitarbeiter sind. Hierauf folgt der Eintritt in die Verhandlung. Der Sachverhalt sowie der Entwicklungsgang des Beschuldigten wird vom Vorsitzenden, dem Berichterstatter oder auch dem zugezogenen Hilfsberichterstatter in gedrängter Form vorgetragen, und zwar in Abwesenheit der Zeugen. Dann wird der Beschuldigte zur Person und Sache gehört, ein meist sehr wichtiger Teil der Verhandlung, der von großer Bedeutung werden kann. Er erfordert oft längere Zeit.

§ 77

(1) Nach Anhörung des Beschuldigten werden die Beweise erhoben. Die Disziplinarkammer hat alles zu tun, was zur Erforschung der Wahrheit notwendig ist.

(2) Die Beweisaufnahme ist auf die vorgeladenen Zeugen und Sachverständigen sowie auf die anderen herbeigeschafften Beweismittel zu erstrecken, es sei denn, daß die Beweiserhebung nach der Überzeugung des Gerichts zum Zwecke der Verschleppung des Verfahrens beantragt ist. Nach der Vernehmung jedes Zeugen oder Sachverständigen sowie nach jeder Verlesung eines Schriftstückes ist der Beschuldigte zu fragen, ob er etwas zu erklären habe.

(3) Von der Erhebung einzelner Beweise kann abgesehen werden, wenn der Beschuldigte, sein Verteidiger und der Vertreter der einleitenden Dienststelle damit einverstanden sind. Die Erhebung eines Beweises muß abgelehnt werden, wenn sie unzulässig ist. Sie soll abgelehnt werden, wenn die Disziplinarkammer sie für unerheblich oder ungeeignet hält. Die Ablehnung eines Beweisantrages bedarf eines Gerichtsbeschlusses.

§ 77 handelt von der Beweisaufnahme. Der Satz, daß die Disziplinarkammer alles zu tun hat, was zur Erforschung der Wahrheit notwendig ist, findet sich schon in § 21. Gleichwohl ist er hier von Bedeutung. Denn er ist gewissermaßen die Grundlage, auf der sich die unmittelbare Beweiserhebung aufbaut. Daß sie eingeführt ist, hat dem kirchlichen Disziplinarverfahren das Schleppende, Theoretische genommen und ihm eine ganz andere Anschaulichkeit gegeben. In der unmittelbar aufeinander folgenden Anhörung des Beschuldigten, der Vernehmung der Zeugen, den Anträgen des Vertreters der einleitenden Dienststelle sowie des Beschuldigten und seines Verteidigers werden die Dinge von allen Seiten beleuchtet und dadurch anschaulich. Die Disziplinarkammer erhält so schneller und besser ein richtigeres Bild von dem Sachverhalt, als in langer Untersuchung und durch Vorlesen der Zeugenaussagen sich ergeben kann. Deswegen hatte sich die unmittelbare Beweiserhebung schon unter dem früheren Recht bis zu einem gewissen Grade durchgesetzt, weil man sie in vielen Fällen nicht entbehren konnte. Sie ist schnell zu einer Selbstverständlichkeit im Disziplinarverfahren geworden. Die Zeugenvernehmungen vollziehen sich nach der Vorschrift des § 27 (vgl. das dort Ausgeführte). Ob eine Beweiserhebung nur zur Verschleppung des Verfahrens beantragt ist, muß das Gericht entscheiden. Der Beschuldigte kann sich zu jeder Zeugenaussage äußern, desgl. bei anderen Beweiserhebungen.

Abs. 3. Von einzelnen Beweiserhebungen kann abgesehen werden, wenn die Beteiligten einverstanden sind. Es wird sich z. B. um Zeugen handeln, deren Aussage nicht mehr notwendig erscheint, weil der

Sachverhalt ohnehin aufgeklärt ist oder, weil sie nichts Wichtiges auszusagen haben u. ä. Ein formeller Gerichtsbeschluß, der in diesem Falle nicht nötig ist, wird gefordert, wenn eine Beweiserhebung abgelehnt werden muß oder abgelehnt werden soll. Sie muß abgelehnt werden, wenn sie unzulässig ist. Dies ist z. B. der Fall, wenn ein Zeuge vernommen werden soll, der bereits von seinem Zeugnisverweigerungsrecht Gebrauch gemacht hat oder ein Beamter, dem die Aussagegenehmigung nicht erteilt ist u. a. Die Beweiserhebung kann abgelehnt werden, wenn das Gericht sie für unerheblich oder ungeeignet hält. Dies kann Gründe haben, die denen in Abs. 3 Satz 1 gleichen oder ähneln.

§ 78

(1) Urkunden und andere als Beweismittel dienende Schriftstücke sowie Urteile, deren tatsächliche Feststellungen gemäß § 22 Abs. 1 der Entscheidung zugrunde gelegt werden sollen, werden in der Verhandlung verlesen.

(2) Beruht der Beweis auf der Wahrnehmung einer Person, so ist diese in der Verhandlung zu vernehmen. Die Vernehmung kann unbeschadet der in den Absätzen 3 und 5 genannten Ausnahmen nicht durch Verlesung der über eine frühere Vernehmung aufgenommenen Niederschrift oder einer schriftlichen Erklärung ersetzt werden.

(3) Das Gericht kann beschließen, daß eine Niederschrift oder ein Gutachten verlesen wird, wenn der Zeuge oder Sachverständige nicht erscheinen kann oder wenn sein Erscheinen mit Schwierigkeiten verbunden wäre, die in keinem Verhältnis zu der Bedeutung seiner Aussage stehen würden, oder wenn der Zeuge nicht erscheint und anzunehmen ist, daß er auch in einem neuen Termin nicht erscheinen wird.

(4) Zur Unterstützung des Gedächtnisses oder zur Aufklärung von Widersprüchen können Niederschriften über frühere Vernehmungen des Beschuldigten oder der Zeugen in der Verhandlung verlesen werden.

(5) Niederschriften über Vernehmungen von Zeugen und Sachverständigen können auch dann verlesen werden, wenn der Vertreter der einleitenden Dienststelle, der Beschuldigte und der Verteidiger damit einverstanden sind.

(6) Zeugnisse und Gutachten öffentlicher Behörden und Amtspersonen und ärztliche Atteste können verlesen werden.

In Abs. 1 liegt eine Ausnahme von der Unmittelbarkeit der Beweiserhebung vor. Dazu wird auf das zu § 22 Abs. 1 Ausgeführte verwiesen.

Abs. 2 bringt eine Bestimmung, die von großer Wichtigkeit ist und zu Meinungsverschiedenheiten geführt hat. Es wird dort gesagt, daß eine

Person, auf deren Wahrnehmung der Beweis beruht, in der Verhandlung zu vernehmen ist und daß diese Vernehmung nicht durch Verlesen eines über eine frühere Vernehmung aufgenommenen Protokolls oder durch eine schriftliche Erklärung ersetzt werden kann. Hiermit ist also die Unmittelbarkeit der Beweiserhebung als obligatorische Verpflichtung festgelegt. Ein für die Beweisführung unentbehrlicher Zeuge muß somit in der Verhandlung vernommen werden. Bei der Wichtigkeit einer solchen Vernehmung für das Schicksal des Beschuldigten und der Rolle, die der Eindruck der Persönlichkeit des Zeugen dabei spielt, sind diese Vorschrift und die ihr zugrundeliegenden Erwägungen durchaus richtig. Die Gefahr für das Verfahren liegt aber darin, daß das Disziplinargericht keine Möglichkeit hat, das Erscheinen des Zeugen zu erzwingen. Daher könnte selbst ein in der Untersuchung vernommener Zeuge die für das Urteil unerläßliche Beweisführung verhindern, indem er der Ladung zur Verhandlung, u. U. zu wiederholten Malen, nicht Folge leistet. Welche Möglichkeiten sich hieraus ergeben, sei es zu Gunsten, sei es zum Schaden des Beschuldigten, liegt auf der Hand. Deshalb haben Gliedkirchen den § 78 in der vorliegenden Fassung nicht übernommen, sondern abgeändert. (Vgl. bes. § 13 der Verordn. d. EKU vom 14. 5. 56.)

Abs. 3 mildert die Vorschrift des Abs. 2, doch nur, wenn ein Zeuge nicht erscheinen kann oder, wenn sein Erscheinen mit Schwierigkeiten verbunden ist, die in keinem Verhältnis zu seiner Aussage stehen, d. h. also, wenn es sich um eine nicht entscheidende Aussage handelt. Das einzige Hilfsmittel gegen die in § 2 liegende Gefahr bringt der letzte Satz, in dem die Verlesung einer Niederschrift oder eines Gutachtens zugestanden wird, wenn ein Zeuge nicht erscheint und anzunehmen ist, daß er auch in einem neuen Termin nicht erscheinen wird. Immerhin müssen hier große Verzögerungen in Kauf genommen werden, zumal oft schwer festzustellen sein wird, ob der Zeuge in einem neuen Termin ebenfalls nicht erscheinen wird.

Abs. 4—6 bringen Vorschriften über die Zulässigkeit der Verlesung von Niederschriften, die nicht als Einschränkung der unmittelbaren Beweisaufnahme gewertet werden können und in der Praxis der Disziplinarkammer notwendig sind.

§ 79

(1) Wenn die Disziplinarkammer weitere Beweiserhebungen für erforderlich hält, kann sie neue Zeugen oder Sachverständige vernehmen oder eines ihrer Mitglieder mit der Beweiserhebung beauftragen. Dazu ist die Verhandlung zu unterbrechen oder zu vertagen.

(2) Nötigenfalls kann die Vernehmung auch im Wege der Amtshilfe oder Rechtshilfe erfolgen.

In der Verhandlung vor der Disziplinarkammer kann sich herausstellen, daß weitere Beweiserhebungen nötig sind. Gibt z.B. der Beschuldigte für seine Handlungsweise Gründe an, die er in der Untersuchung noch nicht genannt hat und fehlen Zeugen oder sonstige Unterlagen, so müssen seine Behauptungen nachgeprüft werden. Die Kammer kann entweder weitere Zeugen laden oder, besonders wenn es sich um Zustände, Stimmungen oder Gerüchte handelt, eines ihrer Mitglieder mit der Aufklärung beauftragen, gegebenenfalls durch Entsendung in die Gemeinde des Beschuldigten. Hierzu muß die Verhandlung unterbrochen oder vertagt werden. Bei Unterbrechung kann die Verhandlung bei gleicher Besetzung da, wo sie abgebrochen ist, fortgesetzt werden, wobei die neue Zeugenvernehmung oder der Bericht des beauftragten Mitgliedes an den Anfang zu stellen ist. Vernehmungen können auch im Wege der Amtshilfe oder, wo es möglich ist, der Rechtshilfe durchgeführt werden. Eine Neueröffnung der Untersuchung ist jedoch nicht nötig und im § 79 nicht vorgesehen. Darin liegt die Bedeutung der Vorschrift, die einer Erleichterung und Beschleunigung des Verfahrens dient.

§ 80

(1) Bei unveränderter Besetzung des Gerichts bleiben Unterbrechungen von weniger als 3 Tagen unberücksichtigt.

(2) Eine Verhandlung muß von neuem begonnen werden, wenn sie insgesamt mehr als 30 Tage unterbrochen war oder wenn die Besetzung des Gerichts sich geändert hat. In anderen Fällen kann die Verhandlung nach einer Unterbrechung von neuem begonnen werden.

Es wird der Begriff Unterbrechung der Verhandlung näher bestimmt. Bei Unterbrechungen muß die Besetzung des Gerichts unverändert bleiben. Sie darf nicht länger als 30 Tage dauern, eine Frist, die reichlich bemessen ist. Die Verhandlung kann dann von neuem beginnen, sie kann aber auch dort anknüpfen, wo unterbrochen worden ist. Bei mehr als 30tägiger Unterbrechung oder veränderter Besetzung des Gerichts muß von neuem begonnen werden. Bei Vertagung muß stets von neuem begonnen werden. Hierzu muß bemerkt werden, daß das Disziplinargesetz die Begriffe „vertagen“ und „unterbrechen“ kennt, die sich unterscheiden. Die Strafprozeßordnung spricht von „Aussetzung der Hauptverhandlung“, die von Amts wegen oder auf Antrag erfolgt (vgl. Otto Schwarz StPO S. 296). Unterbrechungen sind auch in der StPO kürzer als die Aussetzung, die im Strafprozeß das ist, was das Disziplinargesetz mit Vertagung bezeichnet. Eine unterbrochene Hauptverhandlung muß nach § 229 StPO spätestens am 11. Tage nach der Unterbrechung fortgesetzt werden, widrigenfalls mit dem Verfahren von neuem zu beginnen ist. Das Disziplinargesetz unterscheidet sich also hier in den Begriffen und in den Fristen vom staatlichen Recht.

§ 81

(1) Nach Schluß der Beweisaufnahme werden der Vertreter der einleitenden Dienststelle und dann der Beschuldigte und sein Verteidiger gehört.

(2) Der Beschuldigte hat das letzte Wort.

§ 81 setzt die Vorschriften für den Ablauf der Verhandlung vor der Disziplinarkammer fort. Nach Schluß der Beweisaufnahme erhält zunächst der Vertreter der einleitenden Dienststelle das Wort. Er hat die dem Beschuldigten vorgeworfene Amtspflichtverletzung auf Grund des Ergebnisses der bisherigen Verhandlung, wie es sich ihm darstellt, zu würdigen. In der Regel wird er Antrag auf eine bestimmte Strafe stellen. Doch ist dies nicht gesetzlich vorgeschrieben. Der Vertreter der Behörde kann auch die Entscheidung dem Gericht anheimstellen oder, wenn die Beweiserhebung es rechtfertigt, Freispruch oder Einstellung des Verfahrens beantragen. Anschließend sprechen der Beschuldigte und sein Verteidiger, sofern er mit einem solchen erschienen ist. Wer von beiden zuerst spricht, ist ihnen überlassen. Meist nimmt der Verteidiger zuerst das Wort. Das Schlußwort hat in jedem Falle der Beschuldigte, auch wenn er etwa vor seinem Verteidiger gesprochen haben sollte. Er ist nicht verpflichtet, von der Möglichkeit einer abschließenden Äußerung Gebrauch zu machen.

§ 82

(1) Bei der Beratung und Abstimmung des Gerichts darf außer den zur Entscheidung berufenen Mitgliedern nur der nach gliedkirchlichem Recht vom Vorsitzenden zu seiner Unterstützung etwa hinzugezogene kirchliche Mitarbeiter (§ 71 Abs. 3) zugegen sein.

(2) Kein Mitglied darf sich der Stimme enthalten, auch wenn es bei der Abstimmung über eine vorhergegangene Frage in der Minderheit geblieben ist.

(3) Die Abstimmung erfolgt in der Weise, daß zunächst der Berichterstatter, zuletzt der Vorsitzende, und die übrigen Mitglieder nach dem Lebensalter stimmen, und zwar zunächst das jüngste Mitglied.

(4) Über den Hergang der Beratung und Abstimmung haben alle Anwesenden Stillschweigen zu bewahren.

(5) Vorstehende Bestimmungen gelten auch für Beschlüsse des Gerichts.

Die Beratung des Gerichts ist geheim. Nur die Mitglieder dürfen an ihr teilnehmen. Eine Ausnahme ist für den vom Vorsitzenden zu seiner Unterstützung zugezogenen kirchlichen Mitarbeiter gemacht. (Vgl. das zu § 71 Abs. 3 Ausgeführte.)

Abs. 2 und 3 regeln die Form der Abstimmung am Schluß der Beratung. Stimmenthaltung ist bei dieser Abstimmung unzulässig. Ein

Richter darf sich der Entscheidung nicht entziehen, sondern ist verpflichtet, an ihr mitzuwirken. Zunächst stimmt der Berichterstatter, dann das dem Lebensalter nach jüngste Mitglied und die anderen nach dem Lebensalter, zuletzt der Vorsitzende. Eine solche formelle Abstimmung wird vielfach, zumal in Disziplinarkammern, deren Mitglieder längere Zeit zusammenarbeiten, kaum nötig sein. In der Mehrzahl der Fälle wird Einmütigkeit herrschen. Die Vorschriften über völlige Vertraulichkeit, über den Hergang der Beratung und Abstimmung gelten nicht nur für Urteile, sondern auch für Beschlüsse des Gerichts.

§ 83

(1) Gegenstand der Urteilsfindung sind nur die Anschuldigungspunkte, die in der Anschuldigungsschrift und ihren etwaigen Nachträgen dem Beschuldigten als Amtspflichtverletzung zur Last gelegt werden.

(2) Über das Ergebnis der Verhandlung entscheidet die Disziplinarkammer nach ihrer freien Überzeugung.

Die Urteilsfindung ist begrenzt auf die Punkte, die in der Anschuldigungsschrift und ihren etwaigen Nachträgen dem Beschuldigten als Amtspflichtverletzung zur Last gelegt werden. (Vgl. auch § 55 und das dort Gesagte.) Auf dieser Bestimmung beruht die Bedeutung der Anschuldigungsschrift. Sie bildet die Grundlage des Verfahrens (OVG Bd. 97 S. 248). Doch ist die Begrenzung nur tatsächlicher Natur. Rechtsausführungen, die die Anschuldigungsschrift enthält, sind für das Gericht nicht maßgebend. Außerdem bezieht sie sich nur auf die Umstände, die sich mit der Feststellung des dem Beschuldigten zur Last gelegten Dienstvergehens beschäftigen. Die Beurteilung der Persönlichkeit des Beschuldigten und dafür maßgebende Umstände oder Fragen, die für die Beweiswürdigung wesentlich sind, können, sofern der Beschuldigte in der Verhandlung dazu Stellung genommen hat, herangezogen werden, auch, wenn sie in der Anschuldigungsschrift nicht enthalten sind. Privates Wissen eines Mitglieds des Gerichts, das erst in der Verhandlung zutage tritt, soll nicht berücksichtigt werden. Die Disziplinarkammer entscheidet über das Ergebnis der Verhandlung nach ihrer freien Überzeugung. Hier ist noch einmal die Unabhängigkeit des Disziplinargerichts betont, die das Wesentliche an dem neugeregelten Disziplinarverfahren ist. Das Disziplinargericht muß sich von Einflüssen jeder Art freimachen, die die Unabhängigkeit in der Beurteilung eines Falles beeinträchtigen könnten. (Vgl. das zu § 57 Ausgeführte.)

§ 84

(1) Das Urteil kann nur auf Einstellung des Verfahrens, Freispruch oder Strafe lauten. Es entscheidet zugleich, wer die Kosten des Verfahrens trägt.

(2) Das Verfahren ist einzustellen, wenn eine Voraussetzung des § 54 Abs. 1 vorliegt. Es kann eingestellt werden, wenn der Vertreter der einleitenden Dienststelle und der Beschuldigte es übereinstimmend beantragen.

(3) Wenn eine Amtspflichtverletzung nicht erwiesen ist, ist auf Freispruch zu erkennen.

Es sind drei Arten des Urteils möglich: Einstellung des Verfahrens, Freispruch oder Bestrafung. Das Urteil kann nur einheitlich sein. Es darf z. B. nicht in einigen Anschuldigungspunkten Freispruch erfolgen, in anderen Verurteilung oder in einem Teil der Anschuldigung Einstellung, im anderen Freispruch. Das schließt nicht aus, daß das Gericht den einen oder anderen Anschuldigungspunkt fallen läßt. Im Urteil tritt dies nicht zutage. Lediglich in den Urteilsgründen sind Einzelheiten darzulegen. Der Grund für diese Einheitlichkeit des Urteils ist die Auffassung des Disziplinarrechts, daß Gegenstand des Verfahrens die Verletzung der Amtspflicht im ganzen ist, wenn sich diese Verletzung auch u. U. aus einzelnen Punkten zusammensetzt. (OVG Bd. 80 S. 435.)

Über die Kosten muß in jedem Urteil eine Entscheidung getroffen werden. (Das Nähere vergl. Abschn. VIII.)

Abs. 2 und 3 sagen Näheres, aber nicht Erschöpfendes zu den drei Möglichkeiten des Urteils aus. Eine Einstellung muß erfolgen, wenn eine Voraussetzung des § 54 Abs. 1 vorliegt. Diese Vorschrift findet sich bereits in § 67. Sie wird hier wiederholt, weil zumindest die Gründe in § 54 Abs. 1 b und c während des Verfahrens eingetreten sein können. Die Art der Behandlung ist jedoch eine andere. In § 67 erfolgt die Einstellung vor der Verhandlung durch den Vorsitzenden und auf Antrag an die Disziplinarkammer durch deren Beschluß. In § 84 hat die Verhandlung stattgefunden, und es handelt sich nunmehr um das Urteil. Die Einstellung hat hier deshalb durch Urteil zu erfolgen. Das Gleiche gilt von der Möglichkeit der Einstellung, wenn der Vertreter der einleitenden Dienststelle und der Beschuldigte sie übereinstimmend beantragen. Auch hier ist die Einstellung ebenfalls als Möglichkeit (Kann-Vorschrift) in § 67 vorgesehen. Auch sie muß in dem vom Urteil handelnden § 84 wiederholt werden, weil die Gründe sich u. U. im Laufe der Verhandlung ergeben haben. Diese Gründe können Zweckmäßigkeitserwägungen sein oder auf rechtlicher Beurteilung beruhen, z. B. in einem Verfahren gegen einen Beschuldigten, der eine Stelle innehat, deren Charakter Zweifel entstehen läßt, ob sie rein staatlich ist oder nicht (Hochschulprediger an einer staatlichen Hochschule). Auch hier kann die Einstellung nur durch Urteil erfolgen, das, wie das angeführte Beispiel zeigt, auch ohne Antrag der Beteiligten auf Grund freier Beweiswürdigung ergehen kann. Desgleichen können wesentliche Verfahrensmängel in der Untersuchung den Grund zur Einstellung des Verfahrens durch Urteil bilden.

Ist eine Amtspflichtverletzung nicht erwiesen, so muß auf Freispruch erkannt werden. Der Freispruch kann wegen erwiesener Unschuld oder aus Mangel an Beweisen erfolgen.

§ 85

(1) In einem Urteil, das auf Entfernung aus dem Dienst oder Aberkennung des Ruhegehaltes lautet, kann die Disziplinarkammer dem Beschuldigten auf Lebenszeit oder auf bestimmte Zeit einen Unterhaltsbeitrag bewilligen, wenn er dessen bedürftig und nicht unwürdig erscheint. Der Unterhaltsbeitrag darf für längstens fünf Jahre höchstens 75 v. H. und über diesen Zeitraum hinaus höchstens 50 v. H. des Ruhegehaltes betragen, das der Beschuldigte im Zeitpunkt des Urteils erdient hat. Daneben kann Kinderzulage nach Maßgabe der geltenden Bestimmungen gewährt werden.

(2) Die Disziplinarkammer kann bestimmen, daß der Unterhaltsbeitrag ganz oder teilweise an Personen gezahlt wird, zu deren Unterhalt der Beschuldigte gesetzlich verpflichtet ist. Bestimmt das Urteil darüber nichts, so kann auch die oberste Dienststelle des Beschuldigten die in Satz 1 vorgesehene Bestimmung treffen.

(3) Der Unterhaltsbeitrag wird, sofern im Urteil nichts anderes bestimmt wird, von dem Zeitpunkt ab gezahlt, an dem die Dienst- oder Versorgungsbezüge wegfallen.

(4) Der Unterhaltsbeitrag wird hinsichtlich seines Wegfalles oder Ruhens und hinsichtlich des Einflusses, den etwaige Bezüge aus einem öffentlichen Dienst auf ihn haben, wie ein Ruhegehalt behandelt.

Ein mit Entfernung aus dem Dienst oder mit Aberkennung des Ruhegehalts Bestrafter verliert nach § 11 und 12 alle Ansprüche auf Dienstbezüge und Versorgung. Um die harten Folgen eines solchen Urteils zu mildern, insbesondere für schuldlose Angehörige, und um den Übergang in einen neuen Wirkungskreis zu erleichtern, ist im Disziplinarrecht die Möglichkeit der Bewilligung eines Unterhaltsbeitrages geschaffen. Sie fand sich schon in der Disziplinarordnung der DEK vom 13. 4. 1939 (§ 62). Die dortigen Vorschriften sind mit geringen Änderungen in das Disziplinargesetz übernommen worden. Sie stellen eine Vergünstigung für den Beschuldigten dar, die das alte Disziplinarrecht von 1886 in dieser Form nicht kannte. Während bisher nur einmalige oder wiederholte Unterstützungen durch die Behörde möglich waren, kann heute die Disziplinarkammer in einem die schwerste Dienststrafe aussprechenden Urteil dem Bestraften auf Lebenszeit oder auf eine bestimmte Zeit einen Unterhaltsbeitrag bewilligen. Die Bewilligung ist an eine doppelte Voraussetzung geknüpft. Der Verurteilte muß zur Zeit der Verkündung des Urteils einen Anspruch auf Ruhegehalt erdient haben, und er muß des Unterhaltsbeitrages bedürftig und nicht unwürdig sein. Bei Prüfung dieser Fragen werden die Vermögensverhältnisse des Beschuldigten, aber auch seine Erwerbsfähigkeit und seine Aussichten auf Erlangung einer neuen Tätigkeit zu erwägen sein. Daneben kommt seine Gesinnung und bisherige Amtsführung, seine Haltung während des Verfahrens und besonders seine Familie, die Zahl der Kinder in Betracht. In der Regel wird der Verurteilte, wenn ihm nicht von seiner Behörde selbst geholfen wird, keine Aussicht haben, bald in einen Beruf überzugehen, der ihn und seine Familie ernähren kann. Die Disziplinarkammer wird deshalb bei zahlreicher Familie gut tun, großzügig zu sein. Ist der Bestrafte wider Erwarten bald bessergestellt als in seinem Amt, so bleibt die Möglichkeit des § 113. Als Unterhaltsbeitrag kann nur ein bestimmter Prozentsatz des erdienten Ruhegehalts (für fünf Jahre höchstens 75 %, später höchstens 50 %), nicht aber eine bestimmte Summe, etwa 500,— DM festgesetzt werden. Daneben kann Kindergeld gewährt werden.

Abs. 2 bringt eine schon in der Disziplinarordnung vom 13. 4. 1939 enthaltene Vorschrift, die sich bereits in vielen Fällen segensreich ausgewirkt hat. Die Disziplinarkammer kann bestimmen, daß der Unterhaltsbeitrag ganz oder teilweise an Personen gezahlt wird, zu deren Unterhalt der Beschuldigte gesetzlich verpflichtet ist. Mangels einer Bestimmung durch die Disziplinarkammer kann auch die oberste Dienststelle des Beschuldigten diese Anordnung treffen. Die Regelung wird besonders einzutreten haben, wenn der Beschuldigte und seine Ehefrau getrennt leben oder geschieden sind. Meist hat es sich dann im Disziplinarverfahren um Eheirrungen gehandelt. In diesen Fällen kommt es nicht selten vor, daß der Beschuldigte wenig geneigt ist, seine Familie angemessen zu unterstützen und daß diese unschuldig in Not gerät. Gerichtliche Maßnahmen der Ehefrau gegen ihren Mann und andere unerfreuliche Begleitumstände sind die Folge. Alles dies wird vermieden, wenn die Disziplinarkammer bestimmt, daß der Unterhaltsbeitrag ganz oder teilweise an die Ehefrau gezahlt wird. Ob ein Teil dem Manne zu belassen ist, wird von seinen Berufs- und Verdienstmöglichkeiten abhängen. Wird der Ehemann z. B. in einem Beruf mit auskömmlichem Gehalt angestellt und hat die Ehefrau mehrere Kinder zu versorgen, so wird der volle Unterhaltsbeitrag an sie zu zahlen sein. Diese Möglichkeit schützt nicht nur vor äußerster Not, sondern befriedet oft auch zerrissene Familien. Es ist empfehlenswert, daß die Disziplinarkammer in ihrem Urteil die von ihr gewünschte Regelung ausspricht und sie nicht der Behörde überläßt. Anspruchsberechtigt ist in jedem Falle der Beschuldigte, auch, wenn die Ehefrau die Zahlungen erhalten soll. Mit seinem Tode endet der Unterhaltsbeitrag. Er hat, sobald das Urteil rechtskräftig ist, einen

Rechtsanspruch auf die festgesetzte Summe. Das Urteil in einem solchen Falle würde folgendermaßen lauten:

> Der Beschuldigte ist einer Amtspflichtverletzung schuldig und wird mit Entfernung aus dem Dienst bestraft. Es wird ihm auf die Dauer von 5 Jahren ein Unterhaltsbeitrag in Höhe von 75 v. H. und über diesen Zeitpunkt hinaus auf Lebenszeit in Höhe von 50 v. H. des Ruhegehalts bewilligt, das er im Zeitpunkt der Verkündung des Urteils erdient hatte. Der Unterhaltsbeitrag ist ganz an die geschiedene Ehefrau des Beschuldigten zu zahlen. Der Beschuldigte hat die Kosten des Verfahrens zu tragen.

Abs. 3 stellt fest, daß der Unterhaltsbeitrag, sofern nichts anderes bestimmt ist, von dem Zeitpunkt ab gezahlt wird, an dem die Dienst- oder Versorgungsbezüge wegfallen, d. h. also, vom 1. des auf die Rechtskraft des Urteils folgenden Monats ab (§ 11 Abs. 1). Die Bewilligung eines Unterhaltsbeitrages von einem späteren Zeitpunkt ab dürfte kaum in Frage kommen und gilt im staatlichen Disziplinarrecht als unzulässig, was jedoch nicht unbestritten ist. (Römer a. a. O. Seite 270.)

Abs. 4 bringt Vorschriften, aus denen die Rechtsnatur des Unterhaltsbeitrages hergeleitet werden kann. Da der Unterhaltsbeitrag nach dem Wortlaut des Gesetzes in einigen Fällen „wie ein Ruhegehalt behandelt“ wird, folgt, daß er kein Ruhegehalt ist, auch kein Teilruhegehalt. Er wird vielmehr an Stelle der aberkannten Versorgungsbezüge gewährt. Wenn er auch zur Abwendung äußerster Not bewilligt wird, so ist er doch, wenn ihn die Disziplinarkammer festsetzt, keine eigentliche Gnadenrente, auf die ihrer Natur nach kein Anspruch besteht. Auf den Unterhaltsbeitrag hat aber der Beschuldigte nach Rechtskraft des Urteils einen Rechtsanspruch. Eine Entziehung oder Herabsetzung kann nur nach § 113 durch die Disziplinarkammer stattfinden. Wenn der Unterhaltsbeitrag auch kein Ruhegehalt darstellt, so ist doch sein Zweck, für den Verurteilten und insbesondere seine Angehörigen einen Teil des im normalen Versorgungsfalle zu gewährenden angemessenen Unterhalts sicherzustellen. Daraus folgt, daß zwar allgemeine Bestimmungen über die Höhe der gesetzlichen Versorgungsbezüge nicht ohne weiteres auf den Unterhaltsbeitrag Anwendung finden können, daß aber bei Gewährung von Teuerungszulagen eine entsprechende Erhöhung des bewilligten Prozentsatzes des Unterhaltsbeitrages stattfinden muß, berechnet nach der ursprünglichen Höhe des Beitrages, nicht nach dem vollen Ruhegehalt. Ein hinter der wirtschaftlichen Lage und dem ihr angepaßten Besoldungsstand zurückbleibender Unterhaltsbeitrag würde der Bestimmung des Disziplinargesetzes nicht entsprechen. (Vgl. Erlaß der EKiD, Kirchenkanzlei Berliner Stelle vom 29. 10. 1955 KB I 1614/45 IV.)

Das Gesetz sieht vor, daß der Unterhaltsbeitrag hinsichtlich seines Wegfalles oder Ruhens und hinsichtlich des Einflusses, den etwaige Bezüge aus einem öffentlichen Dienst auf ihn haben, wie ein Ruhegehalt behandelt wird. Der Unterhaltsbeitrag fällt weg, wenn der Bestrafte stirbt, wenn er wieder im Dienste der Kirche angestellt wird oder, wenn ihm die bewilligte Summe nach § 113 entzogen wird. Er ruht z. B. bei Aufenthalt in einem anderen Währungsgebiet. Bei Zusammentreffen mit Bezügen aus dem öffentlichen Dienst finden die üblichen Verrechnungsbestimmungen Anwendung. Von diesen Möglichkeiten ist für die Behandlung des Unterhaltsbeitrages als Ruhegehalt der Wegfall beim Tode des Verurteilten von Bedeutung. Die Bestimmung kann nur den Sinn haben, daß der Bestrafte zur Zeit seines Todes so gestellt sein soll, als wenn er ein Ruhegehalt in Höhe des Unterhaltsbeitrages gehabt hätte. Dies bedeutet, daß seine Witwe nunmehr Versorgungsbezüge erhalten muß. Zweifelhaft könnte nur sein, ob die ordnungsmäßige Witwen- und Waisenversorgung einzutreten hat oder ob das Witwengeld nach dem Unterhaltsbeitrag zu bemessen ist. Mangels einer Regelung dieser Frage im Disziplinarrecht wird man die Vorschriften des staatlichen Disziplinarrechts ergänzend heranziehen können. In § 64 der Bundesdisziplinarordnung ist bestimmt, daß bei Bewilligung eines Unterhaltsbeitrages auf Lebenszeit gleichzeitig den Hinterbliebenen ein Unterhaltsbeitrag bis zur Höhe von 75 v. H. der gesetzlichen Hinterbliebenenversorgung bewilligt werden kann, die sie erhalten hätten, wenn der Verurteilte bei Eintritt der Rechtskraft des Urteils verstorben wäre. Die Vorschrift im Disziplinargesetz, daß der Unterhaltsbeitrag bei Wegfall wie ein Ruhegehalt behandelt wird, ist eine zwingende Bestimmung. Sie läßt die im staatlichen Recht vorgesehene Hinterbliebenenversorgung auch hier als das Angemessene erscheinen.

Der schuldlos geschiedenen Ehefrau und ihren Kindern bleibt dagegen nur die gnadenweise Bewilligung eines den notwendigen Unterhalt sicherstellenden laufenden Versorgungsbetrages durch die zuständige Behörde, zumal, wenn der Unterhaltsbeitrag schon bisher ganz oder teilweise an sie gezahlt worden ist.

§ 86

(1) Das Urteil wird durch Verlesen der Urteilsformel und Mitteilung der wesentlichen Urteilsgründe am Schlusse der Verhandlung oder spätestens in einem binnen einer Woche stattfindenden Verkündungstermin verkündet. Es ist schriftlich abzufassen und mit Gründen zu versehen. Wird der Beschuldigte freigesprochen, so müssen die Urteilsgründe ergeben, ob der Freispruch mangels Beweises einer schuldhaften Amtspflichtverletzung oder wegen erwiesener Nichtschuld erfolgt. Hat die Disziplinarkammer einen Beweisantrag nach § 77 Abs. 3 für unerheblich erklärt, so ist die Maßnahme zu begründen. Dasselbe gilt, wenn ein Unterhalts-

beitrag bewilligt ist. In den Fällen des § 12 müssen die Gründe auch ergeben, weshalb die mit der Ordination erworbenen Rechte beibehalten werden.

(2) Das Urteil ist von dem Vorsitzenden und mindestens zwei Mitgliedern der Disziplinarkammer, die bei der Entscheidung mitgewirkt haben, zu unterschreiben. Ist der Vorsitzende an der Unterschrift verhindert, so unterschreibt an seiner Stelle ein anderes Mitglied unter Angabe des Verhinderungsgrundes.

(3) Dem Beschuldigten und der einleitenden Dienststelle ist das Urteil zuzustellen. Spätestens hierbei ist der Beschuldigte über das zulässige Rechtsmittel zu belehren.

§ 86 handelt zunächst von der Verkündung des Urteils und damit vom Schlusse der Verhandlung vor der Disziplinarkammer. Nach Beendigung der Beratung werden alle Beteiligten sowie die zur Verhandlung zugelassenen Personen und noch anwesenden Zeugen wieder in den Sitzungsraum gerufen. Die Anwesenheit der in § 72 Genannten ist Vorschrift, weil die Verkündung ein Teil der Verhandlung ist. Sie hören stehend das Urteil, das der Vorsitzende verliest. Im Anschluß an die Verkündung des Urteils teilt der Vorsitzende in großen Zügen die wesentlichen Urteilsgründe mit. Er wird dabei das hervorheben, was die Disziplinarkammer als das Wichtigste angesehen hat und besonders die Punkte, die die Schuld oder Unschuld des Beschuldigten begründen. Bei Freispruch ist anzugeben, ob er mangels Beweises oder wegen erwiesener Unschuld erfolgt ist. Schließlich sind die gegen das Urteil möglichen Rechtsmittel zu nennen. Nach Beendigung dieser Mitteilungen erklärt der Vorsitzende die Verhandlung für geschlossen. Hiernach hat niemand mehr das Recht, sich zu irgendwelchen Fragen oder Bemerkungen zu melden. Eine Ausnahme bildet lediglich die Erklärung des Beschuldigten oder seines Verteidigers, daß er das Urteil annehme und auf Rechtsmittel verzichte, die zuweilen unmittelbar nach der Verhandlung abgegeben wird. (Vgl. hierzu § 90 und die dortigen Ausführungen.) Eine Abänderung der Urteilsfassung ist nach der Verkündung nicht mehr zulässig. Eine Schriftlesung, wie sie am Beginn der Verhandlung steht oder ein Gebet ist bewußt am Schlusse nicht vorgesehen. Der Grund ist, daß sich ein verurteilter Beschuldigter oft in erregter Stimmung befindet und nicht zu erwarten ist, daß sich die Anwesenden zu einer rechten Gebetsgemeinschaft zusammenfinden können. Folgt die Verkündung des Urteils nicht unmittelbar nach der Verhandlung und Beratung, so ist ein besonderer Verkündungstermin anzusetzen, der spätestens eine Woche nach der Verhandlung stattfinden muß. Auch er gehört zur Verhandlung und unterliegt den gleichen Bestimmungen. Der besondere Verkündungstermin ist im kirchlichen Disziplinarrecht selten und wird höchstens bei sehr umfangreichen und schwierigen Fällen in Frage kommen.

Im weiteren gibt § 86 Vorschriften über die Abfassung des Urteils und über Erfordernisse dabei in bestimmten Fällen. Die Absetzung des Urteils soll baldmöglichst nach der Verhandlung erfolgen. Das Urteil ist nach bindender Vorschrift in seiner Urschrift von dem Vorsitzenden (oder einem Vertreter) und zwei Mitgliedern der Disziplinarkammer, die an der Verhandlung mitgewirkt haben, zu unterschreiben. Als die wichtigste Entscheidung im Disziplinarverfahren ist das Urteil dem Beschuldigten und der einleitenden Dienststelle, und zwar hier ihrem Vertreter im Verfahren, zuzustellen. Hierbei spätestens ist der Beschuldigte über das zulässige Rechtsmittel zu belehren. (Vgl. § 37 und die dortigen Ausführungen.)

6. Rechtsmittel im förmlichen Disziplinarverfahren

a) Allgemeine Bestimmungen

§ 87

Der Beschuldigte ist bei der Zustellung von Entscheidungen, gegen die ihm ein Rechtsmittel zusteht, über das Rechtsmittel zu belehren.

Die §§ 87 bis 90 bringen allgemeine Vorschriften über Rechtsmittel im förmlichen Disziplinarverfahren. Diese Rechtsmittel sind Beschwerde und Berufung. Die Beschwerde findet entgegen der Überschrift des Absatzes nicht nur im förmlichen Disziplinarverfahren statt (vgl. § 91). Die Belehrung über ein Rechtsmittel hat bei Zustellung der Entscheidung zu erfolgen, die angefochten werden kann. Die Vorschrift ist zwingend, und ihre Nichtbeachtung stellt einen wesentlichen Mangel dar. Die Belehrung soll vollständig sein. Es muß angegeben werden, welches Rechtsmittel in Betracht kommt, innerhalb welcher Frist und bei welcher Stelle es einzulegen ist.

§ 88

(1) Die Rechtsmittel, die nach diesem Gesetz zulässig sind, sind schriftlich bei der Stelle einzulegen, die die angefochtene Entscheidung getroffen hat. Die Einlegungsfrist ist auch gewahrt, wenn während ihres Laufes das Rechtsmittel bei der Stelle eingeht, die darüber zu entscheiden hat.

(2) Ein Irrtum in der Bezeichnung des Rechtsmittels ist unschädlich.

Die zulässigen Rechtsmittel sind schriftlich einzulegen. Eine Erklärung zu Protokoll bei der Geschäftsstelle der Disziplinarkammer, die das bisherige Recht kannte, ist nicht mehr vorgesehen. Das Rechtsmittel ist bei der Stelle einzulegen, die die angefochtene Entscheidung erlassen hat. Die Berufung gegen ein Urteil der Disziplinarkammer ist also bei der Disziplinarkammer einzulegen. Geht das Rechtsmittel bei der Stelle ein (z. B. beim Disziplinarhof), die darüber zu entscheiden hat, und zwar innerhalb der Rechtsmittelfrist, so ist die Frist auch gewahrt. Die Bezeichnung des Rechtsmittels durch den, der es einlegt, ist unerheblich. Es schadet also nichts, wenn statt Berufung Beschwerde geschrieben wird oder umgekehrt.

§ 89

(1) Die einleitende Dienststelle und ihr Vertreter können von den ihnen zustehenden Rechtsmitteln auch zugunsten des Beschuldigten Gebrauch machen.

(2) Jedes von der einleitenden Dienststelle oder ihrem Vertreter eingelegte Rechtsmittel hat die Wirkung, daß die angefochtene Entscheidung auch zugunsten des Beschuldigten geändert werden kann.

(3) Ist die Entscheidung nur von dem Beschuldigten oder nur zu seinen Gunsten angefochten worden, so darf sie nicht zuungunsten des Beschuldigten geändert werden.

Es kann Fälle geben, in denen die Entscheidung des Disziplinargerichts der einleitenden Dienststelle zu scharf erscheint, sodaß sie eine Nachprüfung für nötig hält. Daß aus einem solchen Anlaß die einleitende Dienststelle und ihr Vertreter von den ihnen zustehenden Rechtsmitteln auch zugunsten des Beschuldigten Gebrauch machen können, war auch im bisherigen Recht nicht unmöglich. Es war jedoch nicht ausgesprochen. Eine Neuerung im Disziplinarrecht ist die Vorschrift, daß jedes von der einleitenden Dienststelle oder ihrem Vertreter eingelegte Rechtsmittel die Wirkung hat, daß die angefochtene Entscheidung auch zugunsten des Beschuldigten geändert werden kann. Hiernach ist es möglich, daß die Einleitungsbehörde ein Urteil der Disziplinarkammer zu milde findet und Berufung einlegt, der Disziplinarhof das Urteil aber noch weiter mildert. Bei einem von dem Beschuldigten oder zu seinen Gunsten von der Einleitungsbehörde eingelegten Rechtsmittel darf eine Abänderung zu seinen Ungunsten nicht stattfinden.

§ 90

(1) Der zur Einlegung eines Rechtsmittels Berechtigte kann nach Beginn der Rechtsmittelfrist durch schriftliche Erklärung gegenüber der Stelle, die die anfechtbare Entscheidung getroffen hat, oder gegenüber der für die Entscheidung über das Rechtsmittel zuständigen Stelle auf die Einlegung verzichten oder das eingelegte Rechtsmittel, solange nicht darüber entschieden ist, zurücknehmen. In der Hauptverhandlung vor dem Disziplinarhof kann die Berufung auch durch mündliche Erklärung zurückgenommen werden. Der Verteidiger bedarf zu dem Verzicht und der Zurücknahme der ausdrücklichen Ermächtigung durch den Beschuldigten.

(2) Wird ein von der einleitenden Dienststelle zugunsten des Beschuldigten eingelegtes Rechtsmittel zurückgenommen, so hat die einleitende Dienststelle die Zurücknahme dem Beschuldigten zuzustellen. Nach der

Zustellung beginnt für den Beschuldigten eine neue Rechtsmittelfrist, innerhalb deren er das Rechtsmittel einlegen kann.

Der Beschuldigte oder die einleitende Dienststelle können die vorgeschriebene Frist verstreichen lassen, ohne von dem Recht zur Einlegung eines Rechtsmittels Gebrauch zu machen. Nach Ablauf der Frist wird die Entscheidung, um die es sich handelt, rechtskräftig. Sie können aber auch der Stelle, die die Entscheidung getroffen hat, oder der zur Entscheidung über das Rechtsmittel zuständigen Stelle schriftlich erklären, daß sie auf die Einlegung verzichten. Von dieser Möglichkeit wird oft Gebrauch gemacht, um die Lage zu klären und die Rechtskraft der Entscheidung schneller herbeizuführen. Der Verzicht auf das Rechtsmittel kann auch in der Geschäftsstelle der Disziplinarkammer zu Protokoll gegeben werden. Er wird auch nicht selten unmittelbar nach der Verkündung des Urteils mündlich erklärt und muß dann sofort protokolliert werden, am besten am Schlusse der Verhandlungsniederschrift. Die rechtliche Wirkung einer solchen Erklärung ist jedoch nicht unbestritten. Wenn der Beschuldigte nach Zustellung des Urteils seine Meinung ändert und das Rechtsmittel einlegt, so ist es zweifelhaft, ob man ihm mit Aussicht auf Erfolg seinen mündlich erklärten Verzicht entgegenhalten kann. (Vgl. aber OVG Bd. 83 Seite 397.)

Auch wenn ein Rechtsmittel schon eingelegt ist, so ist der Berechtigte nicht daran gebunden. Er kann es, solange noch nicht darüber entschieden ist, jederzeit zurücknehmen. Die Zurücknahme hat schriftlich zu erfolgen, und zwar entweder der Stelle gegenüber, die die angefochtene Entscheidung getroffen hat, oder der zur Entscheidung über das Rechtsmittel zuständigen Stelle gegenüber. Auch, wenn schon die Hauptverhandlung vor dem Disziplinarhof begonnen hat, kann das Rechtsmittel noch zurückgenommen werden, und zwar hier auch mündlich. Wird ein Verteidiger beauftragt, so muß er eine ausdrückliche Ermächtigung des Beschuldigten vorlegen, und zwar sowohl zur Erklärung des Verzichts auf die Einlegung eines Rechtsmittels, wie auch zur Zurücknahme des bereits eingelegten Rechtsmittels vor wie in der Hauptverhandlung.

Abs. 2 regelt einen seltenen Spezialfall. Nimmt die einleitende Dienststelle ein zugunsten des Beschuldigten eingelegtes Rechtsmittel zurück, so muß sie die Zurücknahme dem Beschuldigten zustellen. Für den Beschuldigten beginnt mit der Zustellung eine neue Rechtsmittelfrist. Diese Vorschrift ist deshalb erlassen, weil es möglich ist, daß der Beschuldigte, wenn er von dem zu seinen Gunsten durch die einleitende Dienststelle eingelegten Rechtsmittel Kenntnis hat, seinerseits auf das gleiche Rechtsmittel verzichtet, weil er die Einlegung mit Recht für überflüssig hält. Nimmt nun die Dienststelle das Rechtsmittel zurück, so hätte der Beschuldigte die Frist ganz oder teilweise versäumt. Deshalb beginnt sie für ihn von neuem.

b) Beschwerde

§ 91

(1) Das Rechtsmittel der Beschwerde findet nur in den in diesem Gesetz bestimmten Fällen statt.

(2) Die Einlegungsfrist beträgt zwei Wochen.

(3) Die Stelle, deren Entscheidung angefochten wird, kann der Beschwerde abhelfen.

(4) Die für die Entscheidung über die Beschwerde zuständige Stelle hat die etwa erforderlichen Ermittlungen vorzunehmen oder ihre Vornahme durch die Stelle, deren Entscheidung angefochten ist anzuordnen.

(5) Sind die Disziplinarkammer oder der Disziplinarhof für die Entscheidung über die Beschwerde zuständig, so entscheiden sie durch Beschluß.

(6) Die Entscheidung über die Beschwerde ist zu begründen und zuzustellen.

Die Beschwerde ist nicht allgemein zulässig, sondern nur in den in diesem Gesetz bestimmten Fällen. Dies sind: Beschwerde gegen die Disziplinarverfügung (§ 17), Beschwerde an den Disziplinarhof gegen die Entscheidung des Vorsitzenden der Disziplinarkammer wegen Verwerfung der Berufung (§ 95), Beschwerde an den Disziplinarhof gegen die Entscheidung des Vorsitzenden, der die Berufung als unzulässig verwirft (§ 97), Beschwerde gegen den Beschluß des Disziplinargerichts, der den Antrag auf Wiederaufnahme des Verfahrens verwirft (§ 108), Beschwerde an den Disziplinarhof gegen den Beschluß der Disziplinarkammer über Entziehung des Unterhaltsbeitrages (§ 113), Beschwerde gegen den Kostenfestsetzungsbescheid der Geschäftsstelle der Disziplinarkammer an den Vorsitzenden der Disziplinarkammer und gegen dessen Entscheidung an den Vorsitzenden des Disziplinarhofes (§ 118).

Die Entscheidungen, gegen die Beschwerde gegeben ist, sind regelmäßig zuzustellen. Es scheint deshalb die Annahme begründet, daß auch gegen die zuzustellende Verfügung der einleitenden Dienststelle, durch die das Verfahren eingestellt wird, die Beschwerde gegeben sein muß (§ 54). Es ist möglich, daß der Beschuldigte ein Interesse an der Durchführung des Verfahrens hat. Das Gesetz kann aber mit der Vorschrift der Begründung und Zustellung keine andere Absicht verbinden als die, dem Beschuldigten das Rechtsmittel der Beschwerde zu ermöglichen. Nach dem Wortlaut des § 91 Abs. 1 ist allerdings kein Rechtsmittel gegen die Einstellungsverfügung gegeben.

Die Einlegungsfrist für die Beschwerde beträgt zwei Wochen. Das Merkmal der Beschwerde im Gegensatz zur Berufung besteht darin, daß die Stelle, deren Entscheidung angefochten wird, der Beschwerde abhelfen kann. Da die Beschwerde das Rechtsmittel gegen weniger schwerwiegende Entscheidungen ist, so soll hierdurch eine schnelle Abwicklung ermöglicht werden.

Abs. 4 trifft Vorschriften für etwa erforderlich werdende Ermittlungen und Abs. 5 legt fest, daß die Disziplinarkammer oder der Disziplinarhof über Beschwerden im Beschlußverfahren entscheiden, daß also eine Besetzung mit drei Richtern ausreichend ist. Die Entscheidungen über die Beschwerde sind in jedem Falle zu begründen und zuzustellen.

c) Berufung

§ 92

(1) Gegen das Urteil der Disziplinarkammer können der Beschuldigte und die einleitende Dienststelle bis zum Ablauf eines Monats nach Zustellung Berufung an den zuständigen Disziplinarhof einlegen. Der Vorsitzende der Disziplinarkammer kann die Berufungsfrist vor ihrem Ablauf durch eine Verfügung, die zuzustellen ist, angemessen verlängern, wenn besondere Umstände es rechtfertigen.

(2) Bei oder alsbald nach Einlegung der Berufung bestellt die einleitende Dienststelle für sich einen Vertreter, auf den die Bestimmungen des § 48 Abs. 2 und 3 Anwendung finden. Die Bestellung ist dem Beschuldigten mitzuteilen.

§ 92 bringt Bestimmungen über das wichtigste Rechtsmittel, das das Disziplinargesetz kennt, die Berufung gegen das Urteil der Disziplinarkammer. Sowohl der Beschuldigte wie die einleitende Dienststelle können es einlegen, und zwar bei der Disziplinarkammer. Durch die Einlegung der Berufung wird die Rechtskraft des Urteils gehemmt. Seine Nachprüfung in tatsächlicher und rechtlicher Hinsicht ist ermöglicht. Die Berufungsfrist ist gegenüber dem bisherigen Recht verlängert worden. Sie beträgt einen Monat. (Über die Berechnung der Frist vergl. § 38 und das dort Gesagte.) Der Tag der Zustellung wird auch hier für den Beginn der Frist nicht mitgerechnet. Die Fristen laufen für die Beteiligten des Verfahrens, den Vertreter der einleitenden Dienststelle und den Beschuldigten, besonders und beginnen für beide mit der Zustellung des Urteils, die nicht immer zur gleichen Zeit erfolgen kann. Unzulässig ist aber eine willkürliche Hinausschiebung des Fristbeginnes (Vgl. die Ausführungen zu § 37). Ob der Beschuldigte bei der Verkündung des Urteils zugegen war oder nicht, spielt keine Rolle. Wenn besondere Umstände es rechtfertigen, kann der Vorsitzende der Disziplinarkammer die Berufungsfrist, ehe sie abgelaufen ist, angemessen verlängern. Die Verlängerungsverfügung braucht nicht, wie im bisherigen Recht, mit dem Urteil zugestellt zu werden, muß aber vor Ablauf der Frist ergehen. Bei oder nach Ablauf der Frist ist sie nicht mehr zulässig. Die Verfügung, die die Verlängerung ausspricht, ist zuzustellen. Die Beurteilung der besonderen Umstände liegt allein bei dem Vorsitzenden der Disziplinarkammer. Eine zweite Verlängerung ist nicht statthaft.

Die Berufung muß schriftlich erfolgen. Die Schriftform ist auch gewahrt bei telegrafischer Einlegung, wenn das Telegramm die Unterschrift des zur Berufung Berechtigten trägt. Es ist Voraussetzung für die Berufung, daß der Beschuldigte wirklich beschwert ist. Maßgebend ist hierfür der Tenor des Urteils. Wenn z. B. ein Beschuldigter freigesprochen ist, so kann er nicht deswegen Berufung einlegen, weil er nur mangels Beweises und nicht wegen erwiesener Unschuld freigesprochen ist. Dagegen kann er Berufung einlegen, wenn z. B. das Verfahren eingestellt ist und anstelle dieses Urteils Freispruch hätte erfolgen können.

Die einleitende Dienststelle bestellt nach Einlegung der Berufung, von welcher Seite sie auch erfolgt ist, einen Vertreter, für den die in § 48 Abs. 2 u. 3 getroffenen Bestimmungen Anwendung finden. Es wird häufig der Vertreter sein, der schon in der ersten Instanz amtiert hat. Die Vorschriften des § 41 gelten für ihn nicht. Aber es kann auch ein anderer bestellt werden. Dies muß geschehen, wenn der Vertreter der ersten Instanz etwa in zweiter Instanz als Zeuge vernommen werden soll, was vorkommen kann. Bei Berufung durch den Vertreter der einleitenden Dienststelle kann die Dienststelle die Berufung auch gegen den Antrag oder Willen ihres Vertreters beschließen. Ihrem Verlangen muß der Vertreter entsprechen. Die eingelegte Berufung kann er nur im Einverständnis mit der Behörde zurücknehmen (Römer a.a.O. Seite 276). Eine sogen. Anschlußberufung gibt es im kirchlichen Disziplinarverfahren nicht.

§ 93

(1) Die Berufung kann durch ausdrückliche Erklärung auf das Strafmaß, insbesondere auch auf die Bemessung des Wartegeldes (§§ 5 Abs. 2, 8, 10 Abs. 3, 13) und die Frage der Belassung der mit der Ordination verliehenen Rechte (§§ 5, 12) sowie auf die Frage der Bewilligung eines Unterhaltsbeitrages (§ 85) beschränkt werden. Die Beschränkung hat die Wirkung, daß das Urteil nur insoweit der Nachprüfung durch den Disziplinarhof unterliegt.

(2) Die Kostenentscheidung allein kann nicht angefochten werden.

(3) Wird die Berufung nicht beschränkt, so gilt der ganze Inhalt des Urteils als angefochten.

Es braucht in der Berufung nicht immer das ganze Urteil angefochten zu werden. Jedoch sind es nur bestimmte Punkte, auf die die Berufung beschränkt werden kann: Das Strafmaß, die Frage der mit der Ordination verliehenen Rechte sowie die Bewilligung eines Unterhaltsbeitrages. Dies sind Punkte, die eine selbständige Bedeutung haben und deren Abänderung das Urteil im ganzen nicht berühren würde. Die Beschränkung muß ausdrücklich erklärt werden. Sie hat die Wirkung, daß sich die Nachprüfung dann nur auf diese Fragen beschränkt. Auf andere Punkte, z. B. Fragen der Beweiswürdigung, einzelne, dem Beschuldigten als Amtspflichtverletzung vorgeworfene, Tatbestände kann die Berufung nicht beschränkt werden. Werden sie durch die Berufung angefochten, so gilt das ganze Urteil als angefochten. Das Gleiche ist der Fall, wenn die Berufung nicht beschränkt wird. Der einzige selbständige Punkt, der nicht allein angefochten werden kann, ist die Kostenentscheidung.

§ 94

(1) Binnen zwei Wochen nach Ablauf der Berufungsfrist ist die Berufung zu begründen. Für die Begründung gilt § 92 Abs. 1 Satz 2 sinngemäß.

(2) In der Begründung soll angegeben werden, inwieweit das Urteil angefochten wird, welche Änderungen beantragt und wie diese Anträge begründet werden.

(3) Neue Tatsachen und Beweismittel, die nach Ablauf der Begründungsfrist vorgebracht werden, braucht der Disziplinarhof nicht zu berücksichtigen, wenn nach seiner Überzeugung die Verspätung auf einem Verschulden beruht.

Die Begründung der Berufung muß zwei Wochen nach Ablauf der Berufungsfrist erfolgen. Sie ist zwingend vorgeschrieben. Die Frist kann wie die Berufungsfrist, wenn besondere Umstände es rechtfertigen, vom Vorsitzenden der Disziplinarkammer vor ihrem Ablauf angemessen verlängert werden. Die Begründung ist schriftlich einzureichen. Insbesondere ist darzulegen, ob die Berufung gemäß § 93 auf einzelne Punkte beschränkt wird und weshalb dies geschieht. Die Beschränkung auf einzelne Anschuldigungspunkte ist, wie bei § 93 erwähnt, unzulässig, da das Dienstvergehen als ein einheitliches Ganzes betrachtet wird. Erfolgt sie, müssen trotzdem alle Anschuldigungspunkte nachgeprüft werden. Die Beschränkung kann bei Einlegung der Berufung, aber auch bei der Begründung erklärt werden. Die Anträge auf Änderung des Urteils sind eingehend zu begründen. Neue Tatsachen und Beweismittel müssen grundsätzlich innerhalb der Begründungsfrist beigebracht werden. Werden sie nachträglich dargelegt, so werden sie nur berücksichtigt, wenn die Verspätung nach Überzeugung des Gerichts nicht auf einem Verschulden beruht. Durch diese Vorschrift soll einer Verschleppung vorgebeugt werden. Neue Anschuldigungspunkte dürfen in der Berufungsinstanz nicht vorgebracht werden. Auch die zweite Instanz ist in dieser Hinsicht an die Anschuldigungsschrift gebunden.

§ 95

(1) Der Vorsitzende der Disziplinarkammer kann die Berufung als unzulässig verwerfen, wenn sie sich nur gegen die Kostenentscheidung richtet oder wenn sie verspätet eingelegt wird oder nicht rechtzeitig begründet worden ist. Die Entscheidung ist zuzustellen.

(2) Gegen die Entscheidung ist Beschwerde an den Disziplinarhof zulässig. Der Disziplinarhof kann die Entscheidung auch dann aufheben, wenn er die Entscheidung über die Zulässigkeit der Berufung dem Urteil vorbehalten will.

Die Verwerfung der Berufung richtet sich nach der Beachtung der §§ 93—94. Sind die dort gegebenen Vorschriften nicht erfüllt, so kann der Vorsitzende der Disziplinarkammer die Berufung als unzulässig verwerfen. Gegen die Entscheidung ist Beschwerde an den Disziplinarhof gegeben, nicht wie im bisherigen Recht an den Vorsitzenden des Disziplinarhofs. Der Disziplinarhof kann die Entscheidung über die Zulässigkeit der Berufung auch dem Urteil vorbehalten und in diesem Falle die Entscheidung aufheben.

§ 96

(1) Wird die Berufung nicht als unzulässig verworfen, so werden die Berufungsschrift die Berufungsbegründung der einleitenden Dienststelle oder, wenn diese Berufung eingelegt hat, dem Beschuldigten in beglaubigter Abschrift zugestellt.

(2) Die Berufung kann binnen zwei Wochen nach der Zustellung schriftlich beantwortet werden. Der Vorsitzende der Disziplinarkammer kann die Frist durch eine Verfügung, die gleichzeitig mit den Schriftstücken nach Absatz 1 zuzustellen ist, angemessen verlängern, wenn besondere Umstände es rechtfertigen.

Mit § 96 beginnen die Vorschriften, die maßgebend sind, wenn der Vorsitzende der Disziplinarkammer die Berufung nicht als unzulässig verwirft oder nicht darüber entscheiden will. Im letzteren Falle, der aus verschiedenen Gründen eintreten kann, wird der Vorsitzende die Formalitäten, die § 96 vorschreibt, erledigen, dann aber bei Übersendung der Akten an den Disziplinarhof seinen Standpunkt darlegen und angeben, weshalb er die Entscheidung dem Vorsitzenden des Disziplinarhofes oder dem Disziplinarhof selbst überlassen möchte. Es sind die üblichen Zustellungen der Berufungsschrift und der Berufungsbegründung vorgesehen, je nachdem, ob der eine oder andere der Partner Berufung eingelegt hat. Die Berufung kann binnen zwei Wochen beantwortet werden, ohne daß eine Pflicht dazu besteht. Die Verlängerung der Frist ist ebenso möglich wie die der Berufungsfrist in § 92. (Vgl. die dortigen Ausführungen.)

§ 97

(1) Nach Ablauf der Beantwortungsfrist werden die Akten dem Disziplinarhof übersandt.

(2) Liegen die Voraussetzungen des § 95 Absatz 1 vor, so kann der Vorsitzende des Disziplinarhofs oder der Disziplinarhof durch Beschluß die Berufung als unzulässig verwerfen. Die Entscheidung ist zu begründen und zuzustellen. Gegen die Entscheidung des Vorsitzenden findet Beschwerde an den Disziplinarhof statt. § 95 Absatz 2 findet Anwendung.

(3) Wenn eine der Voraussetzungen des § 54 Absatz 1 vorliegt, kann das Verfahren vor Beginn der Hauptverhandlung durch den Vorsitzenden des Disziplinarhofs oder durch Beschluß des Disziplinarhofs eingestellt werden. § 67 Absatz 2 findet sinngemäß Anwendung.

Nunmehr werden die Akten dem Disziplinarhof übersandt. Der Vorsitzende der Disziplinarkammer wird dabei anzugeben haben, ob er die Berufung für frist- und formgerecht hält oder weshalb dies seiner Ansicht nach nicht der Fall ist. (Vgl. § 96.) Der Vorsitzende des Disziplinarhofes hat auch seinerseits zu prüfen, ob frist- und formgerecht Berufung eingelegt ist, kann die Entscheidung darüber aber auch dem Disziplinarhof selbst vorbehalten. Diese mehrfach durchzuführenden Prüfungen der formellen Vorschriften sind deshalb wichtig, weil die Fristen zwingend sind. Es kann, zumal bei schwerwiegenden Disziplinarfällen, von großer Bedeutung sein, ob die Berufung scheitert, weil sie einen Tag zu spät eingegangen ist. Andererseits ist es nicht möglich, eine Fristüberschreitung, mag sie auch gering sein, zu übersehen, weil die Entscheidung in der Sache selbst von besonderer Wichtigkeit ist. Auch die Einstellung nach § 54 Abs. 1 ist vor Beginn der Verhandlung vor dem Disziplinarhofe durch den Vorsitzenden oder den Disziplinarhof möglich, weil die Voraussetzungen des § 54 Abs. 1 u. U. nach der Verhandlung vor der Disziplinarkammer eingetreten sein können.

§ 98

(1) Wird das Verfahren nicht eingestellt, so setzt der Vorsitzende des Disziplinarhofs Termin zur Verhandlung an.

(2) Für das weitere Verfahren gelten die Vorschriften für das Verfahren vor der Disziplinarkammer (§§ 68 bis 86) sinngemäß. Das angefochtene Urteil ist zu verlesen.

(3) Der Disziplinarhof kann die Berufung durch Urteil als unzulässig verwerfen oder in der Sache selbst entscheiden oder, wenn er schwerwiegende Mängel des Verfahrens festgestellt hat oder eine weitere Aufklärung für erforderlich hält, die Sache zur nochmaligen Verhandlung an die zuständige Disziplinarkammer zurückverweisen. Der Disziplinarhof kann, wenn er in der Sache selbst entscheidet und nicht die Berufung als unbe-

gründet zurückweist, das Urteil der Disziplinarkammer ändern oder aufheben.

§ 98 regelt das Verfahren vor dem Disziplinarhof. Es finden die Vorschriften der §§ 68—86 sinngemäß Anwendung, die das Verfahren vor der Disziplinarkammer zum Gegenstand haben. Auf die Ausführungen zu den dortigen Bestimmungen wird Bezug genommen. Hierbei ist zu beachten, daß § 67 nicht auf das Verfahren vor dem Disziplinarhofe Anwendung findet. Es kann also nicht mehr, wie in § 67 Abs. 1 Satz 2 vorgesehen, in dem dort angeführten Fall der Vorsitzende oder, wenn gegen seine Entscheidung der Disziplinarhof angerufen wird, dieser durch Beschluß das Verfahren einstellen. Da § 84 Anwendung findet, kann vielmehr nur durch Urteil eingestellt werden. (Vgl. die Ausführungen zu § 84.) Der Aufbau des Gesetzes ist hier durchaus logisch. Vor Beginn der Verhandlung kann durch Beschluß eingestellt werden, der, wenn die Anträge des Vertreters der einleitenden Dienststelle und des Beschuldigten schriftlich vorliegen, auch schriftlich erfolgen kann. Nach Ablauf der Verhandlung kann in diesem Falle nur noch durch Urteil eingestellt werden (§ 84). Dies trifft auf den Disziplinarhof gleichfalls zu, und zwar auch dann, wenn er in der Sache noch nicht verhandelt hat. Denn die Verhandlung erster Instanz ist vorhergegangen. Die Verhandlung kann sich, wenn die Anträge beider beteiligter Partner übereinstimmend gestellt werden, auf das Urteil über Einstellung des Verfahrens beschränken.

Die Verlesung des angefochtenen Urteils ist eine wesentliche Verfahrensvorschrift. Für das Verfahren selbst sind drei Möglichkeiten vorgesehen. Der Disziplinarhof kann, wenn es nicht schon vorher geschehen ist, die Berufung als unzulässig, d. h. als nicht frist- und formgerecht eingelegt oder nur gegen die Kostenentscheidung gerichtet, erklären und verwerfen. Sodann kann er in der Sache selbst entscheiden und endlich kann er, wenn er schwerwiegende Mängel des Verfahrens feststellt oder eine weitere Aufklärung für erforderlich hält, die Sache zur nochmaligen Verhandlung an die Disziplinarkammer zurückverweisen. Diese letzte Möglichkeit hat unausbleiblich eine Verlängerung des Verfahrens zur Folge und ist deshalb von manchen Seiten für bedenklich gehalten worden. Im Interesse der Erhaltung einer zweiten Instanz, z. B. bei neu vorgebrachten Tatsachen und Beweismitteln, ist die Vorschrift jedoch unentbehrlich. Für die Entscheidung in der Sache selbst gibt es wieder zwei Möglichkeiten. Der Disziplinarhof kann die Berufung durch Urteil als unbegründet zurückweisen, womit das Urteil der ersten Instanz bestätigt wird, oder er kann das Urteil der Disziplinarkammer aufheben oder abändern. Im zweiten Falle fällt er ein eigenes Urteil, das, wie oben erwähnt, auch auf Einstellung lauten kann.

7. Rechtskraft

§ 99

(1) Entscheidungen der Disziplinarkammern und der Vorsitzenden der Disziplinargerichte werden mit dem Ablauf der Rechtsmittelfrist rechtskräftig, wenn ein zulässiges Rechtsmittel nicht eingelegt ist. Wird auf Rechtsmittel verzichtet oder werden die eingelegten Rechtsmittel zurückgenommen, so tritt die Rechtskraft in dem Zeitpunkt ein, in dem die Erklärung des Verzichts oder der Zurücknahme dem Disziplinargericht zugeht.

(2) Entscheidungen des Disziplinarhofs werden mit der Verkündung rechtskräftig.

Bei Entscheidung der Disziplinarkammer und des Vorsitzenden der Disziplinarkammer tritt die Rechtskraft in drei Fällen ein:

1. mit dem Ablauf der Rechtsmittelfrist, wenn ein Rechtsmittel nicht eingelegt ist. (Für Berufung § 92, für Beschwerde § 91.) Ist die Berufung auf die Punkte beschränkt, bei denen eine Beschränkung zulässig ist (§ 93), so wird das Urteil seinem ganzen Umfange nach erst nach Erledigung der Teilberufung rechtskräftig. Die Rechtskraft eines Teiles des Urteils gibt es nicht. Wenn die Zustellung des Urteils an den Beschuldigten und den Vertreter der einleitenden Dienststelle an verschiedenen Tagen erfolgt ist, so tritt auch die Rechtskraft gegenüber beiden zu einem verschiedenen Zeitpunkt ein. Die Rechtskraft tritt nicht ein, wenn der Beschuldigte vor Ablauf der Rechtsmittelfrist stirbt oder aus seinem Verhältnis als Geistlicher oder Kirchenbeamter unter Verzicht auf alle Rechte ausscheidet. Im Falle seines Todes, auch bei Selbstmord, erhalten die Hinterbliebenen Versorgungsbezüge.
2. bei Verzicht auf Rechtsmittel. Hier tritt die Rechtskraft in dem Zeitpunkt ein, in dem die Verzichterklärung dem Disziplinargericht zugeht. Der Verzicht kann auch mündlich nach Verkündung des Urteils erklärt werden. (Vergl. die Ausführungen zu § 90.) Die Rechtskraft tritt hier jedoch nur gegenüber dem Verzichtenden ein.
3. bei Zurücknahme des Rechtsmittels. Die Rechtskraft tritt hier zu dem Zeitpunkt ein, in dem die Zurücknahmeerklärung dem Disziplinargericht zugeht, jedoch nur gegenüber dem, der die Zurücknahme erklärt.

Auch in den Fällen 2 und 3 ist Voraussetzung des Eintritts der Rechtskraft, daß der Beschuldigte noch Geistlicher oder Kirchenbeamter ist. Wenn z. B. ein Beschuldigter auf das Rechtsmittel verzichtet und gleichzeitig aus seinem Amt unter Verzicht auf alle Rechte ausscheidet, so tritt die Rechtskraft nicht ein. Das Verfahren muß vielmehr trotz des ergangenen Urteils eingestellt werden. Voraussetzung wäre hier aber, daß der Verzicht auf die mit der Ordination erworbenen Rechte angenommen worden ist.

Was den Disziplinarhof anbetrifft, so ist zu unterscheiden zwischen Entscheidungen des Vorsitzenden und denen des Gerichts. Bei Entscheidungen des Vorsitzenden gilt, wenn sie mit einem Rechtsmittel anfechtbar sind, das für die Disziplinarkammer Gesagte. (§ 97.) Die Entscheidungen des Disziplinarhofes werden mit der Verkündung rechtskräftig. Bei zeitlichem Auseinanderfall zwischen Verhandlungsschluß und Verkündung des Urteils gilt für die Folgen bei Tod und Ausscheiden aus dem Amt das oben Ausgeführte.

Die Bedeutung der Rechtskraft liegt darin, daß die Folgen des Urteils nunmehr eintreten. Bei Entfernung aus dem Dienst erfolgt mit Ablauf des Monats, in dem die Rechtskraft eintritt, der Verlust der Dienstbezüge. Ist ein Unterhaltsbeitrag bewilligt, so beginnt gleichzeitig seine Zahlung. (§ 85 Abs. 3) Tritt der Beschuldigte vor Eintritt der Rechtskraft in den Ruhestand, so sind, abgesehen vom Freispruch und geringen Ordnungsstrafen, einige Sonderheiten zu beachten. Das auf Gehaltskürzung lautende Urteil wirkt als Urteil auf Kürzung des Ruhegehalts, das auf Entfernung aus dem Dienst lautende Urteil als Urteil auf Aberkennung des Ruhegehalts. Bei Amtsenthebung darf binnen fünf Jahren nach Rechtskraft des Urteils das Ruhegehalt nicht höher sein als das u. U. herabgesetzte Wartegeld. Stirbt der Bestrafte, so findet nach Ablauf des Sterbemonats keine Herabsetzung statt (§ 13 Abs. 4).

Endlich besteht die Wirkung der Rechtskraft darin, daß der Strafanspruch verbraucht ist. Wegen des gleichen Tatbestandes kann kein neues Verfahren eingeleitet werden. Dies bezieht sich auf alle Anschuldigungspunkte, zu denen in den Gründen des Urteils sachlich Stellung genommen ist, mag es in entlastender oder in belastender Weise geschehen sein. Punkte der Anschuldigungsschrift, die das Urteil hat fallen lassen, nehmen an diesen Folgen der Rechtskraft nicht teil.

8. Vorläufige Dienstenthebung

§ 100

(1) Die einleitende Dienststelle kann einem Geistlichen vorläufig des Dienstes entheben, wenn ein förmliches Verfahren gegen ihn eingeleitet wird oder eingeleitet worden ist. Wenn in dem Verfahren voraussichtlich auf Entfernung aus dem Dienst erkannt werden wird, kann sie gleichzeitig oder später anordnen, daß ihm ein Teil seiner jeweiligen Dienstbezüge (§ 8), höchstens aber die Hälfte einbehalten wird.

(2) Bei Geistlichen im Warte- oder Ruhestand kann angeordnet werden, daß bis zu 1/3 des Wartegeldes oder Ruhegehaltes einbehalten wird. wenn voraussichtlich auf Entfernung aus dem Dienst oder bei Geistlichen im Ruhestand auf Aberkennung des Ruhegehaltes erkannt werden wird.

(3) Ist in einem noch nicht rechtskräftigen Urteil ein Unterhaltungsbeitrag bewilligt, so ist dem Beschuldigten mindestens ein dem Betrag des Unterhaltsbeitrages gleichkommender Teil seiner Bezüge zu belassen.

Die Maßnahme der vorläufigen Diestenthebung bestand schon im bisherigen Disziplinarrecht. Im Kirchengesetz vom 16. 7. 1886 (§ 39 ff.) trat sie in gewissen schweren Fällen kraft Gesetzes ein und war außerdem stark an staatliche Urteile gebunden. In der Disziplinarverordnung vom 13. 4. 1939 besteht sie nur als Kann-Vorschrift und ist in dieser Form in das Disziplinargesetz übernommen worden. Eine Pflicht der kirchlichen Dienststellen zur vorläufigen Dienstenthebung besteht nicht mehr. An staatliche Maßnahmen ist sie nicht gebunden. Neben dieser Erleichterung ist die vorläufige Dienstenthebung auch nicht kraft Gesetzes mit der schweren Folge der Gehaltseinbehaltung verknüpft. Die vorläufige Dienstenthebung ist in das Ermessen der einleitenden Behörde gestellt. Voraussetzung ist, daß gegen den Geistlichen oder Kirchenbeamten ein förmliches Disziplinarverfahren eingeleitet wird oder worden ist. Die Maßnahme kann also gleichzeitig mit der Einleitung, aber auch zu einem späteren Zeitpunkt erfolgen. Vorher ist sie nicht zulässig. Es kann aber schon im Ermittlungsverfahren die Beurlaubung nach § 15 stattfinden. Nach § 109 Abs. 3 sind beide Maßnahmen auch im Wiederaufnahmeverfahren möglich. Weitere gesetzliche Voraussetzungen für die vorläufige Dienstenthebung bestehen nicht. Insbesondere ist nicht nötig, daß das Urteil voraussichtlich auf Entfernung aus dem Dienst lauten wird. Der Grund hierfür ist, daß dem Ermessen der Behörde ein weiter Spielraum gelassen werden soll. Sie wird die besonders schwere Anordnung nur treffen, wenn es sich um eine Amtspflichtverletzung handelt, die den Beschuldigten zur Ausübung seines Amtes unwürdig erscheinen läßt oder, wenn die Gemeinde so erregt ist über ihren Geistlichen, daß ihm der Boden für seine Arbeit entzogen ist. Dies kann zuweilen der Fall sein, auch ohne daß den Pfarrer die volle Schuld trifft.

Die zweite Maßnahme, die nicht mit der vorläufigen Dienstenthebung gesetzlich verbunden ist, sie aber voraussetzt, steht ebenfalls im Ermessen der Behörde. Sie kann anordnen, daß dem Beschuldigten ein Teil seines Gehaltes, höchstens aber die Hälfte, einbehalten wird. Bei dieser besonders harten Anordnung, die die Familie des Beschuldigten mittrifft, ist aber neben der vorläufigen Dienstenthebung Voraussetzung, daß mit der Strafe der Dienstentlassung zu rechnen ist. Die Maßnahme wird, schon mit Rücksicht auf die Familie, selten getroffen und bedarf sorgfältiger Prüfung. Deswegen sind die Voraussetzungen der Einbehaltung schärfer als die der vorläufigen Dienstenthebung. Kinderzuschläge werden voll gezahlt.

Die Anordnung der vorläufigen Dienstenthebung verpflichtet den Beschuldigten jede Amtsausübung zu unterlassen. Tut er es nicht, so begeht er eine neue Amtspflichtverletzung. Die Maßnahme ist begrifflich bei Warte- oder Ruhestandsgeistlichen nicht möglich. Der Beschuldigte behält im übrigen alle Rechte und Pflichten eines Pfarrers und, solange nicht die Gehaltseinbehaltung verfügt ist, auch seine vollen Dienstbezüge. Über die sogen. Residenzpflicht ist in § 100 nichts bestimmt. Die allgemeine Meinung geht mit Recht dahin, daß sie wie in allen anderen Disziplinarfällen so auch hier fortbesteht. Doch muß gerade hier ein besonderes Wort dazu gesagt werden. Die Residenzpflicht ist aus dem staatlichen Disziplinarrecht übernommen, wo sie einen Sinn hat. Auch in kirchlichen Disziplinarverfahren leichteren Charakters ist sie u. U. begründet. In den schweren Fällen, von denen § 100 handelt, führt es jedoch regelmäßig zu Unzuträglichkeiten, wenn ein suspendierter Pfarrer u. U. Monate oder gar Jahre lang in seiner Gemeinde wohnt, während ein Vertreter das Pfarramt verwaltet. Dies ist der Fall, ob die Gemeinde auf Seiten des Pfarrers steht oder wegen seiner Verfehlungen gegen ihn eingenommen ist.

Es wäre richtiger, wenn einem Pfarrer, während er sein Amt nicht ausüben kann, grundsätzlich ein anderer Aufenthaltsort zugewiesen würde. Bei der gegenwärtigen Rechtslage hat die Kirchenbehörde jedoch keine Möglichkeit, einen Pfarrer gegen seinen Willen zum Verlassen seines Wohnsitzes zu nötigen. In nicht allzu schweren Fällen dürfte es sich empfehlen, von einer Suspension abzusehen und den Pfarrer mit der Verwaltung einer anderen Stelle zu betrauen oder in einer Anstalt der Inneren Mission zu beschäftigen. Die Frage ist wichtig genug, um eine Ergänzung des Disziplinargesetzes in dem Sinne zu rechtfertigen, daß die Einleitungsbehörde anordnen kann, der suspendierte Pfarrer müsse seinen Amtssitz unverzüglich verlassen und eine andere ihm zugewiesene Tätigkeit übernehmen oder sich zumindest anderswo aufhalten.

Abs. 3 findet nur dann Anwendung, wenn dem Beschuldigten im Verlaufe des Disziplinarverfahrens durch ein noch nicht rechtskräftiges Urteil ein Unterhaltsbeitrag bewilligt ist. In diesem Falle muß ihm ein dem Betrag des Unterhaltsbeitrages gleichkommender Teil seiner Dienstbezüge belassen werden. Die praktische Bedeutung dieser Vorschrift ist sehr gering.

§ 101

Die einleitende Dienststelle kann die Maßnahmen nach § 100 jederzeit wieder aufheben. Sie sind mit dem rechtskräftigen Abschluß des Verfahrens beendet. Ist in erster Instanz ein Freispruch erfolgt, so tritt die Maßnahme des § 100 mit Verkündung des Urteils außer Kraft.

Die Anordnung der vorläufigen Dienstenthebung wird wirksam mit der schriftlichen Bekanntgabe an den Beschuldigten, die in der Regel durch Zustellung erfolgt und in dieser Weise erfolgen muß, wenn die Anordnung mit der Einleitungsverfügung verbunden ist. Bei der schwerwiegenden Natur der Maßnahme würde es angebracht erscheinen, wenn dem Beschuldigten das Rechtsmittel der Beschwerde gegeben wäre. Nach dem Wortlaut des Gesetzes hat er jedoch dieses Rechtsmittel nicht. Es bleibt ihm lediglich die form- und fristlose Dienstaufsichtsbeschwerde.

Die Anordnung endet mit dem rechtskräftigen Abschluß des Disziplinarverfahrens.

Die Höhe der Einbehaltung wird durch die Einleitungsbehörde bestimmt und darf die Hälfte der Dienstbezüge nicht übersteigen. Auch eine Dienstaufwandsentschädigung erhält der Beschuldigte nur in einem durch die Anordnung festgesetzten Bruchteil. Eine Dienstunkostenentschädigung kann er, wenn er keinen Dienst tut, nicht mehr beanspruchen. Diese Bezüge würden seinem Stellvertreter zustehen, und zwar auch dann, wenn eine Anordnung der Einbehaltung von Dienstbezügen bei der vorläufigen Amtsenthebung nicht erfolgt ist. Die den Superintendenten zustehende Ephoralzulage hat den Charakter einer Dienstunkostenentschädigung und würde hiernach im Falle der vorläufigen Dienstenthebung nicht beansprucht werden können. Kinderzuschläge sind dagegen unverkürzt auszuzahlen. Auf die Gewährung von Dienstalterszulagen und das Aufrücken im Gehalt haben die Anordnungen keinen Einfluß. Ebenso braucht der Geistliche oder Kirchenbeamte seine Dienstwohnung nicht zu räumen. Der Beginn der Einbehaltung von Dienstbezügen ist auf den der Einbehaltungsanordnung folgenden Monatsersten festzusetzen. Die Einbehaltung endet mit dem rechtskräftigen Abschluß des Disziplinarverfahrens.

Da beide Maßnahmen, wie bei § 100 ausgeführt, in das Ermessen der Dienststelle gestellt sind, so können sie auch jederzeit wieder aufgehoben werden. Dies kann notwendig werden, wenn sich im Laufe der Untersuchung eine günstigere Beurteilung der Handlungsweise des Beschuldigten ergibt.

Beachtlich ist der letzte Satz des § 101. Nach ihm muß die vorläufige Dienstenthebung und eine angeordnete Einbehaltungen von Dienstbezügen außer Kraft treten, wenn in erster Instanz ein Freispruch des Beschuldigten erfolgt, und zwar auch dann, wenn das Urteil erster Instanz noch nicht rechtskräftig ist. Die Außerkraftsetzung tritt mit der Verkündung des Urteils kraft Gesetzes ein. Es ist dies der einzige Fall im Disziplinargesetz, in dem ein nichtrechtskräftiges Urteil erster Instanz eine so maßgebliche Wirkung ausübt.

§ 102

(1) Die nach § 100 einbehaltenen Beträge verfallen, wenn rechtskräftig auf Entfernung aus dem Dienst oder auf Aberkennung des Ruhegehalts erkannt wird oder wenn das Verfahren eingestellt wird, weil ein Umstand eingetreten ist, der den Wegfall aller Dienstbezüge ohnehin zur Folge hat. Das gilt nicht für den Fall, daß der Beschuldigte vor dem rechtskräftigen Abschluß des Verfahrens stirbt.

(2) Wenn die einbehaltenen Beträge nicht nach Abs. 1 verfallen, sind sie nachzuzahlen, sobald das Verfahren rechtskräftig abgeschlossen ist oder die einleitende Dienststelle es eingestellt hat. Die Kosten des Disziplinarverfahrens, die der Beschuldigte zu tragen hat, können davon abgezogen werden.

Die einbehaltenen Beträge verfallen:

1. wenn rechtskräftig auf Entfernung aus dem Dienst oder auf Aberkennung des Ruhegehalts erkannt wird,
2. wenn das Verfahren eingestellt wird, weil ein Umstand eintritt, der den Wegfall aller Dienstbezüge ohnehin zur Folge hat. Solche Umstände sind:
   a) bei Kirchenbeamten Ausscheiden aus dem Dienst unter Verzicht auf alle Rechte und Ansprüche,
   b) bei Geistlichen der Verzicht auf die mit der Ordination erworbenen Rechte, sobald er durch die oberste Dienststelle angenommen ist.

In allen anderen Fällen verfallen die einbehaltenen Beträge nicht. Insbesondere ist dies der Fall bei Freispruch, aber auch bei der Strafe der Amtsenthebung und bei leichteren Disziplinarstrafen. Beachtlich ist, daß die einbehaltenen Beträge nicht verfallen, wenn der Beschuldigte vor rechtskräftigem Abschluß des Disziplinarverfahrens stirbt, und zwar auch dann nicht, wenn er Selbstmord begangen hat. Es tritt hier wieder das Bestreben zutage, die Hinterbliebenen nicht mit den Folgen einer Amtspflichtverletzung des Verstorbenen zu belasten. Wenn die Beträge nicht verfallen, so sind sie nachzuzahlen. Die Nachzahlung erfolgt an den Beschuldigten und, wenn er tot ist, an seine Erben. Voraussetzung für die Nachzahlung ist der rechtskräftige Abschluß des Verfahrens oder die Einstellung des Verfahrens. Dies gilt auch dann, wenn die Einbehaltung bereits gemäß § 101 zu einem früheren Zeitpunkt aufgehoben worden ist. Eine Verzinsung der einbehaltenen Beträge findet nicht statt. Von den nachzuzahlenden Beträgen können die Kosten des Verfahrens, die der Beschuldigte zu tragen hat, abgezogen werden, ebenso eine etwaige Geldbuße, auf die erkannt wurde. Bei einem Urteil auf Amtsenthebung wären auch etwaige Vertretungskosten abziehbar. Die Entscheidung hierüber müßte jedoch die zuständige Behörde treffen. In den

Urteilstenor sind die u. U. vorzunehmenden Abzüge in keinem Falle aufzunehmen. Bei einer milderen Strafe als Amtsenthebung kann der Verurteilte mit Vertretungskosten nicht belastet werden.

Abschnitt VI

Wiederaufnahme des Verfahrens

1. Zulässigkeit des Verfahrens

§ 103

(1) Ein rechtskräftig abgeschlossenes förmliches Disziplinarverfahren kann auf Antrag wieder aufgenommen werden.

(2) Die Wiederaufnahme kann beantragt werden von der einleitenden Dienststelle, von dem Beschuldigten und seinem gesetzlichen Vertreter und nach seinem Tode von seinem Ehegatten, seinen Verwandten auf- und absteigender Linie und seinen Geschwistern. Wer erst nach dem Tode des Beschuldigten antragsberechtigt ist, kann den Antrag nur stellen wenn er sich gleichzeitig verpflichtet, die Kosten des Verfahrens zu tragen, soweit sie ihm auferlegt werden. Im übrigen hat der Antragsteller im Verfahren dieselben Befugnisse, die der Beschuldigte haben würde.

(3) Der Beschuldigte kann sich eines Verteidigers bedienen.

Die Wiederaufnahme eines Disziplinarverfahrens ist erst durch die Disziplinarordnung der DEK vom 13. 4. 1939 in das kirchliche Disziplinarrecht eingeführt worden. Dem alten Recht war sie nicht bekannt. Zweck des Wiederaufnahmeverfahrens ist es, objektiv unrichtige Urteile unter gesetzlich festgelegten Voraussetzungen nochmals nachzuprüfen und u. U. abzuändern. Keinesfalls darf das Wiederaufnahmeverfahren etwa als dritter Rechtsmittelzug angesehen werden. Es darf auch nicht unter dem Gesichtspunkt eines Gnadenerweises stattfinden. Die Wiederaufnahme ist sowohl zu Gunsten wie auch zu Ungunsten eines Beschuldigten zulässig. Sie ist an bestimmte Voraussetzungen gebunden, die nicht ausgedehnt werden können. Die Wiederaufnahme erfolgt niemals von Amtswegen, sondern nur auf Antrag. Voraussetzung für den Antrag ist, daß ein rechtskräftig abgeschlossenes, förmliches Disziplinarverfahren stattgefunden hat. Antragsberechtigt sind:

1. die Einleitungsbehörde oder, wenn sie, wie z. B. die Konsistorien in Königsberg, Breslau, Stettin, zur Zeit nicht besteht, die an ihre Stelle getretene und ihre Befugnisse wahrnehmende Behörde. Sie kann die Wiederaufnahme des Verfahrens sowohl zugunsten wie zuungunsten des Beschuldigten beantragen,
2. der Verurteilte und sein etwaiger gesetzlicher Vertreter. Nach dem Tode des Verurteilten sind antragsberechtigt

a) der Ehegatte,
b) die Verwandten auf- und absteigender Linie (Kinder, Enkel, Eltern und Großeltern),
c) die Geschwister (nicht Geschwisterkinder).

Die zu a) bis c) genannten Personen, die nach dem Tode des Verurteilten antragsberechtigt sind, können den Antrag nur stellen, wenn sie sich gleichzeitig verpflichten, die Kosten des Verfahrens zu tragen, soweit sie ihnen auferlegt werden.

Im Wiederaufnahmeverfahren kann sich der Beschuldigte von vornherein eines Verteidigers bedienen. Das Recht auf Einsicht in die Akten des Disziplinarverfahrens ist ihm alsbald einzuräumen, da gerade hier das Studium der Akten zur Begründung des Wiederaufnahmeantrags besonders notwendig erscheint.

§ 104

Der Wiederaufnahmeantrag muß auf einen gesetzlichen Grund gestützt sein. Ein solcher liegt nur vor, wenn

1. auf eine Strafe erkannt ist, die nach Art oder Höhe gesetzlich unzulässig war, und kein Rechtsmittel gegen das Urteil eingelegt werden konnte.

2. neue Tatsachen oder Beweismittel vorgebracht werden, die geeignet sind, eine andere Entscheidung zu begründen, und von denen der Antragsteller glaubhaft macht, daß er sie nicht schon im abgeschlossenen Verfahren rechtzeitig geltend machen konnte,

3. die Entscheidung auf dem Inhalt einer fälschlich angefertigten oder verfälschten Urkunde oder auf einem Zeugnis oder Gutachten beruht, das vorsätzlich oder fahrlässig falsch abgegeben worden ist,

4. ein gerichtliches Urteil, auf dessen tatsächlichen Feststellungen das kirchengerichtliche Urteil beruht, durch ein anderes rechtskräftiges Urteil aufgehoben worden ist,

5. der Beschuldigte nachträglich ein Dienstvergehen glaubhaft eingestanden hat, das in dem abgeschlossenen Verfahren nicht festgestellt werden konnte.

6. ein Mitglied des Disziplinargerichts sich in der Sache einer strafbaren Verletzung seiner Amtspflicht schuldig gemacht hat,

7. im Disziplinargericht ein Mitglied bei der Entscheidung mitgewirkt hat, das kraft Gesetzes ausgeschlossen war, sofern nicht die Gründe für den gesetzlichen Ausschuß schon erfolglos geltend gemacht worden waren.

Die W i e d e r a u f n a h m e des Verfahrens ist zulässig, wenn sie auf einen gesetzlichen Grund gestützt ist. Die einzelnen Wiederaufnahmegründe sind unter Ziff. 1 bis 7 erschöpfend aufgezählt. Eine erweiterte Auslegung ist nicht zulässig.

Die meisten der angeführten Punkte sind in der Praxis sehr selten.

Zu 1. Als gesetzlich unzulässige Strafe könnte z. B. eine Geldbuße in Betracht kommen, die den vorgeschriebenen Höchstbetrag überschreitet oder Gehaltskürzungen, die über das erlaubte Maß hinausgehen.

Zu 2. Dies ist der häufigste Wiederaufnahmegrund. Es werden neue Tatsachen oder Beweismittel vorgebracht, die geeignet sind, eine andere Entscheidung zu begründen und die im abgeschlossenen Verfahren noch nicht vorgebracht werden konnten. Neue rechtliche Gesichtspunkte, z. B. eine Gesetzesänderung oder eine geänderte Rechtsprechung fallen nicht darunter. Die Tatsachen müssen erheblich sein, d. h. es muß anzunehmen sein, daß sie, wenn sie bereits im ersten Verfahren bekannt gewesen wären, wahrscheinlich zu einem anderen Urteil geführt hätten. Das Gleiche gilt von den Beweismitteln. Die Tatsachen und Beweismittel müssen zudem dem früheren Gericht nicht bekannt gewesen sein. Der Antragsteller muß dabei nachweisen oder zumindest glaubhaft machen, daß er sie damals nicht gekannt hat oder sie nicht geltend machen konnte. An diese Voraussetzungen ist ein strenger Maßstab zu legen. Ein Grund kann z. B. sein, daß ein strafgerichtliches Verfahren in der gleichen Angelegenheit geschwebt hat, eine Aussetzung des Disziplinarverfahrens aber nicht stattfand und das Strafurteil von dem Disziplinarurteil erheblich abweicht und abweichende Feststellungen getroffen hat. (Römer a. a. O. Seite 297.)

Zu 3. Eine Wiederaufnahme des Verfahrens ist dann zulässig, wenn das Urteil auf dem Inhalt einer Urkunde beruht und sich nachträglich herausstellt, daß die Urkunde fälschlich angefertigt oder gefälscht war. Das Gleiche gilt von einem Zeugnis oder Gutachten, das vorsätzlich oder fahrlässig falsch abgegeben war. Es ist aber in beiden Fällen erforderlich, daß eine strafbare Handlung, Urkundenfälschung oder falsche Zeugenaussage, vorlag, die zu einer gerichtlichen Verurteilung oder zu einem ordentlichen Strafverfahren geführt hat oder, daß das Verfahren nicht durchgeführt werden konnte.

Zu 4. Der Hauptanwendungsfall von Ziffer 4 ist die Aufhebung eines gerichtlichen Strafurteils, auf dessen Feststellung das kirchengerichtliche Urteil beruht hat. Es kommen aber auch Urteile der Verwaltungsgerichte und u. U. der Dienststrafgerichte in Betracht.

Zu 5. Hier ist eine Wiederaufnahme des Verfahrens nur zuungunsten des Beschuldigten gerechtfertigt.

§ 105

Die Wiederaufnahme auf Grund von § 104 Nr. 3 und 6 ist nur zulässig, wenn die behauptete Handlung zu einer rechtskräftigen strafgerichtlichen Verurteilung geführt hat oder ein strafgerichtliches Verfahren aus anderen Gründen als wegen Mangels an Beweisen nicht eingeleitet oder durchgeführt werden kann.

§ 105 bringt eine Einschränkung der Wiederaufnahmebestimmungen des § 104 Nr. 3 und 6. Der Wiederaufnahmegrund ist nur gegeben, wenn die behauptete Handlung zu einer rechtskräftigen Verurteilung geführt hat oder ein strafgerichtliches Verfahren aus anderen Gründen als wegen Mangels an Beweisen nicht eingeleitet oder durchgeführt werden kann.

2. Verfahren

§ 106

Der Wiederaufnahmeantrag ist schriftlich an das Disziplinargericht zu richten, dessen Entscheidung angefochten wird. Er muß den gesetzlichen Grund der Wiederaufnahme und die Beweismittel bezeichnen.

§ 106 bringt eine Abweichung vom bisherigen Recht, nach dem der Antrag auf Wiederaufnahme an die Disziplinarkammer zu richten war, die in erster Instanz entschieden hat. (§ 80 Diszipl.Ordn. v. 13. 4. 39.) Die Disziplinarkammer hatte, wenn in zweiter Instanz eine Entscheidung des Disziplinarhofs vorlag, den Antrag mit einer Stellungnahme des Vorsitzenden der Disziplinarkammer an den Disziplinarhof weiterzuleiten. Nach dem Disziplinargesetz ist der Antrag stets an das Disziplinargericht zu richten, dessen Entscheidung angefochten wird. Dies kann auch der Disziplinarhof sein. Der Antrag muß den gesetzlichen Grund nach § 104 bezeichnen, ebenso die Beweismittel. Es ist also für das Verfahren Voraussetzung die Stellung eines Antrages, für den Schriftform vorgeschrieben ist, und die Bezeichnung des gesetzlichen Grundes der Wiederaufnahme sowie der Beweismittel. Der Antrag kann auch durch einen Bevollmächtigten, besonders den Verteidiger, gestellt werden. Seine spätere Ergänzung ist zulässig.

§ 107

Über die Zulassung des Antrages entscheidet das Disziplinargericht, dessen Entscheidung angefochten wird. Es kann dazu erforderlichenfalls Ermittlungen anstellen.

Das Verfahren spielt sich zunächst bei den Disziplinarinstanzen ab, ohne daß die einleitende Behörde damit befaßt würde. Aus § 108 Abs. 2 geht jedoch hervor, daß die einleitende Dienststelle einen Vertreter bestellen muß. Das Disziplinargericht, Disziplinarkammer oder Disziplinarhof, muß ihr also Mitteilung vom Eingange des Antrages auf Wiederaufnahme des Verfahrens machen, obwohl dies im Gesetz nicht ausdrücklich vorgeschrieben ist. Die Ermittlungen, die u. U. nötig sind, wird das Disziplinargericht durch eines seiner Mitglieder vornehmen lassen. Es kann auch die zuständige Behörde um Zurverfügungstellung eines Beamten bitten, der jedoch das Mitglied des Disziplinargerichts nur unterstützen darf. Der Verteidiger ist bei diesen Ermittlungen zugelassen.

§ 108

(1) Das Disziplinargericht verwirft den Antrag durch Beschluß, wenn es die gesetzlichen Voraussetzungen für die Zulassung des Antrages nicht für gegeben oder den Antrag für offensichtlich unbegründet hält.

(2) Der Beschluß ist dem Antragsteller und dem Vertreter der einleitenden Dienststelle zuzustellen.

(3) Gegen einen nach Absatz 1 ergehenden Beschluß der Disziplinarkammer ist die Beschwerde zulässig.

§ 108 behandelt die Verwerfung des Wiederaufnahmeantrages durch das Disziplinargericht, das in dem abgeschlossenen Verfahren endgültig entschieden hat. Das Disziplinargericht entscheidet hier durch Beschluß. Die Verwerfung des Antrages hat in folgenden Fällen zu erfolgen:

1. wenn die gesetzlichen Voraussetzungen für die Zulassung nicht gegeben sind. Dies ist der Fall:

a) wenn keiner der gesetzlichen Wiederaufnahmegründe des § 104 vorliegt,

b) wenn der Antrag nicht ordnungsmäßig schriftlich eingereicht ist,

c) wenn der Antrag von einer nicht antragsberechtigten Person gestellt worden ist (§ 103),

d) wenn in dem Antrag der gesetzliche Grund der Wiederaufnahme und die Beweismittel nicht angegeben sind.

2. wenn der Antrag offensichtlich unbegründet ist.

Dies ist insbesondere der Fall, wenn die vorgetragenen Tatsachen und Beweismittel nicht neu oder nicht erheblich sind.

Der den Wiederaufnahmeantrag verwerfende Beschluß ist zu begründen und dem Antragsteller zuzustellen, ebenso dem Vertreter der einleitenden Dienststelle. Hat die Disziplinarkammer den Beschluß nach Abs. 1 gefaßt, so ist dagegen Beschwerde an den Disziplinarhof gegeben, die innerhalb von zwei Wochen einzulegen ist. Der Disziplinarhof entscheidet endgültig, und zwar sowohl über die Beschwerde wie auch über die Verwerfung des Antrages, wenn er selbst den Beschluß nach Abs. 1 zu fassen hat.

§ 109

(1) Verwirft das Disziplinargericht den Antrag nicht, so beschließt es die Wiederaufnahme des Verfahrens. Dieser Beschluß berührt das angefochtene Urteil nicht.

(2) Für das weitere Verfahren ist die Disziplinarkammer zuständig, die in dem früheren Verfahren im ersten Rechtszug entschieden hat.

(3) Lautet das angefochtene Urteil nicht auf Amtsenthebung, auf Entfernung aus dem Dienst oder auf Aberkennung des Ruhegehaltes, so werden mit dem Wiederaufnahmeantrag die Maßnahmen nach § 15 und mit der Wiederaufnahmeverfügung die Maßnahmen nach § 100 zulässig.

Das Disziplinargericht beschließt die Wiederaufnahme des Verfahrens, wenn es den Antrag nicht verwirft. Da dieser Beschluß über den Ausgang des wiederaufgenommenen Verfahrens nichts besagt, so wird das angefochtene Urteil durch ihn nicht berührt.

Abs. 2 bringt gegenüber dem bisherigen Recht die Neuerung, daß das weitere Verfahren in jedem Falle vor der Disziplinarkammer stattfindet, die in dem früheren Verfahren im ersten Rechtszuge entschieden hat. Diese Vorschrift soll auch dem wiederaufgenommenen Verfahren die zweite Instanz erhalten.

Ist der Wiederaufnahmeantrag zuungunsten des Beschuldigten gestellt und ist eine härtere Strafe zu erwarten, so wird schon mit dem Wiederaufnahmeantrag die Beurlaubung nach § 15 und mit dem Beschluß auf Wiederaufnahme die vorläufige Dienstenthebung und u. U. die Einbehaltung von Dienstbezügen nach § 100 zulässig. Diese Maßnahmen kommen begrifflich nur in Betracht, wenn nicht im früheren Verfahren ein Urteil gefällt ist, das den Beschuldigten ohnehin aus seinem Amt entfernt oder ihm das Ruhegehalt abgesprochen hat. Anderenfalls werden sie nur getroffen werden können, wenn sich eine wesentlich ungünstigere Beurteilung des Beschuldigten und damit die Wahrscheinlichkeit eines schärferen Urteils ergeben hat.

Der Beschluß über die Wiederaufnahme muß, obwohl im Gesetz nicht erwähnt, der zuständigen Dienststelle und dem Beschuldigten zugestellt werden. Hat der Disziplinarhof über die Wiederaufnahme entschieden, so muß er die Akten an die Disziplinarkammer, die in dem früheren Verfahren entschieden hat, abgeben, da sie in jedem Falle zuständig ist. Dabei wird er die Gründe, die für den Wiederaufnahmebeschluß maßgebend waren, darzulegen haben.

§ 110

(1) Nach Abschluß der Ermittlungen bringt der Vorsitzende des Disziplinargerichts die Sache zur Verhandlung. Die Vorschriften für ein erstmalig anhängiges Verfahren gelten sinngemäß.

(2) Das Urteil kann die frühere Entscheidung aufrechterhalten oder sie aufheben und anders entscheiden.

(3) War in dem früheren Urteil auf Entfernung aus dem Amt, auf Entlassung aus dem Dienst oder auf Aberkennung des Ruhegehalts erkannt, so ist das wiederaufgenommene Verfahren nicht deshalb einzustellen, weil nach Verkündung des Urteils eine der Voraussetzungen des § 54 Absatz 1 b oder c eingetreten ist.

(4) Wenn es die einleitende Dienststelle beantragt, kann das Disziplinargericht ohne mündliche Verhandlung durch Beschluß unter Aufhebung der früheren Entscheidung auf Freispruch erkennen. Der Beschluß wird mit Zustellung rechtskräftig.

Die Ermittlungen, nach deren Abschluß der Termin zur Verhandlung vor der Disziplinarkammer angesetzt wird, sind Bestandteile des Wiederaufnahmeverfahrens. Da es sich in der Regel um Feststellungen in einem oder mehreren Punkten handelt, ist eine neue Untersuchung nicht vorgesehen. Es gilt vielmehr das zu § 107 Ausgeführte. Ob eine neue Anschuldigungsschrift oder ein Nachtrag zu der Anschuldigungsschrift des früheren Verfahrens anzufertigen ist, richtet sich nach den Umständen. Es wird nur dann nötig sein, wenn neue erhebliche Belastungen des Beschuldigten vorliegen, die näherer Darlegung bedürfen. Das eigentliche Verfahren vor der Disziplinarkammer läuft dann nach dem § 65 bis 86 ab. Die Entscheidungsmöglichkeiten ergeben sich aus Absatz 2. Das Urteil kann die frühere Entscheidung entweder aufrechterhalten oder sie aufheben und anders entscheiden. Im letzteren Falle sind wiederum drei verschiedene Entscheidungen möglich.

1. Das Urteil lautet unter Aufhebung des früheren freisprechenden Urteils auf Bestrafung.

2. Das Urteil lautet unter Aufhebung des früheren auf Bestrafung lautenden Urteils auf Freispruch.

3. Das Urteil lautet unter Aufhebung des früheren Urteils auf Einstellung. Einstellung des früheren Verfahrens hat besonders dann zu erfolgen, wenn die Einstellung schon in dem früheren Verfahren aus den Gründen des § 54 Abs. 1 a hätte erfolgen müssen. Aus den Gründen des § 54 Abs. 1 b und c hat die Einstellung im Wiederaufnahmeverfahren dann nicht zu erfolgen, wenn die Einstellungsgründe erst nach Verkündung des früheren Urteils eingetreten sind und wenn in dem früheren Urteil auf Entfernung aus dem Amt, auf Entfernung aus dem Dienst oder auf Aberkennung des Ruhegehalts erkannt worden ist. Hier muß in der Sache selbst entschieden werden. Der Grund ist der, daß das wiederaufgenommene Verfahren häufig die Ehre des Verurteilten wiederherstellen soll. Dies kann auch nach seinem Ausscheiden aus dem kirchlichen Dienst, ebenso auch nach seinem Tode wichtig sein.

Gegen das Urteil der Disziplinarkammer ist das Rechtsmittel der Berufung an den Disziplinarhof gegeben.

Auf Antrag der Einleitungsbehörde kann auch ohne mündliche Verhandlung durch Beschluß auf Freispruch erkannt werden. Eine andere Entscheidung als Freispruch ist ohne Hauptverhandlung nicht möglich.

Bei Aufrechterhaltung des früheren Urteils braucht nur über die Kosten des Wiederaufnahmeverfahrens entschieden zu werden. Bei Aufhebung des früheren Urteils muß gleichzeitig auch über die Kosten des früheren Verfahrens entschieden werden.

§ 111

(1) Wird im wiederaufgenommenen Verfahren ein Urteil aufgehoben, durch das auf Amtsenthebung, auf Entfernung aus dem Dienst oder auf Aberkennung des Ruhegehalts erkannt war, so wirken das neue Urteil oder der Beschluß nach § 110 Absatz 4 hinsichtlich der Bezüge und der rechtlichen Stellung des Beschuldigten so, wie wenn sie im Zeitpunkt des früheren Urteils an dessen Stelle ergangen wären.

(2) Bezüge, auf die der Beschuldigte oder seine Hinterbliebenen danach noch Anspruch haben, sind nachzuzahlen. Der in der Zwischenzeit bezogene Arbeitsverdienst sowie Zahlungen, die auf Grund des früheren Urteils oder der durch das Urteil geschaffenen Verhältnisse geleistet sind, werden angerechnet. Der Beschuldigte ist verpflichtet, über die von ihm inzwischen erhaltenen Bezüge Auskunft zu geben. Hätte der Beschuldigte nach dem neuen Urteil sein Amt nicht verloren, so erhält er nach Rechtskraft dieses Urteils, wenn die Stelle inzwischen anderweitig besetzt worden ist, die diesem Amt entsprechenden Bezüge. Er ist zur Dienstleistung und zur Übernahme eines neuen Amtes wie ein Geistlicher im Wartestand verpflichtet.

(3) Sind in der Zwischenzeit Umstände eingetreten, die unabhängig von dem früheren Urteil die Bezüge oder die rechtliche Stellung des Beschuldigten verändert hätten, so behalten sie ihren Einfluß.

(4) Wird nach dem Urteil im wiederaufgenommenen Verfahren gegen den Beschuldigten ein neues Verfahren mit dem Ziele der Entfernung aus dem Dienst oder der Aberkennung des Ruhegehaltes eingeleitet, das in der Zwischenzeit deshalb nicht eingeleitet werden konnte, weil das frühere Urteil das Dienstverhältnis beendet hatte, so können die nachzuzahlenden Bezüge einbehalten werden. Sie verfallen, wenn in dem neuen Verfahren auf Entlassung aus dem Dienst oder auf Aberkennung des Ruhegehaltes erkannt wird.

Die Entschädigungsbestimmung des § 111 geht dahin, das im Wiederaufnahmeverfahren ergangene Urteil auch bezüglich seiner finanziellen Auswirkungen an die Stelle des früheren Urteils treten zu lassen. Dies ist aber nur dann der Fall, wenn die Wiederaufnahme des Verfahrens zugunsten des Verurteilten durchgeführt worden ist. Eine Entschädigung des unschuldig Verurteilten findet nur statt, wenn das aufgehobene Urteil auf Amtsenthebung, Entfernung aus dem Dienst oder Aberkennung des Ruhegehalts gelautet hat. Es gilt dabei folgende Regelung:

1. Das neue Urteil wirkt hinsichtlich der Bezüge und der rechtlichen Stellung des Verurteilten so, wie wenn es im Zeitpunkt des früheren Urteils an dessen Stelle ergangen wäre. Der Verurteilte erhält also von der Rechtskraft des aufgehobenen Urteils oder von der auf Grund des § 100 erfolgten früheren Einbehaltung von Teilen seiner Dienst- oder

Ruhegehaltsbezüge ab die Dienst- oder Versorgungsbezüge, die er erhalten hätte, wenn das aufgehobene Urteil dem neuen Urteil entsprochen hätte. Der Zustand soll also so sein, als wenn das frühere Urteil überhaupt nicht ergangen wäre. Bezüge, auf die der Verurteilte oder seine Hinterbliebenen danach noch Anspruch haben, sind nachzuzahlen. Was auf Grund des früheren Urteils bereits gezahlt ist, wird angerechnet. Ebenso wird das inzwischen erzielte Arbeitseinkommen auf die nachzuzahlenden Bezüge angerechnet. Damit diese Maßnahme durchgeführt werden kann, ist der Beschuldigte verpflichtet, über die von ihm inzwischen erhaltenen Bezüge Auskunft zu geben. Die ruhegehaltsfähige Dienstzeit des Verurteilten wird so berechnet, als wenn er nicht ausgeschieden wäre. Wäre der Verurteilte nach dem neuen Urteil noch im Amt, so erhält er die entsprechenden Dienstbezüge. Im übrigen hat er die rechtliche Stellung eines Geistlichen oder Kirchenbeamten im Wartestand. Hätte er inzwischen die Altersgrenze erreicht, so erhält er bis zu diesem Zeitpunkt die vollen Dienstbezüge und von diesem Zeitpunkt ab die Ruhegehaltsbezüge. Von der Rechtskraft des neuen Urteils ab erhält er dann die rechtliche Stellung eines Ruhestandsgeistlichen oder -Beamten. Sind in der Zwischenzeit Umstände eingetreten, die unabhängig von dem früheren Urteil die Bezüge und die rechtliche Stellung des Verurteilten und seiner Angehörigen verändert hätten, wie z. B. der Tod des Verurteilten, so behalten sie ihren Einfluß. Beim Tode des Verurteilten vor oder während des Wiederaufnahmeverfahrens besteht der Nachzahlungsanspruch zugunsten der Hinterbliebenen bis zum Zeitpunkt des Todes, während für die Zeit nach dem Tode den versorgungsberechtigten Hinterbliebenen die gesetzmäßigen Versorgungsbezüge zustehen.

2. Einbehaltung und Verfallen der Nachzahlungsbeträge.

Die nachzuzahlenden Bezüge können einbehalten werden, wenn nach dem im Wiederaufnahmeverfahren ergangenen Urteil gegen den Beschuldigten ein neues Disziplinarverfahren eingeleitet wird mit dem Ziel der Entfernung aus dem Dienst oder der Aberkennung des Ruhegehalts, das in der Zwischenzeit nur deshalb nicht eingeleitet werden konnte, weil das frühere Urteil das Dienstverhältnis beendet hatte. Die einbehaltenen Bezüge verfallen, wenn in dem neuen Disziplinarverfahren auf Entfernung aus dem Dienst oder auf Aberkennung des Ruhegehalts erkannt wird.

§ 112

(1) Dem im wiederaufgenommenen Verfahren Freigesprochenen kann über die in § 111 Absatz 2 genannten Bezüge hinaus auf Antrag eine Entschädigung gewährt werden. Der Antrag ist innerhalb eines Monats nach rechtskräftigem Abschluß des Wiederaufnahmeverfahrens zu stellen.

(2) Über die Höhe der Entschädigung entscheidet die oberste Dienststelle der Kirche, die das Verfahren eingeleitet hat, nach billigem Ermessen.

§ 112 behandelt den Ersatz des weiteren Vermögensschadens, der einen unschuldig verurteilten, im Wiederaufnahmeverfahren freigesprochenen Geistlichen oder Kirchenbeamten entstanden ist. Ersetzt wird nur der dem unschuldig Verurteilten entstandene Vermögenschaden, z. B. Umzugskosten oder Kosten für die Schaffung einer neuen Erwerbsmöglichkeit usw. Anspruchsberechtigt sind der Verurteilte und die Personen, zu deren Unterhalt er gesetzlich verpflichtet ist. Voraussetzung des Schadensersatzanspruches ist Freispruch des Verurteilten im Wiederaufnahmeverfahren. Entschädigungspflichtig ist die Kirche, unter deren Dienstaufsicht der Verurteilte gestanden hat. Die Entschädigung erfolgt nur auf Antrag. Die Antragsfrist beträgt einen Monat nach dem rechtskräftigen Abschluß des Wiederaufnahmeverfahrens. Über den Antrag entscheidet die oberste Dienststelle der Kirche, die das Verfahren eingeleitet hat. Die Höhe der Entschädigung ist in ihr Ermessen gestellt.

Abschnitt VII

Entziehung des Unterhaltsbeitrages

§ 113

(1) Einen nach § 85 bewilligten Unterhaltsbeitrag kann die Disziplinarkammer auf Antrag der einleitenden Dienststelle durch Beschluß ganz oder teilweise entziehen, wenn sich der Bestrafte durch sein Verhalten der Bewilligung als unwürdig erwiesen oder wenn sich seine wirtschaftlichen Verhältnisse wesentlich gebessert haben.

(2) Der Vorsitzende der Disziplinarkammer oder ein von ihm bestimmter Beisitzer nimmt die nötigen Ermittlungen vor. Dem Bestraften ist Gelegenheit zur Äußerung zu geben.

(3) Der Beschluß ist dem Bestraften zuzustellen. Gegen den Beschluß ist Beschwerde an den Disziplinarhof zulässig, der endgültig durch Beschluß entscheidet.

Der einem Beschuldigten bei Entfernung aus dem Dienst oder bei Aberkennung des Ruhegehalts bewilligte Unterhaltsbeitrag kann wieder entzogen werden. Die Entziehung kann ganz oder teilweise erfolgen, während im bisherigen Recht nur die völlige Entziehung möglich war. Die Entziehung kann nur auf Beschluß der Disziplinarkammer erfolgen, die den Unterhaltsbeitrag bewilligt hat und ist an bestimmte Voraussetzungen gebunden. Es muß ein Antrag der einleitenden Dienststelle vorliegen. Ohne ihn kann die Disziplinarkammer nicht tätig werden. Der Antrag ist nur in zwei Fällen möglich: Der Bestrafte hat sich durch sein Verhalten der Bewilligung als unwürdig erwiesen oder seine wirtschaftlichen Verhältnisse haben sich wesentlich gebessert. Im ersten Falle muß das unwürdige Verhalten zeitlich nach dem Urteil liegen, in dem der Unterhaltsbeitrag bewilligt ist und in dem es hätte berücksichtigt werden können. Im zweiten Falle muß eine wesentliche Besserung der wirtschaftlichen Verhältnisse eingetreten sein. Beide Voraussetzungen erfordern eine sorgfältige Prüfung, die darauf gerichtet sein muß, durch Fortfall oder Herabsetzung des Unterhaltsbeitrages nicht schuldlose Angehörige zu treffen. Insbesondere wird dies der Fall sein müssen, wenn die Disziplinarkammer von der in § 85 Abs. 2 gegebenen Möglichkeit Gebrauch gemacht hat, den Unterhaltsbeitrag an Personen zu zahlen, zu deren Unterhalt der Beschuldigte gesetzlich verpflichtet ist. Erhält z. B. eine schuldlos geschiedene Ehefrau mit ihren Kindern den Unterhaltsbeitrag unmittelbar, so wird er ihr selbst bei unwürdigem Verhalten des geschiedenen Ehemannes, an dem sie nichts ändern kann, schwer entzogen werden können. Auch bei bestehender Ehe ist zu bedenken, daß für die Angehörigen die aus dem Unterhaltsbeitrag beim Tode des Bestraften sich ergebenden Folgen fortfallen. (Vergl. die Ausführungen zu § 85.) Im Falle der Besserung der wirtschaftlichen Verhältnisse muß geprüft werden, ob sie voraussichtlich von Dauer ist, oder ob es sich nur um eine vorübergehende Verdienstmöglichkeit handelt. Bei getrennt lebenden oder geschiedenen Ehegatten sind die Kosten für zwei Haushalte in Anschlag zu bringen und die etwaige Ausbildung der Kinder u. a. zu berücksichtigen. Bei den vorzunehmenden Ermittlungen wird eine Besprechung des Vorsitzenden oder eines Mitgliedes der Disziplinarkammer mit den Betroffenen empfehlenswert sein. Unterlagen über das Einkommen, u. U. beider Ehegatten, sind zu verlangen. Die Äußerung des Bestraften erfolgt, abgesehen von den Ermittlungen, am besten dadurch, daß er und seine Angehörigen, u. U. auch weitere Zeugen, zu dem Beschlußverfahren vor der Disziplinarkammer geladen werden. Bei der oft folgenschweren Entscheidung ist eine unmittelbare Beweiserhebung dringend zu empfehlen.

Die Möglichkeit der Mitwirkung eines Verteidigers in der Verhandlung ist zweifelhaft. Im Gesetz ist sie nur im förmlichen Disziplinarverfahren und im Wiederaufnahmeverfahren vorgesehen. Deshalb dürfte sie hier zu verneinen sein.

Über das zulässige Rechtsmittel der Beschwerde, die binnen zwei Wochen einzulegen ist, trifft Abs. 3 die nötigen Vorschriften. Ist der Unterhaltsbeitrag einmal aberkannt, so kann er nur im Gnadenwege als laufende Beihilfe durch die zuständige Behörde wiederbewilligt werden und hat dann eine andere Rechtsnatur.

Abschnitt VIII

Kosten

§ 114

(1) Die Kosten des Verfahrens können dem Beschuldigten ganz oder teilweise auferlegt werden, wenn er zu einer Dienststrafe verurteilt wird. Dasselbe gilt, wenn ein Verfahren gegen einen Geistlichen im Ruhestand deshalb eingestellt wird, weil die einleitende Dienststelle oder das Disziplinargericht zwar ein Dienstvergehen für erwiesen ansieht, aber die Kürzung oder Aberkennung des Ruhegehaltes nicht für gerechtfertigt hält.

(2) Die einleitende Dienststelle kann dem Beschuldigten die Kosten des förmlichen Verfahrens auch dann ganz oder teilweise auferlegen, wenn sie das Verfahren einstellt oder eine Disziplinarverfügung erläßt.

(3) Nicht zu den Kosten des Verfahrens gehören die Kosten für die Besetzung der Disziplinargerichte.

Jedes Disziplinarurteil muß eine Bestimmung über die Kosten des Verfahrens enthalten. Im Gegensatz zum bisherigen Recht gibt es keine Vorschrift mehr, nach der in bestimmten Fällen dem Beschuldigten die Kosten auferlegt werden müssen. Es steht vielmehr im Ermessen des Disziplinargerichtes, ob und inwieweit es dem Beschuldigten die Kosten auferlegt. Voraussetzung ist die Verurteilung zu einer Dienststrafe, auf deren Schwere es nicht ankommt. Im allgemeinen werden dem verurteilten Beschuldigten die Kosten des Verfahrens auferlegt, die sich in der Regel in mäßigen Grenzen halten. Es kann jedoch Fälle geben, in denen die Kosten hoch sind und der Beschuldigte nur geringe oder gar keine Mittel hat. (Wenn z. B. der Beschuldigte selbst oder Zeugen im Flugzeug zur Verhandlung erscheinen müssen oder ein Sachverständiger gehört wird, der hohe Gebühren fordert.) In solchen Fällen, in denen der Beschuldigte u. U. zur Entrichtung der Kosten nicht in der Lage ist, scheint es richtig, wenn die Behörde solche besonderen Ausgaben trägt, und das Disziplinargericht den Beschuldigten nur mit den sonstigen Kosten belastet.

Das Gesetz erwähnt sodann Einzelfälle, in denen dem Beschuldigten die Kosten ganz oder teilweise auferlegt werden können. Im Abs. 1 Satz 2 war im bisherigen Recht bindende Vorschrift, die Kosten dem Beschuldigten aufzuerlegen. Im Disziplinargesetz steht die Auferlegung auch hier im Ermessen des Gerichts oder der Einleitungsbehörde. Die Auferlegung der Kosten richtet sich in diesem Falle nach der Form der Einstellung des Verfahrens.

Stellt das Disziplinargericht das Verfahren durch Urteil ein, so muß auch das Urteil die Kostenentscheidung enthalten. Erfolgt die Einstellung durch Verfügung der einleitenden Behörde, wird die Kostenentscheidung in die Einstellungsverfügung aufgenommen.

In Absatz 2 handelt es sich um die formellen Einstellungsgründe des § 54. Hier muß die einleitende Dienststelle nach Lage des Falles entscheiden, ob sie dem Beschuldigten die Kosten ganz oder teilweise auferlegen will. Die Kostenentscheidung muß in der Einstellungsverfügung der Dienststelle zum Ausdruck kommen.

Stirbt der Beschuldigte vor Rechtskraft des Urteils und wird das Verfahren deshalb eingestellt, so fallen die Kosten der Kirche zur Last, deren leitende Behörde das Verfahren eingeleitet hat.

Auch, wenn die einleitende Dienststelle nach Einstellung des Verfahrens eine Disziplinarverfügung erläßt, kann sie die Kosten dem Beschuldigten ganz oder teilweise auferlegen.

Bei einem Urteil, das auf Freispruch lautet, trägt die Kirche, deren leitende Dienststelle das Verfahren eingeleitet hat, die Kosten. Dies ist im Urteil auszusprechen.

Die Kosten für die Besetzung der Disziplinargerichte gehören nicht zu den Kosten des Verfahrens. Darunter fallen besonders Reisekosten und Tagegelder der Disziplinarrichter.

§ 115

Im Falle des Freispruchs wegen erwiesener Unschuld ist im Urteil zu bestimmen, daß dem Beschuldigten die Verteidigungskosten in einer vom Gericht festzusetzenden Höhe erstattet werden.

Im Falle eines Freispruches wegen erwiesener Unschuld ist die Disziplinarkammer verpflichtet, festzusetzen, in welchem Umfange dem Beschuldigten die Kosten der Verteidigung zu erstatten sind. Das Urteil würde dann z. B. folgendermaßen lauten:

> Der Beschuldigte ist einer Amtspflichtverletzung nicht schuldig und wird freigesprochen.
>
> Die Kosten des Verfahrens werden auf kirchliche Mittel übernommen.
>
> Die Kosten der Verteidigung werden in Höhe von 300,— DM erstattet.

Daß der Freispruch wegen erwiesener Unschuld erfolgt, ist nur in den Gründen darzulegen.

§ 116

(1) Hat der Beschuldigte ein Rechtsmittel erfolglos eingelegt oder wieder zurückgenommen, so können ihm die durch die Einlegung des Rechtsmittels entstandenen Kosten auferlegt werden.

(2) Für die Kosten, die durch einen Wiederaufnahmeantrag entstehen, gilt Absatz 1 sinngemäß für den Beschuldigten oder denjenigen, der nach dessen Tode an seiner Stelle den Antrag gestellt hat.

§ 116 handelt von den Rechtsmittelkosten (Berufungs- und Beschwerdeinstanz) und von den Kosten des Wiederaufnahmeverfahrens. Auch hier ist die frühere Vorschrift, nach der der Beschuldigte bei Erfolglosigkeit des Rechtsmittels die Kosten tragen mußte, in eine Kann-Vorschrift umgewandelt. Der Unterschied zwischen einem erfolglosen Rechtsmitel und einem, das teilweise Erfolg hatte, ist fallengelassen. Die Auferlegung der Kosten liegt im Ermessen des Gerichts. Bei den Kosten, die durch einen Wiederaufnahmeantrag entstehen, gilt das Gleiche.

§ 117

(1) Kosten, die nicht dem Beschuldigten oder in einem wiederaufgenommenen Verfahren dem sonstigen Antragsteller auferlegt sind, trägt die Kirche, deren Dienststelle das Verfahren eingeleitet hat.

(2) Dieser Kirche können auch die notwendigen Auslagen des Beschuldigten oder im Wiederaufnahmeverfahren des sonstigen Antragstellers (§ 103 abs. 2) ganz oder teilweise auferlegt werden, wenn der Beschuldigte freigesprochen oder wenn das Verfahren eingestellt wird, ohne daß dem Beschuldigten Kosten auferlegt werden. Soweit dem Beschuldigten notwendige Auslagen infolge eines Rechtsmittels erwachsen sind, das die einleitende Dienststelle erfolglos eingelegt oder wieder zurückgenommen hat, müssen sie der Kirche auferlegt werden.

Kosten, die dem Beschuldigten nicht ausdrücklich auferlegt werden, trägt kraft Gesetzes die Kirche, deren leitende Behörde das Verfahren eingeleitet hat. Gleichwohl muß die Übernahme der Kosten durch die Kirche im Urteil festgestellt werden, weil jedes Urteil, das in der Hauptsache entscheidet, eine Bestimmung über die Kosten enthalten soll. (Vergl. auch § 101 der Bundesdisziplinarordnung vom 28. 11. 1952.) Auch im Interesse des Beschuldigten ist dies notwendig.

Wird der Beschuldigte freigesprochen oder das Verfahren eingestellt, ohne daß dem Beschuldigten Kosten zur Last fallen, so können der Kirche auch die notwendigen Auslagen des Beschuldigten oder im Wiederaufnahmeverfahren des sonstigen Antragstellers ganz oder teilweise auferlegt werden. Hier ist die Auferlegung in das Ermessen des Gerichts gestellt und bedarf einer besonderen Anordnung in dem Urteil, dem Beschluß oder dem Einstellungsbescheid.

Bindend vorgeschrieben ist die Übernahme der Kosten durch die Kirche, wenn dem Beschuldigten notwendige Auslagen infolge eines Rechtsmittels erwachsen sind, das die einleitende Dienststelle erfolglos eingelegt oder wieder zurückgenommen hat. Die Frage, ob zu diesen Auslagen auch die Kosten für einen Verteidiger gehören, ist im Gesetz nicht geklärt. Sie düfte zu bejahen sein. Notwendig erscheint aber, daß die Kostenentscheidung diese Auslagen ausdrücklich einbezieht.

§ 118

(1) Die Kosten, die der Beschuldigte oder im Wiederaufnahmeverfahren der sonstige Antragsteller zu tragen hat, und die Auslagen, die ihm zu erstatten sind, setzt die Geschäftsstelle der Disziplinarkammer fest. Sie erteilt darüber einen Kostenbescheid, der den Beteiligten zuzustellen ist.

(2) Gegen den Kostenbescheid ist Beschwerde an den Vorsitzenden der Disziplinarkammer und gegen dessen Entscheidung weitere Beschwerde an den Vorsitzenden des Disziplinarhofs zulässig. Dieser entscheidet endgültig. Die Beschwerdeentscheidung ist zuzustellen.

Die Kosten im Disziplinarverfahren oder im Wiederaufnahmeverfahren setzt die Geschäftsstelle der Disziplinarkammer fest. Die Kostenfestsetzung durch die Geschäftsstelle erfolgt für das ganze Disziplinarverfahren, also auch dann, wenn der Disziplinarhof endgültig entschieden hat. Endet das Verfahren in der ersten Instanz, so setzt die Geschäftsstelle nach Eintritt der Rechtskraft, also wenn die Rechtsmittelfrist ohne Einlegung eines Rechtsmittels verstrichen ist oder wenn der Beschuldigte und die einleitende Dienststelle auf Berufung verzichtet haben, die entstandenen Kosten fest und erteilt darüber einen Kostenbescheid, der den Beteiligten zuzustellen ist. Meist wird sie gleichzeitig eine Rechtskraftbescheinigung erteilen. Ist das Verfahren in der zweiten Instanz erledigt worden, so teilt der Disziplinarhof die in der zweiten Instanz entstandenen Kosten der Geschäftsstelle der Disziplinarkammer mit und diese erteilt dann den Kostenbescheid für beide Instanzen. Ein Kostenbescheid ergeht nur, wenn der Beschuldigte die Kosten zu tragen hat oder wenn ihm Auslagen erstattet werden, nicht, wenn die Kirche die Kosten übernimmt. Die Festsetzung der Kosten erfolgt von Amtswegen. Gegen den Kostenbescheid ist binnen zwei Wochen die Beschwerde an den Vorsitzenden der Disziplinarkammer zulässig und gegen seine Entscheidung die weitere Beschwerde an den Vorsitzenden des Dizsiplinarhofes, der endgültig entscheidet.

§ 119

(1) Die Kosten, die dem Beschuldigten auferlegt sind, können ihm von seinen Dienstbezügen, seinem Wartegeld oder seinem Ruhegehalt abgezogen werden.

(2) Die Kosten, die der Beschuldigte oder in einem Wiederaufgenommenen Verfahren ein sonstiger Antragsteller zu erstatten hat, fließen der Kirche zu, der sie erwachsen sind.

Der Abzug der dem Beschuldigten auferlegten Kosten von seinen Dienstbezügen, seinem Wartegeld oder seinem Ruhegehalt ist die einfachste Form der Beitreibung. Die Pfändungsgrenze ist dabei zu beachten. Die Angabe der Bezüge, von denen die Kosten abgezogen werden können, ist erschöpfend und darf nicht weiter ausgedehnt werden, insbesondere ist der Abzug von einem dem Beschuldigten gewährten Unterhaltsbeitrag nicht zulässig. Wenn auch der Unterhaltsbeitrag in manchen Punkten wie ein Ruhegehalt behandelt wird (vergl. die Ausführungen zu § 85), so soll er doch den Verurteilten und seine Angehörigen vor der äußersten Not schützen und hat insofern einen besonderen Charakter. Eine Ausdehnung der Abzugsbestimmungen auf ihn ist daher nicht möglich. Zweifelhaft erscheint die Abzugsmöglichkeit bei Demeritenbezügen. Da diese ein Ruhegehalt ersetzen, dürfte der Abzug hier als möglich anzusehen sein.

Auch, wenn ein Abzug der Kosten nicht möglich ist, dürfte gleichwohl eine Beitreibung im Verwaltungszwangsverfahren zu vermeiden sein. Wenn auch Art. 15 des Preuß. Gesetzes vom 8. 4. 1924 noch gültig ist, so geht die Tendenz des Disziplinargesetzes doch dahin, staatliche Machtmittel zur Durchsetzung disziplinarer Maßnahmen und ihrer Folgen nicht in Anspruch zu nehmen.

Abschnitt IX

Begnadigung

§ 120

(1) Der Rat der Evangelischen Kirche in Deutschland und die nach gliedkirchlichem Recht zuständigen Dienststellen der Gliedkirchen können Dienststrafen im Gnadenwege mildern oder erlassen.

(2) Der Rat der Evangelischen Kirche in Deutschland übt das Gnadenrecht aus, wenn in erster Instanz die Disziplinarkammer der Evangelischen Kirche in Deutschland entschieden hat, die nach gliedkirchlichem Recht zuständige Dienststelle, wenn in erster Instanz die Disziplinarkammer der Gliedkirche entschieden hat.

Das Gnadenrecht im Sinne des Disziplinargesetzes ist das Recht, Dienststrafen zu mildern oder zu erlassen. Es muß sich also um Strafen handeln, auf die bereits erkannt ist und die rechtskräftig geworden sind. Die Milderung kann in einer leichteren Strafart beruhen, bei Geldbußen oder Kürzung des Gehalts oder Ruhegehalts in der Herabsetzung der Höhe der Strafe. Bei Entfernung aus dem Dienst, die den Verlust der mit der Ordination erworbenen Rechte zur Folge hat, ist die häufigste Art der Begnadigung, daß diese Rechte wieder beigelegt werden und ein Ruhegehalt oder ein Teil davon wieder bewilligt wird. Wird die erkannte Strafe ganz aufgehoben, so werden damit die mit der Ordination erworbenen Rechte ohne weiteres wiedererlangt, nicht aber erwirbt der Bestrafte einen Rechtsanspruch auf Zuweisung einer Pfarrstelle.

In der Zuständigkeit für die gnadenweise Milderung oder den Erlaß von Dienststrafen sind nicht unwichtige Änderungen eingetreten. Da in der Disziplinarordnung vom 13. 4. 1939 in § 95 Abs. 2 der Leiter der deutschen evangelischen Kirchenkanzlei einer Begnadigung zuzustimmen hatte, so war nach der Verordnung über die Aufhebung und Abänderung von Gesetzen der DEK vom 2. 5. 1946 der Rat der EKiD zuständig, wenn der Disziplinarhof in zweiter Instanz entschieden hatte. In dem Disziplinargesetz richtet sich die Zuständigkeit ausschließlich nach der Entscheidung in erster Instanz. Der Rat der EKiD ist daher nur noch zuständig, wenn in erster Instanz die Disziplinarkammer der EKiD entschieden hat. Hat in erster Instanz die Disziplinarkammer einer Gliedkirche entschieden, so ist die nach gliedkirchlichem Recht oberste Dienststelle zuständig. Dies ist für das Gebiet der Evangelischen Kirche der Union nach § 15 der Verordnung über das Disziplinarrecht vom 14. 5. 1956 die Kirchenleitung. Für die sonstigen Gliedkirchen gilt Entsprechendes. Durch diese Regelung ist das Gnadenrecht den Stellen zugewiesen, die für den betreffenden Geistlichen oder Kirchenbeamten zuständig sind und die die Angelegenheit am besten beurteilen können.

Abschnitt X

Entziehung und Verlust der mit der Ordination erworbenen Rechte

§ 121

(1) Einem ordinierten Geistlichen, der einem in der Evangelischen Kirche in Deutschland geltenden Bekenntnis angehört, aber nicht Geistlicher im Sinne des § 1 ist, können die mit der Ordination erworbenen Rechte entzogen werden, wenn er die von ihm mit der Ordination übernommenen Pflichten verletzt hat.

(2) Für das Verfahren gilt diese Ordnung entsprechend mit der Maßgabe, daß die nach § 4 zuständige Dienststelle die Dienststelle der Kirche ist, der der Geistliche angehört oder in der er seinen Wohnsitz hat.

(3) Mit der Entziehung der mit der Ordination erworbenen Rechte treten die Rechtsfolgen des § 12 ein.

Auch das bisherige Recht kannte ein Verfahren zur Entziehung der mit der Ordination erworbenen Rechte oder, wie man es bisher nannte, zur Entziehung der Rechte des geistlichen Standes. In dem Kirchengesetz vom 16. 7. 1886 handeln die §§ 46 und 47 von diesem Verfahren, das sich in seinem Verlauf den für das Disziplinarverfahren gegebenen Vorschriften anschloß. Damals kam die Vorschrift hauptsächlich Ruhestandsgeistlichen gegenüber zur Anwendung. Schon in die Disziplinarverordnung vom 13. 4. 1939, in die die Bestimmung übernommen wurde, hatte sie nicht mehr die Bedeutung, wie im altpreußischen Recht, weil auch gegen Ruhestandspfarrer das förmliche Disziplinarverfahren durchgeführt werden konnte. In verändertem Wortlaut, doch im gleichen Sinne findet sie sich im Disziplinargesetz. Die Fälle, für die § 121 in Betracht kommt, sind nicht zahlreich, weil neben den aktiven Geistlichen auch Warte- und Ruhestandspfarrer und ordinierte Hilfsprediger unter § 1 fallen und das gliedkirchliche Recht noch Erweiterungen bringen kann. Gleichwohl ist § 121 von Bedeutung. Unter ihn fallen die Geistlichen, die im Staatsdienste stehen, sofern nicht, wie bei den Militärgeistlichen, Sonderbestimmungen getroffen sind, in gewissen Fällen auch Auslandsgeistliche und Geistliche der Äußeren Mission. Aber auch außerdem wird es oft Geistliche geben, die mit oder ohne Schuld zeitweise ohne Amt sind, ohne sich im Warte- oder Ruhestand zu befinden. Es handelt sich um Pfarrer, die ihr Amt aufgegeben und eine andere Stelle noch nicht gefunden haben, insbesondere aber auch um Geistliche, die nach Verlassen ihrer Stelle unter die verschiedenartigen gliedkirchlichen Verordnungen und Maßnahmen gefallen sind. (Vergl. die Angaben zu § 2.) Voraussetzung bei den Geistlichen ist, daß sie ordiniert sind und einem in der EKiD geltenden Bekenntnis angehören, also lutherisch, uniert oder reformiert sind. Ein Verfahren kann eingeleitet werden, wenn die Geistlichen die mit der Ordination erworbenen Pflichten verletzt haben. Da sie kein Amt in der Kirche innehaben, wird ihre Amtspflichtverletzung meist in ihrem persönlichen Verhalten gegeben sein.

Für das Verfahren gelten die Vorschriften des Disziplinargesetzes. Es kann also auf die in § 5 vorgesehenen Strafen erkannt werden, soweit dies begrifflich möglich ist. Die Strafen der Versetzung und der Amtsenthebung fallen fort, weil kein Amt vorhanden ist, aus dem der Beschuldigte versetzt oder von dem er enthoben werden könnte. Die Strafe der Entfernung aus dem Dienst wird ersetzt durch die Entziehung der mit der Ordination erworbenen Rechte. Strafen, die das Gehalt oder Ruhegehalt berühren, kommen ebenfalls nicht in Betracht, weil die Pfarrer weder von der EKiD noch von einer Gliedkirche Bezüge erhalten, wenn sie nicht zu den unter § 1 fallenden Geistlichen gehören. Es bleiben daher nur, wenn nicht auf Entziehung der Rechte erkannt wird, die Warnung und der Verweis.

Zuständig zur Einleitung des Verfahrens ist die Dienststelle der Kirche, der der Geistliche angehört oder in der er seinen Wohnsitz hat. Im ersten Falle wird es die Kirche sein, in der der Geistliche, der entweder später in eine staatliche Stelle übergegangen oder zeitweise ohne Amt ist, ordiniert wurde. Diese Kirche ist auch zuständig, wenn sich der Geistliche im Ausland befindet. Im zweiten Falle handelt es sich um Geistliche, die den Zusammenhalt mit ihrer Heimatkirche aufgegeben haben und sich, sei es in staatlicher Stellung, sei es ohne Amt, im Bereich einer anderen Gliedkirche niedergelassen haben. Wenn sie hier durch ihr Verhalten Anstoß erregen, so liegt es für die Kirche des Wohnsitzes näher, gegen sie vorzugehen als für die Kirche, aus der sie hervorgegangen sind.

Entziehung und Verlust der mit der Ordination erworbenen Rechte

Mit der Entziehung der mit der Ordination erworbenen Rechte treten die Folgen des § 12 ein, in dessen Absatz 2 die Rechte, die fortfallen, ausdrücklich genannt sind. Der Bestrafte darf sich auch nicht Pfarrer a. D. nennen.

Die Kirche handelt hier, da sie zu den Beschuldigten meist in keinem amtlichen Verhältnis steht, als Inhaberin der Ordinationsbefugnis.

§ 122

(1) Ein Verzicht auf die mit der Ordination erworbenen Rechte bedarf der Annahme durch die oberste Dienststelle. Der Verzicht kann nur angenommen werden, wenn die Gründe für den Verzicht schriftlich niedergelegt und von dem Geistlichen durch seine Unterschrift anerkannt sind.

(2) Mit der Annahme des Verzichts treten die Rechtsfolgen der §§ 11 und 12 ein.

Der Verzicht auf die mit der Ordination erworbenen Rechte ist eine in der Praxis häufige Form des Ausscheidens aus dem geistlichen Amt. Da der Verzicht, wenn auch nicht immer, so doch in den meisten Fällen, erfolgt, um ein Disziplinarverfahren zu vermeiden, so sind Vorschriften über ihn in das Disziplinargesetz aufgenommen worden. Auch wird der Verzicht zuweilen während eines schon schwebenden Verfahrens erklärt. Er bedarf der Annahme durch die zuständige Kirchenbehörde. Dies ist notwendig, damit die Dienststelle sich darüber schlüssig werden kann, ob im Interesse der Kirche und besonders der betroffenen Gemeinden die schnelle Erledigung eines Falles durch Verzichterklärung des Geistlichen oder ob die eingehende Klärung durch ein Disziplinarverfahren vorzuziehen ist. Die Kirchenbehörde hat kein Mittel, einen Pfarrer, der auf alle Rechte verzichtet, zu halten, wenn sie seinen Verzicht nicht annehmen will. Aber die Fälle sind selten, in denen der betreffende Geistliche, wenn nicht ganz schwere Geschehnisse vorliegen, sich für immer von seiner Kirche trennen will. In der Regel steht die Hoffnung auf spätere Wiederbeilegung der Rechte und Wiederaufnahme in den kirchlichen Dienst hinter dem Verzicht. Deshalb hat der Verzichtende meist ein Interesse daran, gesetzmäßig zu handeln. Der einleitenden Dienststelle bleibt überdies, wenn ein disziplinarer Tatbestand vorliegt, die Möglichkeit, das Verfahren in Abwesenheit des Beschuldigten durchzuführen, was jedoch stets eine unvollkommene Lösung darstellt.

Für die Form des Verzichts wird vorgeschrieben, daß er nur angenommen werden kann, wenn die Gründe schriftlich niedergelegt und von dem Geistlichen durch seine Unterschrift anerkannt werden. Was diese Bestimmung anbetrifft, so läßt sich manches für sie, aber auch vieles gegen sie sagen. Es ist richtig, daß die Gründe, die Anlaß zum Verzicht geben, in den Akten festgehalten werden. Denn es ist häufig vorgekommen, daß ein Geistlicher auf seine Rechte verzichtete, ohne die Gründe im einzelnen anzugeben. Nach einer Reihe von Jahren bat er dann um Wiederbeilegung der Rechte und Wiederanstellung im Kirchendienst. Wenn die Bearbeiter des Falles gewechselt hatten, so wußte dann in der Kirchenbehörde oft niemand mehr, was vorgelegen hatte und man war auf die Angaben des ausgeschiedenen Pfarrers selbst angewiesen. Auf der anderen Seite ist zu bedenken, daß ein Geistlicher den Verzicht gerade deshalb ausspricht, weil er einer ausführlichen Darlegung für ihn peinlicher Vorkommnisse entgehen will. Wird er nun hier dazu genötigt, so kann es geschehen, daß er den Ablauf eines Disziplinarverfahrens mit seinen Möglichkeiten der Verteidigung vorzieht und so die schnelle Erledigung, die oft in allseitigem Interesse liegt, unmöglich wird. Diese Folge der Bestimmung ist beachtlich. Sie hat dazu geführt, daß die Verordnung der EKU über das Disziplinarrecht vom 14. 5. 1956 in § 18 den zweiten Satz des § 122 Abs. 1 für ihren Bereich fortfallen läßt. Um der oben angedeuteten Gefahr im Falle der Wiederanstellung zu entgehen, empfiehlt es sich, daß der Sachbearbeiter einen kurzen Vermerk über den Stand der Sache macht, ohne daß von dem Geistlichen eine Unterschrift verlangt wird.

Bei Annahme wirkt der Verzicht ebenso wie ein Urteil, das auf Entfernung aus dem Dienst lautet. Die Rechtsfolgen der §§ 11 und 12 treten ein.

Teil B

Verfahren gegen Kirchenbeamte

§ 123

(1) Wenn ein Kirchenbeamter in oder außer dem Dienst schuldhaft Pflichten verletzt, die er durch sein Amtsgelöbnis übernommen hat, kann gegen ihn wegen Amtspflichtverletzung ein Disziplinarverfahren nach diesem Gesetz stattfinden.

(2) Die Bestimmungen des Teiles A dieses Gesetzes finden entsprechende Anwendung.

In Teil B des Disziplinargesetzes, der von dem Verfahren gegen Kirchenbeamte handelt, gelten die gleichen Bestimmungen wie in Teil A. An die Stelle der Ordination tritt beim Kirchenbeamten das Amtsgelöbnis. Eine einheitliche Rechtsgrundlage für die Kirchenbeamten der EKiD und ihrer Gliedkirche gibt es bisher nicht. Für die Beamten, deren unmittelbarer Dienstherr die EKD ist, ist neues Recht geschaffen in dem Kirchengesetz der EKD über die Rechtsverhältnisse der Kirchenbeamten (Kirchenbeamtengesetz) vom 18. März 1954 (Amtsbl. d. EKD 1954 Nr. 80). Eine Ausdehnung dieses Gesetzes auf die Gliedkirchen ist nicht durchgeführt worden. Die Pflichten eines Kirchenbeamten der EKD sind in diesem Kirchenbeamtengesetz geregelt. Ihre Übertretung oder Vernachlässigung bedeutet ein Dienstvergehen, dessen Bestrafung, wie es in § 43 heißt, durch das Disziplinarrecht geregelt wird. In der Evangelischen Kirche der Union ist neues Recht für die Kirchenbeamten bisher nicht geschaffen worden. Nach der Verordnung über die Aufhebung und Abänderung von Gesetzen der DEK vom 2. Mai 1946 (VO u. Nachr.Bl. d. EKD 1946 Heft 38/39 Ziff. 8) gilt bis zu einer Neuordnung des Kirchlichen Beamtenrechts die Kirchenbeamtenordnung der DEK vom 13. 4. 1939 (Gesetzbl. d. DEK Seite 43) weiter unter Streichung der nationalsozialistischen Bestandteile. Insbesondere sind bei sinngemäßer Anwendung des deutschen Beamtengesetzes gemäß § 2 die Vorschriften ausgeschlossen, die das Vorhandensein einer NS-Staatsführung voraussetzen. Nachdem inzwischen ein Bundesbeamtengesetz vom 14. 7. 1953 erlassen ist, besteht der eigenartige Zustand, daß für kirchliche Beamte noch auf ein Gesetz Bezug genommen wird, das im staatlichen Bereich keine Gültigkeit mehr hat. Über Dienstvergehen sagt § 5 der Kirchenbeamtenordnung: „Was ein Dienstvergehen ist und wie Dienstvergehen bestraft werden, bestimmt eine Disziplinarordnung gemeinsam für Geistliche und Kirchenbeamte.“ Wie bei den Geistlichen gibt es auch bei den Kirchenbeamten keine Zusammenfassung der Amtspflichtverletzungen, die auch nicht möglich wäre. Aus den allgemein anerkannten Pflichten des Beamten und den besonderen Bindungen durch das kirchliche Amt ergeben sich die Pflichten des Kirchenbeamten. Der Diensteid, der in Abänderung des § 3 der Kirchenbeamtenordnung in der obengenannten Verordnung vom 2. 5. 1946 neu gefaßt ist, lautet: „Ich schwöre bei Gott dem Allmächtigen und Allwissenden, daß ich die mir obliegenden Pflichten treu und gewissenhaft erfüllen und mich in und außer dem Amte so verhalten werde, wie es einem Beamten der evangelischen Kirche gebührt, so wahr mir Gott helfe!“

Die Anwendung der Vorschriften des Teiles A auf Kirchenbeamte erfolgt, soweit es begrifflich möglich ist. Es ist nicht möglich, wenn die Bestimmungen ihrem Inhalt nach nur auf Geistliche anwendbar sind. Was die Folgen der beiden schwersten Disziplinarstrafen, der Amtsenthebung und der Entfernung aus dem Dienst anbetrifft, so sind die §§ 10 und 11 auch auf Kirchenbeamte anzuwenden. Anders steht es mit § 12, der nur von den Folgen der Entfernung aus dem Dienst für Geistliche spricht. Wie erwähnt, ist das Amtsgelöbnis für den Kirchenbeamten maßgeblich. Die Nichtbeachtung der von ihm übernommenen Pflichten ist eine Amtspflichtverletzung. Ist sie so schwer, daß der Beamte mit Entfernung aus dem Dienst bestraft werden muß, so verliert er die Anstellungsfähigkeit. Seine Wiederanstellung ist erst möglich, wenn ein Straferlaß oder eine Milderung der Strafe gemäß § 120 stattgefunden hat. Eine Beschäftigung im Angestelltenverhältnis ist möglich und könnte nur dann auf Bedenken stoßen, wenn die neue Tätigkeit den gleichen Pflichtenkreis umfaßt, wie das Amt, aus dem der Bestrafte entlassen ist und für das er die Zuerkennung der Anstellungsfähigkeit erhalten hat.

§ 124

Kirchenbeamter ist, wer zur Evangelischen Kirche in Deutschland, zu einer Gliedkirche, zu einer Kirchengemeinde oder zu einem kirchlichen Gemeinde- oder Synodalverband in einem Dienstverhältnis steht, das als Kirchenbeamtenverhältnis begründet worden ist.

§ 124 bestimmt den Begriff des Kirchenbeamten. Es fallen darunter alle in einem Dienstverhältnis Stehenden, das als Kirchenbeamtenverhältnis begründet ist. Dazu gehören die Mitglieder und Beamten einer leitenden Kirchenbehörde ebenso wie die Beamten der Gemeinden und der Synodalverbände. Auf die Vorbildung kommt es dabei nicht an, sondern lediglich auf die Art der Anstellung, d. h. die Ernennung und Aushändigung einer Anstellungsurkunde. Auch Theologen, die als Beamte angestellt sind, gehören hierher, ebenso Musiker in amtlichen Stellungen. Beamtenanwärter, die durch Ernennungsurkunde ernannt sind sowie Beamte auf Widerruf sind Beamte im Sinne des § 124.

§ 125

Ist der Beschuldigte ein Kirchenbeamter, so tritt bei den Disziplinargerichten an die Stelle eines geistlichen Beisitzers ein Kirchenbeamter aus der Laufbahn des Beschuldigten.

Als Laufbahn im Sinne des § 125 gilt der höhere, der gehobene, der mittlere und der einfache Dienst. Für die Besetzung der Disziplinargerichte sind Beisitzer und ihre Vertreter aus den vier Dienstzweigen vorzusehen. Es ist zweckmäßig, dabei besondere Vertreter für Kirchengemeindebeamte und für beamtete Kirchenmusiker zu bestellen.

§ 126

Es bleibt dem gliedkirchlichen Recht überlassen, dieses Gesetz auf Träger anderer kirchlicher Dienste auszudehnen.

Dies ist im gliedkirchlichen Recht geschehen. (Vergl. die Verordnung der EKU vom 14. 5. 1956.)

Eine weitere Ausdehnung, insbesondere auf die Dienste der Mitarbeiter am Wort in den Gemeinden, wäre wünschenswert, schon damit nicht etwaige Streitigkeiten dieser Mitarbeiter mit ihren Gemeinden, die sich aus dem Verhalten des Mitarbeiters ergeben haben, in letzter Instanz vom Arbeitsgericht entschieden werden müssen.

§ 127

Dehnt eine Gliedkirche die Anwendung dieses Gesetzes auf Träger anderer kirchlicher Dienste als die der Pfarrer und Kirchenbeamten aus, so kann sie bestimmen, daß ein geistlicher Beisitzer durch einen Beisitzer des betreffenden Dienstes ersetzt wird.

Vergl. die Ausführungen zur Verordnung der EKU vom 14. 5. 1956.

§ 128

Bei Bestimmung der Reihenfolge der Stellvertreter (§ 61 Abs. 4) ist zu regeln, welcher geistliche Beisitzer im Falle der §§ 125 und 127 durch einen Kirchenbeamten oder durch einen anderen Beisitzer ersetzt wird.

§ 129

Es bleibt dem gliedkirchlichen Recht vorbehalten, Bestimmungen darüber zu treffen, welche Disziplinarkammer für die höheren Beamten der Gliedkirchen zuständig ist.

Teil C

Übergangs- und Schlußbestimmungen

§ 130

Bestehen in einer Gliedkirche keine Vorschriften über Pfarrer im Wartestand, so sind in Anwendung dieses Gesetzes die Bestimmungen des Kirchenbeamtengesetzes der Evangelischen Kirche in Deutschland vom 18. März 1954 über den Wartestand sinngemäß anzuwenden.

Es handelt sich hier um die §§ 47 bis 54 des angeführten Gesetzes. Sie lauten:

§ 47

(1) Der Kirchenbeamte auf Zeit oder auf Lebenszeit kann in den Wartestand versetzt werden, wenn infolge kirchengesetzlicher Maßnahmen oder infolge von Beschlüssen, die der Rat auf Grund von Artikel 31 der Grundordnung gefaßt hat, durch Auflösung, Zusammenlegung oder wesentliche Veränderungen im Aufbau der Amtsstellen für eine weitere Amtsführung keine Möglichkeit mehr gegeben ist und sich auch eine Versetzung oder Überführung gemäß § 44 als nicht durchführbar erweist.

(2) Die Versetzung in den Wartestand ist nur innerhalb von drei Monaten nach dem Inkrafttreten der kirchengesetzlichen Maßnahmen oder der Beschlüsse des Rates und nur innerhalb der Zahl der im Haushaltsplan aus diesem Anlaß abgesetzten Planstellen zulässig.

(3) Auch ohne daß die Voraussetzungen des Absatzes 1 vorliegen, können die Leiter der Amtsstellen und ihre ständigen Vertreter in den Wartestand versetzt werden oder ihre Versetzung in den Wartestand verlangen, wenn zwischen ihnen und dem Rat sachliche Meinungsverschiedenheiten grundlegender Art bestehen.

(4) Für die Zuständigkeit zur Versetzung in den Wartestand gilt § 7 entsprechend.

§ 48

Das Dienstverhältnis des Kirchenbeamten wird durch die Versetzung in den Wartestand nicht beendet. Der Kirchenbeamte verliert jedoch mit dem Beginn des Wartestandes seine Planstelle und, soweit nichts anderes bestimmt wird, die Nebenämter und Nebenbeschäftigungen, die ihm im Zusammenhang mit seinem Hauptamt übertragen sind.

§ 49

(1) Über die Versetzung in den Wartestand ist eine Urkunde auszustellen.

(2) Dienstvorgesetzter für den Wartestandsbeamten ist der Leiter seiner letzten Amtsstelle.

§ 50

(1) Der Wartestand beginnt, wenn nicht in der Urkunde anderes bestimmt wird, mit dem Ende des Monats, in dem dem Kirchenbeamten die Versetzung in den Wartestand mitgeteilt wird. Die Verfügung kann bis zum Beginn des Wartestandes zurückgenommen werden.

(2) Der Beamte erhält für den Monat, in dem ihm die Versetzung in den Wartestand eröffnet worden ist, und für die folgenden drei Monate noch die Dienstbezüge der von ihm wahrgenommenen Amtsstelle, die zur Bestreitung von Dienstaufwandskosten bestimmten Einkünfte jedoch nur bis zum Beginn des Wartestandes. Vom Beginn des Wartestandes an rückt er in Dienstaltersstufen nur während einer Beschäftigung nach § 52 auf.

(3) Nach Ablauf der Zeit, für die noch die Dienstbezüge gewährt werden, erhält der Beamte während des Wartestandes Wartegeld nach den Bestimmungen des kirchlichen Versorgungsrechts.

§ 51

Der Kirchenbeamte im Wartestand ist verpflichtet, dienstliche Aufgaben, die seiner Vorbildung entsprechen, zu übernehmen. Es kann auch nach §§ 44, 45 verfahren werden. Auf die persönlichen Verhältnisse des Beamten ist Rücksicht zu nehmen.

§ 52

Wird der Kirchenbeamte im Wartestand vorübergehend zu einer seiner Vorbildung entsprechenden Dienstleistung voll verwendet, so erhält er das Grundgehalt, nach dem das Wartegeld festgesetzt ist, einschließlich der während der Verwendung erdienten Dienstalterszulagen. Ist er nicht voll verwendet, so entscheidet über eine Vergütung die Dienstbehörde.

§ 53

Der Kirchenbeamte im Wartestand kann durch seinen Dienstherrn jederzeit wieder zum Dienst berufen werden. Er ist im Falle des § 47 Absatz 1 verpflichtet, dieser Berufung zu folgen, wenn sein allgemeiner Rechtsstand nicht verschlechtert wird und ihm in seiner neuen Stelle die Besoldung mindestens nach der Besoldungsgruppe gewährleistet wird, aus der sich das Wartegeld errechnet. Der allgemeine Rechtsstand des Pfarrers steht im Sinn dieser Bestimmung dem des Kirchenbeamten gleich.

Übergangs- und Schlußbestimmungen

§ 54

Der Wartestand endet

1. mit dem Zeitpunkt, zu dem der Kirchenbeamte wieder zum Dienst berufen wird,
2. mit der Versetzung in den Ruhestand,
3. mit der Beendigung des Kirchenbeamtenverhältnisses.

§ 131

(1) Änderungen dieses Gesetzes bedürfen, soweit eine beteiligte Gliedkirche davon berührt wird, ihrer Zustimmung.

(2) Eine Gliedkirche kann nach Fühlungnahme mit der Evangelischen Kirche in Deutschland durch gliedkirchliches Recht die Geltung des vorstehenden Gesetzes für ihren Bereich aufheben.

Die Bestimmung des § 131 soll wieder wie eingangs in der Präambel die Voranstellung des Artikels 13 vor den Artikel 10 b die Initiative der Gliedkirchen betonen. Deshalb darf keine Änderung des Gesetzes vorgenommen werden, die eine beteiligte Gliedkirche berührt, ohne daß diese Gliedkirche zugestimmt hat.

Weiter geht Abs. 2, der einer beteiligten Gliedkirche, in deren Bereich das Gesetz auf Grund ihrer Zustimmung in Kraft getreten ist, die Möglichkeit gibt, die weitere Geltung in ihrem Gebiet wieder aufzuheben. Diese Aufhebung geschieht durch gliedkirchliches Gesetz, wobei zur Wahrung der gesamtkirchlichen Gesichtspunkte lediglich Fühlungnahme mit der EKD, d. h. mit dem Rat als zuständigem Organ, vorgeschrieben ist. (Vergl. Bericht über die Tagung der zweiten Synode der EKiD in Espelkamp Seite 326.) Es dürfte zu erwarten sein, daß eine solche Aufhebung nur aus besonders schwerwiegenden Gründen erfolgt.

§ 132

(1) Dieses Gesetz tritt für die Amtsstellen der Evangelischen Kirche in Deutschland mit seiner Verkündung, für die beteiligten Gliedkirchen nach ihrem Recht in Kraft. Damit werden alle bisherigen Vorschriften, soweit sie diesem Gesetz widersprechen, hinfällig.

(2) Der Rat der Evangelischen Kirche in Deutschland und, soweit das Disziplinargesetz das gliedkirchliche Recht als maßgebend bezeichnet oder nicht berührt, die Leitungen der Gliedkirchen erlassen die nötigen Überleitungs- und Durchführungsvorschriften.

Abteilung II

Gesetzestexte

1. Disziplinargesetz der Evangelischen Kirche in Deutschland

vom 11. März 1955 und die Durchführungsverordnungen

2. Verordnung der Evangelischen Kirche der Union über das Disziplinarrecht

vom 14. Mai 1956 (mit Erläuterung)

3. Überleitungsgesetze der Gliedkirchen

Disziplinargesetz der Evangelischen Kirche in Deutschland

Vom 11. März 1955

Auf Grund der Artikel 13 und 10 b der Grundordnung hat die Synode der Evangelischen Kirche in Deutschland für die nach Maßgabe dieser Artikel beteiligten Gliedkirchen das folgende Kirchengesetz beschlossen, das hierdurch verkündet wird.

Das Gesetz beruht auf folgenden Grundgedanken:

Eine Ordnung der kirchlichen Amtsdisziplin ist nötig, um die Gemeinden vor Ärgernis und Unfrieden zu bewahren, eine rechte Amtsführung zu fördern und das Amt vor schlechter Ausübung, Mißbrauch und Entwürdigung zu schützen. In der Kirche Jesu Christi darf das Evangelium nicht anders verkündigt werden als in steter Heiligung des persönlichen und des amtlichen Lebens. Die Kirche ist dafür verantwortlich, daß dem Ernst dieser Verpflichtung nicht Abbruch geschehe. Aber sie wird dem, der sich verfehlt hat, auch zeigen müssen, daß sie ihn dennoch als Bruder achtet und ihm wieder zurechthelfen will. Denn die Liebe ist des Gesetzes Erfüllung (Röm. 13, 10).

Bei der Ausübung der Amtsdisziplin sollen alle Beteiligten eingedenk sein, daß ihr Tun ein Handeln vor dem Angesicht Gottes ist, der ein Gott der Liebe, der Gerechtigkeit und der Wahrheit ist.

Hierauf zielen die Maßnahmen der folgenden Ordnung ab. Das gleiche gilt von allen Maßnahmen brüderlicher Zucht, die neben dieser Ordnung zur Anwendung kommen.

Teil A

Verfahren gegen Geistliche

Abschnitt I

Anwendbarkeit und Zuständigkeit

§ 1

(1) Geistliche sind nach dem überkommenen Sprachgebrauch und im Sinne dieses Gesetzes:

a) Auf Lebenszeit oder auf Zeit in einem geistlichen Amt der Evangelischen Kirche in Deutschland oder einer Gliedkirche oder in einem der Leitung oder Dienstaufsicht der Evangelischen Kirche in Deutschland oder einer Gliedkirche unterstehenden geistlichen Amt angestellte ordinierte Amtsträger,

b) ordinierte Amtsträger im Wartestand oder Ruhestand,

c) ordinierte Hilfsprediger.

(2) Das Recht der Gliedkirchen kann bestimmen, daß das Disziplinarverfahren nach diesem Gesetz auch gegen ordinierte Pfarramtskandidaten stattfinden kann.

§ 2

(1) Wenn ein Geistlicher in oder außer dem Dienst schuldhaft Pflichten verletzt, die sich aus seinem mit der Ordination begründeten Amtsverhältnis ergeben, kann gegen ihn wegen Amtspflichtverletzung ein Disziplinarverfahren nach diesem Gesetz stattfinden. Die Amtspflichten eines Geistlichen bestimmen sich nach dem Rechte der Gliedkirche, der er angehört.

(2) Über den Vorwurf, ein Geistlicher sei in seiner Verkündigung von dem Bekenntnis der Kirche abgewichen, wird nicht nach diesem Gesetz entschieden.

(3) Für die Übung brüderlicher Zucht treffen die Gliedkirchen nähere Bestimmungen.

§ 3

(1) Ein Disziplinarverfahren kann auch wegen solcher Amtspflichtverletzungen stattfinden, die ein Geistlicher in einem früheren Amtsverhältnis als Geistlicher oder Kirchenbeamter begangen hat.

(2) Dasselbe gilt für frühere Verfehlungen eines Geistlichen, die er nach der Ordination, aber außerhalb eines Amtsverhältnisses begangen hat, wenn ihm wegen dieser Verfehlungen gemäß § 121 die durch die Ordination erworbenen Rechte hätten entzogen werden können.

§ 4

(1) Ob wegen einer Amtspflichtverletzung mit Disziplinarmaßnahmen einzuschreiten ist, bestimmt die zuständige Dienststelle nach pflichtmäßigem Ermessen. Sie hat dabei das gesamte dienstliche und außerdienstliche Verhalten des Beschuldigten zu würdigen.

(2) Zuständige Dienststellen sind:

a) für Geistliche, die im Dienst oder unter der Leitung oder Dienstaufsicht der Evangelischen Kirche in Deutschland stehen, der Rat der Evangelischen Kirche in Deutschland,

b) für Geistliche, die im Dienst oder unter der Leitung oder Dienstaufsicht einer Gliedkirche stehen, die nach gliedkirchlichem Recht zuständige Dienststelle,

c) für Geistliche im Wartestand oder Ruhestand die zuletzt vor Beginn des Wartestandes oder Ruhestandes zuständige Dienststelle oder die Stelle, auf die die Zuständigkeit übergegangen ist,

d) für nicht angestellte ordinierte Hilfsgeistliche die Gliedkirche, die die Ordination vollzogen hat.

Abschnitt II

Disziplinarstrafen

§ 5

(1) Disziplinarstrafen sind:
Warnung,
Verweis,
Geldbuße,
Gehaltskürzung,
Versetzung,

Amtsenthebung,
Entfernung aus dem Dienst,
Kürzung des Ruhegehaltes,
Aberkennung des Ruhegehaltes.

(2) Bei Geistlichen im Wartestand tritt an die Stelle der Amtsenthebung Herabsetzung des Wartegeldes.

(3) Bei Geistlichen im Ruhestand tritt an die Stelle der Gehaltskürzung Kürzung des Ruhegehalts, und an die Stelle der Entfernung aus dem Dienst Aberkennung des Ruhegehalts.

(4) Auf Geistliche im Wartestand ist die Strafe der Versetzung, auf Geistliche im Ruhestand sind die Strafen der Versetzung und der Amtsenthebung nicht anwendbar.

(5) Die Strafen der Warnung, des Verweises und der Geldbuße können auch durch Disziplinarverfügung (§ 17), die anderen Strafen nur durch gerichtliches Urteil verhängt werden.

(6) In demselben Disziplinarverfahren darf nur eine der Disziplinarstrafen verhängt werden.

(7) Den Gliedkirchen bleibt vorbehalten, in ihren Durchführungsbestimmungen die Disziplinarstrafen der Geldbuße, Gehaltskürzung, Versetzung und Kürzung des Ruhegehalts für ihren Bereich auszuschließen.

§ 6

(1) Warnung ist die Mißbilligung, Verweis die scharfe Mißbilligung einer Amtspflichtverletzung mit der Ankündigung schärferer Maßnahmen bei Wiederholung.

(2) Mißbilligungen seitens der zum Erlaß von Disziplinarverfügungen berechtigten Dienststellen sind, auch wenn sie schriftlich erfolgen, keine Disziplinarstrafen, sofern sie nicht ausdrücklich als Warnung oder Verweis bezeichnet werden.

§ 7

(1) Die Geldbuße darf das einmonatige Grundgehalt des Bestraften nicht übersteigen.

(2) Die Geldbuße soll nur verhängt werden, wenn es sich um Ordnungswidrigkeiten handelt.

(3) Die Geldbuße kann von den Dienstbezügen abgezogen werden.

§ 8

(1) Die Gehaltskürzung besteht in der bruchteilmäßigen Verminderung der jeweiligen Dienstbezüge (bei Wartestandsgeistlichen der Wartestandsbezüge) um höchstens ein Fünftel und längstens auf fünf Jahre. Der Verminderung unterliegen die Geld- und Sachbezüge in Höhe des Betrages, der bei der Feststellung der Einkommensteuerpflicht als Arbeitslohn zugrunde gelegt wird. Die Durchführung der Gehaltskürzung beginnt mit der nächsten Zahlung nach Rechtskraft des Urteils, sofern in diesem nichts anderes bestimmt ist.

(2) Hat der Bestrafte aus einem früheren kirchlichen Dienstverhältnis einen Anspruch auf Versorgungsbezüge, die mit Rücksicht auf die an Abs. 1 Satz 1 genannten Bezüge nur teilweise oder gar nicht gezahlt werden, so hat die Gehaltskürzung keine Erhöhung dieser Versorgungsbezüge zur Folge.

(3) Tritt ein zur Gehaltskürzung verurteilter aktiver Geistlicher in den Wartestand oder Ruhestand, so werden die aus seinem unverminderten Diensteinkommen errechneten Versorgungsbezüge während der Gehaltskürzungsfrist um den im Urteil bestimmten Bruchteil vermindert. Dasselbe gilt für das Ruhegehalt eines Wartestandsgeistlichen, der während der Gehaltskürzungsfrist in den Ruhestand tritt.

(4) Stirbt der Bestrafte während der Gehaltskürzungsfrist, so enden die Wirkungen der Gehaltskürzung mit dem Ablauf des Sterbemonats.

§ 9

(1) Die Durchführung des auf Versetzung lautenden Urteils liegt der für das Amt des Bestraften zuständigen Dienststelle ob. Das dem Bestraften zu übertragende Amt muß derselben Laufbahn angehören, braucht aber im übrigen, auch hinsichtlich der Bezüge, dem bisherigen Amt nicht gleichwertig zu sein.

(2) Ist nach Feststellung der obersten Dienststelle des Bestraften binnen sechs Monaten nach Rechtskraft des Urteils die Versetzung nicht möglich gewsen, so tritt der Bestrafte zu dem von der obersten Dienststelle zu bestimmenden Zeitpunkt in den Wartestand. Dieser Beschluß ist dem Bestraften zuzustellen. Er ist unanfechtbar.

(3) In dem auf Versetzung lautenden Urteil kann bestimmt werden, daß der Bestrafte bis zur Durchführung der Versetzung von seinen Amtsgeschäften ganz oder teilweise entbunden wird und während dieser Zeit nur einen Teil seiner bisherigen Dienstbezüge erhält; die Dienstbezüge können dabei bis auf den Betrag des Wartegeldes herabgesetzt werden, das dem Bestraften bei Versetzung in den Wartestand im Zeitpunkt der Rechtskraft des Urteils zustehen würde.

§ 10

(1) Durch die Amtsenthebung verliert der Bestrafte sein Amt und erhält die Rechtsstellung eines Geistlichen im Wartestand.

(2) Das Urteil kann bestimmen, daß der Bestrafte erst nach einer Frist, die auf höchstens zwei Jahre zu bemessen ist, in einem Amt als Geistlicher oder Kirchenbeamter wieder angestellt werden darf. Die für den Bestraften zuständige oberste Dienststelle kann ihn während dieser Frist einem anderen Geistlichen zur Hilfeleistung beiordnen oder in eine sonstige ihn fördernde Tätigkeit einweisen.

(3) Bis zum Ablauf des Monats, in dem das Urteil rechtskräftig wird, stehen dem Bestraften seine bisherigen Dienstbezüge zu. Der Bestrafte erhält als Wartegeld vier Fünftel des normalen Wartegeldes; doch kann im Urteil das Wartegeld auf einen geringeren Betrag herabgesetzt werden, jedoch nicht unter die Hälfte des normalen Wartegeldes. Die Zeit, die er auf Grund der Amtsenthebung im Wartestand verbringt, wird auf seine ruhegehaltsfähige Dienstzeit nicht angerechnet.

(4) Tritt der Bestrafte in den Ruhestand, so darf binnen fünf Jahren nach Rechtskraft des Urteils das Ruhegehalt nicht höher sein als das nach Abs. 3 herabgesetzte Wartegeld.

(5) Stirbt der Bestrafte, so findet nach Ablauf des Sterbemonats keine Herabsetzung statt.

§ 11

(1) Mit der Entfernung aus dem Dienst verliert der Bestrafte den Anspruch auf sämtliche Dienstbezüge und auf die Versorgung sowie die Befugnis, die Amtsbezeichnung zu führen. Diese Wirkungen treten mit Ablauf des Monats ein, in dem das Urteil rechtskräftig wird.

(2) Die Entfernung aus dem Dienst und ihre Rechtsfolgen erstrecken sich auf alle Ämter, die der Bestrafte bei Rechtskraft des Urteils im kirchlichen Dienst bekleidet hat.

(3) War der Bestrafte vor dem Dienstverhältnis, das durch die Bestrafung beendet wird, aus einem kirchlichen Dienstverhältnis in den Ruhestand versetzt worden, so verliert er den Anspruch auf das frühere Ruhegehalt und die entsprechende Hinterbliebenenversorgung sowie die Befugnis, die dem früheren Dienstverhältnis entsprechende Amtsbezeichnung mit einem den Ruhestand bezeichnenden Zusatz zu führen, es sei denn, daß ihm der Anspruch oder die Befugnis ausdrücklich belassen werden.

§ 12

(1) Die Entfernung aus dem Dienst hat den Verlust der mit der Ordination erworbenen Rechte zur Folge, wenn nicht das Urteil aus besonderen Gründen ausspricht, daß diese Rechte dem Bestraften belassen werden.

(2) Die mit der Ordination erworbenen Rechte im Sinne dieses Gesetzes sind die Ermächtigung zur öffentlichen Wortverkündigung, zur Verwaltung der Sakramente und zur Vornahme von Amtshandlungen sowie das Recht, eine geistliche Amtsbezeichnung zu führen und die Amtstracht eines Geistlichen zu tragen.

§ 13

(1) Auf die Disziplinarstrafe der Herabsetzung des Wartegeldes finden die Bestimmungen des § 10 Abs. 2 bis 5 sinngemäß Anwendung.

(2) Für die Disziplinarstrafe der Kürzung des Ruhegehaltes gelten sinngemäß die Bestimmungen des § 8 Abs. 1, 2 und 4.

(3) Die Disziplinarstrafe der Aberkennung des Ruhegehaltes bewirkt das Ausscheiden des Bestraften aus dem Amtsverhältnis als Geistlicher im Ruhestand. Die Bestimmungen der §§ 11 und 12 gelten sinngemäß.

(4) Tritt ein zur Gehaltskürzung oder zur Entfernung aus dem Dienst bestrafter Geistlicher vor Rechtskraft des Urteils in den Ruhestand, so wirkt das auf Gehaltskürzung lautende Urteil als Urteil auf Kürzung des Ruhegehaltes, das auf Entfernung aus dem Dienst lautende Urteil als Urteil auf Aberkennung des Ruhegehaltes. Tritt ein zur Amtsenthebung bestrafter Geistlicher vor Rechtskraft des Urteils in den Ruhestand, so gelten die Bestimmungen des § 10 Abs. 4 und 5.

Abschnitt III

Ermittlungen

§ 14

(1) Werden Tatsachen bekannt, die den Verdacht einer Amtspflichtverletzung begründen, so veranlaßt die zuständige Dienststelle die nötigen Ermittlungen, um den Sachverhalt aufzuklären. Dabei ist der Betroffene zu hören.

(2) Der Betroffene kann weitere Ermittlungen anregen. Er ist über das wesentliche Ergebnis der Ermittlungen zu unterrichten.

§ 15

(1) Eine Dienststelle, die Ermittlungen nach § 14 veranlaßt, kann dem Betroffenen im Wege der Beurlaubung die Ausübung des Dienstes vorläufig untersagen, jedoch längstens für sechs Monate. Eine ihr nachgeordnete Stelle der Dienstaufsicht kann diese Maßnahme nur in dringenden Fällen treffen und muß unverzüglich die Entscheidung der zuständigen Dienststelle herbeiführen.

(2) Diese Maßnahme kann jederzeit wieder aufgehoben werden.

§ 16

Ergeben die Ermittlungen keinen Anlaß zu einem weiteren Verfahren, so ist dies dem Betroffenen unter Angabe der Gründe mitzuteilen.

Abschnitt IV

Disziplinarverfügung

§ 17

(1) Die nach § 4 zuständigen Dienststellen können Warnung, Verweis und Geldbuße durch Disziplinarverfügung verhängen.

(2) Die Disziplinarverfügung ergeht schriftlich und ist zu begründen. Sie wird dem Beschuldigten mit Rechtsmittelbelehrung zugestellt.

(3) Der Bestrafte kann binnen zwei Wochen nach der Zustellung Beschwerde bei der Dienststelle einlegen, die die Disziplinarverfügung erlassen hat. Diese kann der Beschwerde abhelfen. Tut sie es nicht, so hat sie die Beschwerde mit ihrer Stellungnahme innerhalb von zwei Wochen der Disziplinarkammer vorzulegen. Diese entscheidet durch Beschluß endgültig. Sie kann auch mündliche Verhandlung anordnen und Zeugen sowie Sachverständige vernehmen. Nachdem die Dienststelle, die die Disziplinarverfügung erlassen hat, die Beschwerde der Disziplinarkammer zugeleitet hat, ist sie nicht mehr befugt, ihre Verfügung zu ändern.

Abschnitt V

Förmliches Disziplinarverfahren

1. Allgemeines

§ 18

Stellt die zuständige Dienststelle (§ 4) fest, daß eine Disziplinarverfügung nicht ausreicht, so leitet sie das förmliche Disziplinarverfahren ein.

§ 19

(1) Die kirchlichen Dienststellen leisten einander im Verfahren auf Grund dieses Gesetzes Amtshilfe.

(2) Staatliche Rechts- und Vollstreckungshilfe kann, soweit sie nach dem in den Gliedkirchen geltenden Recht zulässig ist, in Anspruch genommen werden.

§ 20

Das Disziplinarverfahren kann bis zur Beendigung eines anderen gesetzlich geordneten Verfahrens ausgesetzt werden, wenn in diesem eine Frage zur Entscheidung steht, deren Klärung auch für die Entscheidung im Disziplinarverfahren erforderlich ist. Insbesondere kann die Aussetzung des Disziplinarverfahrens erfolgen, wenn gegen den Beschuldigten ein strafgerichtliches Verfahren wegen desselben Sachverhalts stattfindet.

§ 21

(1) Der Untersuchungsführer und die Disziplinargerichte haben von Amts wegen alles zu tun, was zur Erforschung der Wahrheit für die Schuldfeststellung und die Strafzumessung erheblich ist. Neben den belastenden sind auch die entlastenden Umstände zu ermitteln.

(2) Soweit diese Tatsachen nicht offenkundig sind oder vom Beschuldigten glaubhaft zugestanden werden, ist der Beweis, vorbehaltlich der Bestimmungen des § 22, im Disziplinarverfahren selbst zu führen. Beruht der Beweis auf der Wahrnehmung einer Person, so ist sie vorbehaltlich der Bestimmung des § 22 Abs. 2 als Zeuge zu vernehmen.

§ 22

(1) Der Entscheidung im Disziplinarverfahren können zugrunde gelegt werden:

1. die tatsächlichen Feststellungen des rechtskräftigen Urteils in einem strafgerichtlichen Verfahren gegen den Beschuldigten, das denselben Sachverhalt zum Gegenstand hat,
2. die tatsächlichen Feststellungen der rechtskräftigen Entscheidung in einem anderen gesetzlich geordneten Verfahren, die den den Gegenstand des Disziplinarverfahrens bildenden Sachverhalt betreffen.

(2) Niederschriften über Aussagen von Personen, die in einem anderen gesetzlich geordneten Verfahren vernommen worden sind, können nur mit Zustimmung des Beschuldigten und des Vertreters der einleitenden Dienststelle verwertet werden. Der Zustimmung bedarf es nicht, wenn die Person, um deren Aussage es sich handelt, im Disziplinarverfahren nicht vernommen werden kann.

(3) Schriftliche Auskünfte von Behörden oder sonstigen Dienststellen und Amtspersonen können der Entscheidung zugrunde gelegt werden.

§ 23

Über jede Beweiserhebung außerhalb der Verhandlung vor den Disziplinargerichten ist eine Niederschrift aufzunehmen, deren Wortlaut verlesen, genehmigt und unterschrieben wird.

§ 24

(1) Das Zeugnis können verweigern:

1. der Verlobte des Beschuldigten,
2. der Ehegatte des Beschuldigten, auch wenn die Ehe nicht mehr besteht,

3. wer mit dem Beschuldigten in gerader Linie verwandt, verschwägert oder durch Annahme an Kindes Statt verbunden oder in der Seitenlinie bis zum dritten Grade verschwägert ist, auch wenn die Ehe, durch welche die Schwägerschaft begründet ist, nicht mehr besteht,
4. Geistliche über das, was ihnen in ihrer Eigenschaft als Seelsorger anvertraut worden oder bekannt geworden ist,
5. Verteidiger des Beschuldigten über das, was ihnen in dieser Eigenschaft anvertraut ist,
6. Rechtsanwälte und Ärzte über das, was ihnen bei Ausübung ihres Berufes anvertraut ist,

zu 5 und 6 soweit sie nicht von der Verpflichtung zur Verschwiegenheit entbunden sind.

(2) Den in Abs. 1 Ziff. 4 bis 6 Genannten stehen ihre Gehilfen und die Personen gleich, die zur Vorbereitung auf den Beruf an der berufsmäßigen Tätigkeit teilnehmen. Über die Ausübung des Rechtes dieser Hilfspersonen, das Zeugnis zu verweigern, entscheiden die in Abs. 1 Ziff. 4 bis 6 Genannten, es sei denn, daß diese Entscheidung in absehbarer Zeit nicht herbeigeführt werden kann. Die Entbindung von der Verpflichtung zur Verschwiegenheit gilt auch für die Hilfspersonen.

(3) Die bezeichneten Personen sind vor jeder Vernehmung über ihr Recht zur Verweigerung des Zeugnisses zu belehren.

§ 25

(1) Jeder Zeuge kann die Auskunft auf solche Fragen verweigern, deren Beantwortung ihm selbst oder einem der in § 24 Abs. 1 Ziff. 1 bis 3 bezeichneten Angehörigen die Gefahr strafgerichtlicher Verfolgung zuziehen würde oder ihm zur Unehre gereicht.

(2) Der Zeuge ist über sein Recht zur Verweigerung der Auskunft zu belehren.

§ 26

Vor der Vernehmung sind die Zeugen zur Wahrheit zu ermahnen und darauf hinzuweisen, daß sie ihre Aussagen gegebenenfalls zu beeiden haben. Hierbei sind sie über die Bedeutung des Eides zu belehren.

§ 27

(1) Die Zeugen sind einzeln und in Abwesenheit der später zu hörenden Zeugen zu vernehmen.

(2) Eine Gegenüberstellung mit anderen Zeugen oder mit dem Beschuldigten ist zulässig, wenn es für das weitere Verfahren geboten erscheint.

§ 28

(1) Vereidigt werden können nur Zeugen, die einer christlichen Kirche angehören und das 16. Lebensjahr vollendet haben. Sie sind nur zu vereidigen, wenn der Eid zur Ermittlung der Wahrheit unerläßlich erscheint. In der Regel soll die Vereidigung erst in der Verhandlung vor der Disziplinarkammer erfolgen. Die Vereidigung ist in jedem Falle in der Niederschrift zu vermerken.

(2) Die in § 24 Abs. 1 Ziff. 1 bis 3 bezeichneten Angehörigen des Beschuldigten haben das Recht, die Beeidigung des Zeugnisses zu verweigern; sie sind hierüber zu belehren.

(3) Den Gliedkirchen bleibt vorbehalten, die Zulässigkeit der Vereidigung auszuschließen oder einzuschränken.

§ 29

Der Eid wird in folgender Weise geleistet:

Der Vernehmende richtet an den Zeugen die Worte:

„Sie schwören bei Gott dem Allmächtigen und Allwissenden, daß sie nach bestem Wissen die reine Wahrheit gesagt, nichts hinzugesetzt und nichts verschwiegen haben."

Hierauf spricht der Zeuge die Worte:

„Ich schwöre, so wahr mir Gott helfe."

§ 30

(1) Die Vernehmung beginnt damit, daß der Zeuge über Vornamen und Zunamen, Alter, Religionszugehörigkeit, Stand oder Gewerbe und Wohnort befragt wird. Erforderlichenfalls sind dem Zeugen Fragen über solche Umstände, die seine Glaubwürdigkeit in der vorliegenden Sache betreffen, insbesondere über seine Beziehungen zu dem Beschuldigten oder dem Verletzten vorzulegen.

(2) Der Zeuge ist zu veranlassen, das, was ihm von dem Gegenstand seiner Vernehmung bekannt ist, im Zusammenhang anzugeben. Zur Aufklärung und zur Vervollständigung der Aussage sowie zur Erforschung des Grundes, auf dem das Wissen des Zeugen beruht, sind nötigenfalls weitere Fragen zu stellen.

§ 31

Auf Sachverständige sind die Vorschriften über Zeugen entsprechend anzuwenden, soweit nicht in den nachfolgenden Paragraphen abweichende Vorschriften getroffen sind.

§ 32

(1) Ein Sachverständiger kann aus denselben Gründen, die zur Ablehnung eines Richters berechtigen (§ 42), abgelehnt werden. Ein Ablehnungsgrund kann jedoch nicht daraus entnommen werden, daß der Sachverständige als Zeuge vernommen worden ist.

(2) Das Ablehnungsrecht steht dem Vertreter der einleitenden Dienststelle und dem Beschuldigten zu. Der Ablehnungsgrund ist glaubhaft zu machen.

§ 33

Der Sachverständigeneid ist nach Erstattung des Gutachtens zu leisten. Er geht dahin, daß der Sachverständige das Gutachten unparteiisch und nach bestem Wissen und Gewissen erstattet hat.

§ 34

Soweit zum Beweis vergangener Tatsachen oder Zustände, zu deren Wahrnehmung eine besondere Sachkunde erforderlich war, sachkundige Personen zu vernehmen sind, gelten die Vorschriften über den Zeugenbeweis.

§ 35

Findet die Einnahme eines Augenscheins statt, so ist in der Niederschrift der vorgefundene Sachbestand festzustellen und darüber Auskunft zu geben, welche Spuren oder Merkmale, deren Vorhandensein nach der besonderen Beschaffenheit des Falles vermutet werden konnte, gefehlt haben.

§ 36

(1) Soweit der Inhalt anderer als der Verfahrensakten Verwertung finden soll, sind die anderen Akten zu den Verfahrensakten beizuziehen oder mit ihrem für das Verfahren wesentlichen Inhalt abschriftlich zu den Verfahrensakten zu nehmen. Dem Beschuldigten und seinem Verteidiger ist auf Antrag Einsicht in die Verfahrensakten und etwaige Beiakten zu gewähren.

(2) Der Vertreter der einleitenden Dienststelle kann sich durch Einblick in die Akten über den Stand des Verfahrens unterrichten.

§ 37

Sind Schriftstücke zuzustellen, so kann es geschehen

1. durch Übergabe an den Empfänger gegen Empfangsschein; verweigert der Empfänger die Annahme des Schriftstückes oder das Ausstellen des Empfangsscheines, so gilt das Schriftstück mit der Weigerung als zugestellt, wenn eine Niederschrift über den Vorgang zu den Akten gebracht ist,
2. durch eingeschriebenen Brief mit Rückschein,
3. durch Postzustellung mit Zustellungsurkunde,
4. durch Bekanntmachung im kirchlichen Amtsblatt, wenn der Aufenthalt des Empfängers nicht zu ermitteln ist,
5. an Behörden und sonstige kirchliche Dienststellen auch durch Vorlegen der Akten mit der Urschrift des zuzustellenden Schriftstückes; der Empfänger hat den Tag, an dem ihm die Akten vorgelegt werden, darin zu vermerken.

§ 38

Eine Frist endigt mit Ablauf des Tages der letzten Woche, der durch seine Benennung oder Zahl dem Tage entspricht, an dem die Frist begonnen hat. Fällt das Ende einer Frist auf einen Sonntag oder auf einen allgemeinen oder kirchlichen Feiertag, so endigt die Frist mit Ablauf des nächstfolgenden Werktages.

§ 39

(1) Gegen die Versäumung einer Frist kann die Wiedereinsetzung in den vorigen Stand beansprucht werden, wenn der Antragsteller durch Naturereignisse oder andere unabwendbare Zufälle an der Einhaltung der Frist verhindert worden ist. Als unabwendbarer Zufall ist es anzusehen, wenn der Antragsteller von einer Zustellung ohne sein Verschulden keine Kenntnis erlangt hat.

(2) Das Gesuch um Wiedereinsetzung in den vorigen Stand muß binnen einer Woche nach Beseitigung des Hindernisses bei der Stelle, bei der die Frist wahrzunehmen gewesen wäre, unter Angabe und Glaubhaftmachung der Versäumnisgründe eingebracht werden. Mit dem Gesuch ist zugleich die versäumte Handlung selbst nachzuholen.

(3) Über das Gesuch entscheidet die Stelle, die bei rechtzeitig erfolgter Handlung zur Entscheidung in der Sache selbst berufen gewesen wäre, endgültig.

(4) Durch das Gesuch um Wiedereinsetzung in den vorigen Stand wird die Vollstreckung einer Entscheidung nicht gehemmt. Die Disziplinarkammer oder der Disziplinarhof kann jedoch einen Aufschub der Vollstreckung anordnen.

§ 40

(1) Der Untersuchungsführer oder ein Mitglied eines Disziplinargerichts ist von seinem Amt ausgeschlossen,

1. wenn er selbst durch die Pflichtverletzung verletzt ist,
2. wenn er Ehegatte oder Vormund der beschuldigten oder der verletzten Person ist oder gewesen ist,
3. wenn er mit dem Beschuldigten oder mit dem Verletzten in gerader Linie verwandt, verschwägert oder durch Annahme an Kindes Statt verbunden, in der Seitenlinie bis zum dritten Grade verwandt oder bis zum zweiten Grade verschwägert ist, auch wenn die Ehe, durch welche die Schwägerschaft begründet ist, nicht mehr besteht,
4. wenn er in der Sache als Zeuge oder Sachverständiger vernommen worden ist.

(2) Mitglied eines Disziplinargerichts kann nicht sein, wer mit der Verfolgung des Gegenstandes der Anschuldigung amtlich befaßt gewesen ist.

§ 41

(1) Ein Mitglied eines Disziplinargerichts, das bei einer durch Rechtsmittel angefochtenen Entscheidung mitgewirkt hat, ist von der Mitwirkung bei der Entscheidung in höherer Instanz ausgeschlossen.

(2) Der Untersuchungsführer darf in den Sachen, in denen er die Untersuchung geführt hat, nicht Mitglied eines Disziplinargerichts sein.

§ 42

(1) Der Untersuchungsführer oder ein Mitglied eines Disziplinargerichts kann sowohl in den Fällen, in denen er von der Ausübung des Amtes ausgeschlossen ist, als auch wegen Besorgnis der Befangenheit abgelehnt werden Wegen Besorgnis der Befangenheit findet die Ablehnung statt, wenn ein Grund vorliegt, der geeignet ist, Mißtrauen gegen die Unparteilichkeit des Abgelehnten zu rechtfertigen. Das Ablehnungsrecht steht der Einleitungsbehörde und dem Beschuldigten zu.

(2) Über die Ablehnung des Untersuchungsführers entscheidet die Stelle, die ihn bestellt hat. Über die Ablehnung eines Richters entscheidet das Gericht, dem er angehört, durch unanfechtbaren Beschluß, wobei an Stelle des Abgelehnten sein Stellvertreter mitwirkt.

(3) Liegt eine Ablehnung nicht vor, teilt aber der Untersuchungsführer oder ein Mitglied eines Disziplinargerichts einen Sachverhalt mit, der seine Ablehnung (Absatz 1) begründen könnte, so entscheiden hierüber die entsprechenden in Absatz 2 genannten Stellen. Das gleiche gilt, wenn aus anderer Veranlassung Zweifel darüber entstehen, ob der Betreffende von der Ausübung des Amtes ausgeschlossen ist.

2. Einleitung des Verfahrens

§ 43

(1) Das Verfahren beginnt mit der Zustellung einer Einleitungsverfügung der zuständigen Dienststelle an den Beschuldigten.

(2) Die Einleitungsverfügung muß den wesentlichen Inhalt der Beschuldigung angeben und soll möglichst den Vertreter der einleitenden Dienststelle und den Untersuchungsführer bezeichnen (§ 48).

§ 44

(1) Der Beschuldigte kann sich nach Einleitung des Verfahrens eines Verteidigers bedienen.

(2) Als Verteidiger sind zuzulassen

a) Geistliche einer Gliedkirche der Evangelischen Kirche in Deutschland,

b) Lehrer an den evangelischen theologischen Fakultäten der staatlichen Universitäten und an den evangelischen kirchlichen Hochschulen,

c) Volljuristen, Rechtslehrer an deutschen Hochschulen und Rechtsanwälte, die einer Gliedkirche der Evangelischen Kirche in Deutschland angehören und das kirchliche Wahlrecht nicht verloren haben.

(3) Andere geeignete Personen, die einer Gliedkirche der Evangelischen Kirche in Deutschland angehören und das kirchliche Wahlrecht nicht verloren haben, können als Verteidiger zugelassen werden.

§ 45

Sind für den Beschuldigten, der mehrere Ämter bekleidet hat, verschiedene Dienststellen (§ 4) zuständig, so darf nur eine von ihnen das Verfahren einleiten. Verständigen sie sich nicht darüber, so entscheidet der Rat der Evangelischen Kirche in Deutschland.

§ 46

Verfahren, die gegen mehrere Beschuldigte wegen desselben Sachverhalts oder gegen einen Beschuldigten wegen verschiedener Sachverhalte eingeleitet sind, können miteinander verbunden und wieder getrennt werden.

§ 47

(1) Das förmliche Verfahren gliedert sich in die Untersuchung und in das Verfahren vor dem Disziplinargericht.

(2) Von der Untersuchung kann abgesehen werden, wenn der Sachverhalt hinreichend geklärt ist. Der Beschuldigte ist davon in Kenntnis zu setzen.

§ 48

(1) Bei oder alsbald nach Einleitung des förmlichen Disziplinarverfahrens bestellt die einleitende Dienststelle für sich einen Vertreter und, falls sie nicht von der Untersuchung absieht, einen Untersuchungsführer. Die Bestellungen sind dem Beschuldigten spätestens bei seiner ersten Ladung zur Vernehmung mitzuteilen.

(2) Zum Vertreter der einleitenden Dienststelle und zum Untersuchungsführer sollen grundsätzlich Mitglieder und theologische oder juristische Hilfsarbeiter der einleitenden Dienststelle sowie Pfarrer und Kirchenbeamte bestellt werden.

(3) Die Bestellung des Vertreters der einleitenden Dienststelle kann widerrufen werden. Er ist an die Weisungen der einleitenden Dienstelle gebunden.

3. Untersuchung

§ 49

(1) Dem Untersuchungsführer dürfen keine Weisungen gegeben werden.

(2) Die Bestellung des Untersuchungsführers kann nur widerrufen werden, wenn er aus einem Amt als Kirchenbeamter, Hilfsarbeiter oder Geistlicher, das er bei seiner Bestellung bekleidet hat, ausscheidet.

§ 50

(1) Der Untersuchungsführer hat einen Schriftführer hinzuzuziehen, den er auf sein Amt, insbesondere zur Verschwiegenheit, verpflichtet.

(2) Über einen Antrag auf Ablehnung des Schriftführers entscheidet der Untersuchungsführer endgültig.

§ 51

(1) Der Untersuchungsführer vernimmt den Beschuldigten und erhebt die Beweise. Der Vertreter der einleitenden Dienststelle, der Beschuldigte und sein Verteidiger sind zu den Beweiserhebungen zu laden und haben das Recht, Fragen zu stellen. Der Untersuchungsführer kann die vorgenannten Beteiligten einzeln oder insgesamt von der Teilnahme an Untersuchungshandlungen ausschließen, wenn er es mit Rücksicht auf den Untersuchungszweck für nötig hält. In diesem Falle hat er den Ausgeschlossenen über das Ergebnis zu unterrichten und den Vorgang in der Niederschrift zu vermerken. Der Untersuchungsführer hat das Recht, Fragen, die nicht zur Sache gehören, zurückzuweisen. Auf Antrag ist dies in der Niederschrift zu vermerken.

(2) Ergibt die Beweiserhebung die Notwendigkeit weiterer Untersuchungshandlungen, so kann der Untersuchungsführer diese auch ohne vorherige Ladung des Vertreters der einleitenden Dienststelle, des Beschuldigten und seines Verteidigers vornehmen, wenn der Fortgang des Untersuchungsverfahrens es erfordert. In diesem Falle hat er den Vertreter der einleitenden Dienststelle, den Beschuldigten und seinen Verteidiger über das Ergebnis der weiteren Untersuchungshandlungen zu unterrichten.

(3) Beweisanträgen des Vertreters der einleitenden Dienststelle muß der Untersuchungsführer stattgeben. Beweisanträgen des Beschuldigten oder des Verteidigers soll er stattgeben, soweit sie für die Schuldfrage, das Strafmaß oder die Gewährung eines Unterhaltsbeitrages (§ 85) von Bedeutung sein können.

(4) Der Untersuchungsführer kann den Beschuldigten, den Verteidiger sowie Zeugen und Sachverständige aus dem Verhandlungsraum verweisen, wenn sie den zur Aufrechterhaltung der Ordnung erlassenen Weisungen nicht Folge leisten.

§ 52

(1) Ergibt die Untersuchung den Verdacht einer weiteren Amtspflichtverletzung, so kann der Vertreter der einleitenden Dienststelle mit Genehmigung dieser Dienststelle beantragen, daß die Untersuchung auf neue Tatsachen erstreckt wird.

(2) Dem Beschuldigten und dem Verteidiger ist Gelegenheit zu geben, sich auch zu den neuen Anschuldigungen zu äußern.

§ 53

Hält der Untersuchungsführer das Ziel der Untersuchung für erreicht, so hat er dem Beschuldigten Gelegenheit zu geben, sich abschließend zu äußern. Danach legt er der einleitenden Dienststelle die Akten vor.

§ 54

(1) Die einleitende Dienststelle muß das Verfahren einstellen,

a) wenn es nicht rechtswirksam eingeleitet oder wenn es unzulässig ist,

b) wenn der Beschuldigte stirbt,

c) wenn der Beschuldigte aus der Stellung eines Geistlichen im Amt oder im Warte- oder Ruhestand nach dem gliedkirchlichen Recht unter Wegfall aller damit verbundenen Ansprüche und Befugnisse (§§ 11 und 12) ausscheidet.

(2) Die einleitende Dienststelle hat das Verfahren ferner einzustellen, wenn sie auf Grund des Ergebnisses der Untersuchung zu der Überzeugung gelangt, daß eine schuldhafte Amtspflichtverletzung nicht vorliegt oder nicht erweisbar ist. Sie kann das Verfahren auch aus Gründen ihres pflichtmäßigen Ermessens einstellen. In diesem Falle kann sie in Verbindung mit der Einstellung auch eine Disziplinarverfügung nach § 17 erlassen.

(3) Die Einstellungsverfügung ist zu begründen und dem Beschuldigten zuzustellen.

§ 55

(1) Wird das Verfahren nicht eingestellt, so legt der Vertreter der einleitenden Dienststelle der Disziplinarkammer eine Anschuldigungsschrift vor.

(2) Die Anschuldigungsschrift muß die Tatsachen, in denen die Pflichtverletzung erblickt wird, und die Beweismittel angeben. Sie darf Belastendes nur verwerten, soweit der Beschuldigte Gelegenheit gehabt hat, sich dazu zu äußern.

4. Disziplinargerichte

§ 56

(1) Disziplinarkammern werden gebildet bei der Evangelischen Kirche in Deutschland für deren Amtsstellen und bei den Gliedkirchen. Die Bildung gemeinsamer Disziplinarkammern für den Bereich mehrerer Gliedkirchen ist zulässig.

(2) Der Disziplinarhof der Evangelischen Kirche in Deutschland ist Berufungsgericht. Er kann in einen lutherischen, einen reformierten und einen unierten Senat gegliedert werden.

(3) Den Gliedkirchen steht es frei, von der Vorschrift des Absatzes 2 keinen Gebrauch zu machen. In diesem Falle bilden sie für ihren Bereich einen eigenen Disziplinarhof. Die Bildung eines gemeinsamen Disziplinarhofs für den Bereich mehrerer Gliedkirchen ist zulässig.

(4) Nötigenfalls sind bei den Disziplinarkammern Abteilungen, bei dem Disziplinarhof mehrere Senate gleichen Bekenntnisses zu bilden. Das Nähere bestimmen für die Gerichte der Evangelischen Kirche in Deutschland der Rat, für die Gerichte der Gliedkirchen deren Leitungen.

§ 57

Die Mitglieder der Disziplinargerichte führen ihr Amt in Bindung an die Heilige Schrift und das Bekenntnis ihrer Kirche. Sie müssen, soweit sie nicht Geistliche sind, die Befähigung zum Amt des Ältesten (Kirchenvorstehers) besitzen. Sie führen ihr Amt in richterlicher Unabhängigkeit. Sie sind nur dem Gesetz unterworfen und an Weisungen nicht gebunden.

§ 58

(1) Die Disziplinarkammer entscheidet in der Besetzung mit einem rechtskundigen Vorsitzenden, zwei geistlichen und zwei nichtgeistlichen Beisitzern. Von den Beisitzern muß mindestens einer rechtskundig sein. Ist eine Gliedkirche zu solcher Besetzung nicht in der Lage, so entscheidet die Disziplinarkammer in der Besetzung mit einem rechtskundigen Vorsitzenden, einem geistlichen und einem weiteren Beisitzer.

(2) Der Disziplinarhof der Evangelischen Kirche in Deutschland entscheidet in der in Absatz 1 Satz 1 vorgesehenen Besetzung. Seine Mitglieder müssen jeweils dem Bekenntnis des Beschuldigten angehören.

(3) Rechtskundig sind — vorbehaltlich abweichender Bestimmungen der Gliedkirchen — Volljuristen und Rechtslehrer an deutschen Hochschulen.

(4) In Fällen, in denen die Gerichte durch Beschluß zu entscheiden haben, genügt die Besetzung mit dem Vorsitzenden und je einem geistlichen und nichtgeistlichen Beisitzer.

§ 59

Die Disziplinargerichte entscheiden mit einfacher Mehrheit. Wenn auf Entfernung aus dem Dienst oder auf Aberkennung des Ruhegehalts oder auf Entziehung der mit der Ordination erworbenen Rechte erkannt werden soll, ist Zweidrittelmehrheit erforderlich.

§ 60

Die Zuständigkeit der Disziplinarkammer bestimmt sich nach der Dienststelle, die das förmliche Disziplinarverfahren eingeleitet hat (§ 4). Sie bleibt von einem Wechsel des Dienstverhältnisses des Beschuldigten unberührt.

§ 61

(1) Die Mitglieder der Disziplinarkammer der Evangelischen Kirche in Deutschland werden von dem Rat der Evangelischen Kirche in Deutschland ernannt.

(2) Die Mitglieder des Disziplinarhofs der Evangelischen Kirche in Deutschland werden vom Rat der Evangelischen Kirche in Deutschland auf Grund von Vorschlagslisten der Gliedkirchen ernannt, in denen das Bekenntnis des Vorgeschlagenen angegeben ist.

(3) Das gliedkirchliche Recht bestimmt, wer die Mitglieder der gliedkirchlichen Gerichte bestellt.

(4) Für die Vorsitzenden und Beisitzer der Gerichte sind mindestens je zwei Stellvertreter zu bestellen. Dabei ist die Reihenfolge ihres Eintritts zu regeln.

§ 62

(1) Die Amtszeit der Mitglieder beträgt sechs Jahre. Sie können nach Ablauf der Amtszeit wiederbestellt werden. Scheidet ein Mitglied während der Amtszeit aus, so wird ein Nachfolger für den Rest der Amtszeit bestellt.

(2) Vor Beginn ihrer Tätigkeit werden die Vorsitzenden und ihre Stellvertreter durch die Stellen, die sie bestellt haben, die Beisitzer durch den Vorsitzenden verpflichtet, ihr Richteramt in Bindung an die Heilige Schrift und das Bekenntnis ihrer Kirche unparteiisch auszuüben.

§ 63

(1) Das Amt eines Mitgliedes eines Disziplinargerichts erlischt,

a) wenn die rechtlichen Voraussetzungen seiner Bestellung weggefallen sind,

b) wenn die Kirchenleitung nach sorgfältigen Ermittlungen, in deren Verlauf der Betroffene zu hören ist, Tatsachen feststellt, die das Mitglied so schwer belasten, daß sie gegen einen kirchlichen Amtsträger die Einleitung eines förmlichen Verfahrens im Sinne dieses Gesetzes oder die vorläufige Untersagung der Amtsausübung rechtfertigen würden,

c) wenn das Mitglied sein Amt mit Zustimmung der Kirchenleitung niederlegt,

d) wenn das Mitglied infolge körperlicher oder geistiger Gebrechen zur Ausübung seines Amtes nicht mehr in der Lage ist.

(2) Das Amt eines Mitgliedes eines Disziplinargerichts ruht, wenn gegen das Mitglied als kirchlichen Amtsträger ein förmliches Verfahren im Sinne dieses Gesetzes eingeleitet oder ihm die Amtsausübung vorläufig untersagt wird. Das Ruhen endet mit rechtskräftigem Freispruch wegen erwiesener Unschuld oder mit Einstellung des Verfahrens gemäß § 54 Abs. 1 Buchst. a. In allen anderen Fällen erlischt das Amt mit Rechtskraft des Urteils oder der Einstellung des Verfahrens.

(3) Das Erlöschen oder das Ruhen wird von der Stelle, die das Mitglied ernannt hat, festgestellt.

§ 64

(1) Für das Gericht bestellt der Vorsitzende einen Schriftführer und einen Stellvertreter. Der Schriftführer hat die Niederschrift in den Verhandlungen des Gerichts zu führen. Der Schriftführer und sein Stellvertreter sollen der kirchlichen Verwaltung angehören.

(2) Der Schriftführer ist vor Beginn seiner Tätigkeit durch den Vorsitzenden auf sein Amt, insbesondere auf Verschwiegenheit zu verpflichten.

5. Verfahren vor der Disziplinarkammer

§ 65

(1) Mit dem Eingang der Anschuldigungsschrift wird das Verfahren bei der Disziplinarkammer anhängig. Von diesem Zeitpunkt an kann die einleitende Dienststelle das Verfahren nicht mehr einstellen.

(2) Der Vorsitzende stellt dem Beschuldigten eine beglaubigte Abschrift der Anschuldigungsschrift zu und bestimmt eine Frist, innerhalb deren er sich schriftlich dazu äußern kann.

§ 66

(1) Die einleitende Dienststelle kann bis zum Beginn der Verhandlung (§ 76 Abs. 1) neue Anschuldigungspunkte zum Gegenstand des Verfahrens machen. Teilt sie eine solche Absicht dem Vorsitzenden der Disziplinarkammer mit, so hat dieser das Verfahren auszusetzen, bis der Vertreter der einleitenden Dienststelle

einen Nachtrag zur Anschuldigungsschrift vorgelegt oder die Fortsetzung des Verfahrens beantragt hat.

(2) § 65 Abs. 2 gilt sinngemäß.

§ 67

(1) Stellt sich heraus, daß eine Voraussetzung des § 54 Abs. 1 vorliegt, so stellt der Vorsitzende der Disziplinarkammer das Verfahren ein. Die Entscheidung ist zu begründen und dem Vertreter der einleitenden Dienststelle und dem Beschuldigten zuzustellen. Auf übereinstimmenden Antrag des Vertreters der einleitenden Dienststelle und des Beschuldigten kann der Vorsitzende das Verfahren auch dann einstellen, wenn eine Voraussetzung des § 54 Abs. 1 nicht vorliegt.

(2) Gegen die Entscheidung des Vorsitzenden kann innerhalb von zwei Wochen die Entscheidung der Disziplinarkammer angerufen werden. Die Disziplinarkammer entscheidet über die Einstellung durch Beschluß endgültig. Absatz 1 Satz 2 gilt auch hier.

§ 68

(1) Nachdem die Äußerungsfrist nach § 65 Abs. 2 oder § 66 Abs. 2 verstrichen ist, findet, falls das Verfahren nicht eingestellt ist, die Verhandlung statt. Den Termin bestimmt der Vorsitzende.

(2) Der Vorsitzende lädt zu der Verhandlung den Vertreter der einleitenden Dienststelle, den Beschuldigten und seinen Verteidiger. Er lädt die Zeugen und Sachverständigen, deren Erscheinen er für nötig hält, und ordnet das Herbeischaffen etwaiger Beweismittel an.

(3) Die Namen der geladenen Zeugen und Sachverständigen sind dem Vertreter der einleitenden Dienststelle, dem Beschuldigten und seinem Verteidiger mitzuteilen. Dem Beschuldigten und dem Verteidiger ist mit der Ladung ferner eine Liste der Mitglieder des Gerichts und ihrer Stellvertreter mit dem Hinweis mitzuteilen, daß die etwaige Ablehnung eines Richters spätestens eine Woche vor dem Verhandlungstermin bei dem Gericht eingegangen sein muß.

(4) Der Vertreter der einleitenden Dienststelle und der Beschuldigte können Zeugen und Sachverständige stellen. Das Gericht beschließt, ob sie zu vernehmen sind.

§ 69

(1) Die Ladungen sind zuzustellen.

(2) Zwischen der Zustellung an den Beschuldigten und dem Termin der Verhandlung müssen mindestens zwei Wochen liegen, wenn der Beschuldigte nicht auf die Frist verzichtet. Als Verzicht gilt auch, wenn er sich auf die Verhandlung eingelassen hat, ohne zu rügen, daß die Frist nicht eingehalten sei.

§ 70

(1) Zur Verhandlung soll der Beschuldigte persönlich erscheinen. Die Verhandlung kann aber auch bei seinem Ausbleiben stattfinden. Er kann sich durch einen Verteidiger vertreten lassen.

(2) Ist der Beschuldigte aus zwingenden Gründen am Erscheinen verhindert und hat er es rechtzeitig mitgeteilt, so ist ein neuer Termin zur Verhandlung anzusetzen. Ist der Beschuldigte vorübergehend verhandlungsunfähig, so kann der

Vorsitzende das Verfahren aussetzen und auch eine schon begonnene Verhandlung unterbrechen oder vertagen.

(3) Der Vorsitzende hat vor Beginn der Verhandlung den Termin aufzuheben und das Verfahren einzustellen, wenn sich herausstellt, daß eine Voraussetzung des § 54 Abs. 1 Buchst. b oder c vorliegt.

§ 71

(1) Die Verhandlung ist nicht öffentlich.

(2) Der Vorsitzende kann Vertreter kirchlicher Dienststellen und andere Personen, die ein berechtigtes Interesse an den Verhandlungen haben, zulassen.

(3) Es bleibt dem gliedkirchlichen Recht vorbehalten zu bestimmen, daß der Vorsitzende zu seiner Unterstützung einen kirchlichen Mitarbeiter zuziehen kann.

§ 72

(1) Die Hauptverhandlung erfolgt in ständiger Gegenwart der Mitglieder des Gerichts, des Schriftführers und des Vertreters der einleitenden Dienststelle sowie des Beschuldigten und des Verteidigers, wenn sie erschienen sind.

(2) Die ständige Gegenwart der Mitglieder des Gerichts gilt als gewahrt, wenn für ausfallende Mitglieder Ergänzungsrichter eintreten, die der Vorsitzende zu der Hauptverhandlung zugezogen hat und die von Anfang an daran teilgenommen haben.

§ 73

(1) Die Leitung der Verhandlung, die Vernehmung des Beschuldigten und die Aufnahme des Beweises erfolgt durch den Vorsitzenden.

(2) Der Vorsitzende hat den beisitzenden Richtern, dem Vertreter der einleitenden Dienststelle, dem Beschuldigten und dem Verteidiger auf Verlangen zu gestatten, Fragen an die Zeugen und Sachverständigen zu stellen. Ungeeignete oder nicht zur Sache gehörende Fragen kann der Vorsitzende zurückweisen.

§ 74

(1) Die Aufrechterhaltung der Ordnung in der Verhandlung liegt dem Vorsitzenden ob.

(2) Durch Beschluß des Gerichts können der Beschuldigte, der Verteidiger, Zeugen, Sachverständige und bei der Verhandlung nicht beteiligte Personen aus dem Verhandlungsraum verwiesen werden, wenn sie den zur Aufrechterhaltung der Ordnung erlassenen Weisungen nicht Folge leisten.

§ 75

(1) Über den Gang der Verhandlung ist eine Niederschrift anzufertigen, die vom Vorsitzenden und vom Schriftführer zu unterzeichnen ist. Sie muß enthalten:

a) Ort und Tag der Verhandlung,
b) die Namen der Richter, des Schriftführers, des Vertreters der einleitenden Dienststelle und des etwa hinzugezogenen kirchlichen Mitarbeiters,
c) die Namen des Beschuldigten, des Verteidigers, der Zeugen und Sachverständigen.

(2) Die Niederschrift muß den Gang und die Ergebnisse der Verhandlung im wesentlichen wiedergeben und die Beobachtung aller wesentlichen Förmlichkeiten ersichtlich machen, auch die Bezeichnung der verlesenen Schriftstücke sowie die im Laufe der Verhandlung gestellten Anträge, die ergangenen Entscheidungen und die Urteilsformel enthalten.

(3) Kommt es auf die Feststellung eines Vorganges in der Verhandlung oder des Wortlautes einer Aussage oder Äußerung an, so hat der Vorsitzende die vollständige Niederschreibung und Verlesung anzuordnen. In der Niederschrift ist zu bemerken, daß die Verlesung geschehen und die Genehmigung erfolgt ist, oder welche Einwendungen erhoben sind.

§ 76

(1) Die Verhandlung wird mit Schriftlesung eröffnet.

(2) Nach Aufruf der Sache trägt der Vorsitzende oder ein von ihm zum Berichterstatter ernannter Beisitzer in Abwesenheit der Zeugen das Ergebnis des bisherigen Verfahrens in gedrängter Form vor. Aus den Akten und Beiakten ist vorzutragen, was für eine Gesamtbeurteilung wichtig sein kann. Der Beschuldigte wird, wenn er erschienen ist, zur Person und Sache gehört.

§ 77

(1) Nach Anhörung des Beschuldigten werden die Beweise erhoben. Die Disziplinarkammer hat alles zu tun, was zur Erforschung der Wahrheit notwendig ist.

(2) Die Beweisaufnahme ist auf die vorgeladenen Zeugen und Sachverständigen sowie auf die anderen herbeigeschafften Beweismittel zu erstrecken, es sei denn, daß die Beweiserhebung nach der Überzeugung des Gerichts zum Zwecke der Verschleppung des Verfahrens beantragt ist. Nach der Vernehmung jedes Zeugen oder Sachverständigen sowie nach jeder Verlesung eines Schriftstückes ist der Beschuldigte zu fragen, ob er etwas zu erklären habe.

(3) Von der Erhebung einzelner Beweise kann abgesehen werden, wenn der Beschuldigte, sein Verteidiger und der Vertreter der einleitenden Dienststelle damit einverstanden sind. Die Erhebung eines Beweises muß abgelehnt werden, wenn sie unzulässig ist. Sie soll abgelehnt werden, wenn die Disziplinarkammer sie für unerheblich oder ungeeignet hält. Die Ablehnung eines Beweisantrages bedarf eines Gerichtsbeschlusses.

§ 78

(1) Urkunden und andere als Beweismittel dienende Schriftstücke sowie Urteile, deren tatsächliche Feststellungen gemäß § 22 Abs. 1 der Entscheidung zugrunde gelegt werden sollen, werden in der Verhandlung verlesen.

(2) Beruht der Beweis auf der Wahrnehmung einer Person, so ist diese in der Verhandlung zu vernehmen. Die Vernehmung kann unbeschadet der in den Absätzen 3 und 5 genannten Ausnahmen nicht durch Verlesung der über eine frühere Vernehmung aufgenommenen Niederschrift oder einer schriftlichen Erklärung ersetzt werden.

(3) Das Gericht kann beschließen, daß eine Niederschrift oder ein Gutachten verlesen wird, wenn der Zeuge oder Sachverständige nicht erscheinen kann oder

wenn sein Erscheinen mit Schwierigkeiten verbunden wäre, die in keinem Verhältnis zu der Bedeutung seiner Aussage stehen würden, oder wenn der Zeuge nicht erscheint und anzunehmen ist, daß er auch in einem neuen Termin nicht erscheinen wird.

(4) Zur Unterstützung des Gedächtnisses oder zur Aufklärung von Widersprüchen können Niederschriften über frühere Vernehmungen des Beschuldigten oder der Zeugen in der Verhandlung verlesen werden.

(5) Niederschriften über Vernehmungen von Zeugen und Sachverständigen können auch dann verlesen werden, wenn der Vertreter der einleitenden Dienststelle, der Beschuldigte und der Verteidiger damit einverstanden sind.

(6) Zeugnisse und Gutachten öffentlicher Behörden und Amtspersonen und ärztliche Atteste können verlesen werden.

§ 79

(1) Wenn die Disziplinarkammer weitere Beweiserhebungen für erforderlich hält, kann sie neue Zeugen oder Sachverständige vernehmen oder eines ihrer Mitglieder mit der Beweiserhebung beauftragen. Dazu ist die Verhandlung zu unterbrechen oder zu vertagen.

(2) Nötigenfalls kann die Vernehmung auch im Wege der Amtshilfe oder Rechtshilfe erfolgen.

§ 80

(1) Bei unveränderter Besetzung des Gerichts bleiben Unterbrechungen von weniger als 3 Tagen unberücksichtigt.

(2) Eine Verhandlung muß von neuem begonnen werden, wenn sie insgesamt mehr als 30 Tage unterbrochen war oder wenn die Besetzung des Gerichts sich geändert hat. In anderen Fällen kann die Verhandlung nach einer Unterbrechung von neuem begonnen werden.

§ 81

(1) Nach Schluß der Beweisaufnahme werden der Vertreter der einleitenden Dienststelle und dann der Beschuldigte und sein Verteidiger gehört.

(2) Der Beschuldigte hat das letzte Wort.

§ 82

(1) Bei der Beratung und Abstimmung des Gerichts darf außer den zur Entscheidung berufenen Mitgliedern nur der nach gliedkirchlichem Recht vom Vorsitzenden zu seiner Unterstützung etwa hinzugezogene kirchliche Mitarbeiter (§ 71 Abs. 3) zugegen sein.

(2) Kein Mitglied darf sich der Stimme enthalten, auch wenn es bei der Abstimmung über eine vorhergegangene Frage in der Minderheit geblieben ist.

(3) Die Abstimmung erfolgt in der Weise, daß zunächst der Berichterstatter, zuletzt der Vorsitzende, und die übrigen Mitglieder nach dem Lebensalter stimmen, und zwar zunächst das jüngste Mitglied.

(4) Über den Hergang der Beratung und Abstimmung haben alle Anwesenden Stillschweigen zu bewahren.

(5) Vorstehende Bestimmungen gelten auch für Beschlüsse des Gerichts.

§ 83

(1) Gegenstand der Urteilsfindung sind nur die Anschuldigungspunkte, die in der Anschuldigungsschrift und ihren etwaigen Nachträgen dem Beschuldigten als Amtspflichtverletzung zur Last gelegt werden.

(2) Über das Ergebnis der Verhandlung entscheidet die Disziplinarkammer nach ihrer freien Überzeugung.

§ 84

(1) Das Urteil kann nur auf Einstellung des Verfahrens, Freispruch oder Strafe lauten. Es entscheidet zugleich, wer die Kosten des Verfahrens trägt.

(2) Das Verfahren ist einzustellen, wenn eine Voraussetzung des § 54 Abs. 1 vorliegt. Es kann eingestellt werden, wenn der Vertreter der einleitenden Dienststelle und der Beschuldigte es übereinstimmend beantragen.

(3) Wenn eine Amtspflichtverletzung nicht erwiesen ist, ist auf Freispruch zu erkennen.

§ 85

(1) In einem Urteil, das auf Entfernung aus dem Dienst oder Aberkennung des Ruhegehaltes lautet, kann die Disziplinarkammer dem Beschuldigten auf Lebenszeit oder auf bestimmte Zeit einen Unterhaltsbetrag bewilligen, wenn er dessen bedürftig und nicht unwürdig erscheint. Der Unterhaltsbeitrag darf für längstens fünf Jahre höchstens 75 v. H. und über diesen Zeitraum hinaus höchstens 50 v. H. des Ruhegehaltes betragen, das der Beschuldigte im Zeitpunkt des Urteils erdient hat. Daneben kann Kinderzulage nach Maßgabe der geltenden Bestimmungen gewährt werden.

(2) Die Disziplinarkammer kann bestimmen, daß der Unterhaltsbeitrag ganz oder teilweise an Personen gezahlt wird, zu deren Unterhalt der Beschuldigte gesetzlich verpflichtet ist. Bestimmt das Urteil darüber nichts, so kann auch die oberste Dienststelle des Beschuldigten die in Satz 1 vorgesehene Bestimmung treffen.

(3) Der Unterhaltsbeitrag wird, sofern im Urteil nichts anderes bestimmt wird, von dem Zeitpunkt ab gezahlt, an dem die Dienst- oder Versorgungsbezüge wegfallen.

(4) Der Unterhaltsbeitrag wird hinsichtlich seines Wegfalles oder Ruhens und hinsichtlich des Einflusses, den etwaige Bezüge aus einem öffentlichen Dienst auf ihn haben, wie ein Ruhegehalt behandelt.

§ 86

(1) Das Urteil wird durch Verlesen der Urteilsformel und Mitteilung der wesentlichen Urteilsgründe am Schlusse der Verhandlung oder spätestens in einem binnen einer Woche stattfindenden Verkündungstermin verkündet. Es ist schriftlich abzufassen und mit Gründen zu versehen. Wird der Beschuldigte freigesprochen, so müssen die Urteilsgründe ergeben, ob der Freispruch mangels Beweises einer schuldhaften Amtspflichtverletzung oder wegen erwiesener Nichtschuld erfolgt. Hat die Disziplinarkammer einen Beweisantrag nach § 77 Abs. 3 für unerheblich erklärt, so ist die Maßnahme zu begründen. Dasselbe gilt, wenn ein Unterhaltsbeitrag bewilligt ist. In den Fällen des § 12 müssen die Gründe auch ergeben, weshalb die mit der Ordination erworbenen Rechte beibehalten werden.

(2) Das Urteil ist von dem Vorsitzenden und mindestens zwei Mitgliedern der Disziplinarkammer, die bei der Entscheidung mitgewirkt haben, zu unterschreiben. Ist der Vorsitzende an der Unterschrift verhindert, so unterschreibt an seiner Stelle ein anderes Mitglied unter Angabe des Verhinderungsgrundes.

(3) Dem Beschuldigten und der einleitenden Dienststelle ist das Urteil zuzustellen. Spätestens hierbei ist der Beschuldigte über das zulässige Rechtsmittel zu belehren.

6. Rechtsmittel im förmlichen Disziplinarverfahren

a) Allgemeine Bestimmungen

§ 87

Der Beschuldigte ist bei der Zustellung von Entscheidungen, gegen die ihm ein Rechtsmittel zusteht, über das Rechtsmittel zu belehren.

§ 88

(1) Die Rechtsmittel, die nach diesem Gesetz zulässig sind, sind schriftlich bei der Stelle einzulegen, die die angefochtene Entscheidung getroffen hat. Die Einlegungsfrist ist auch gewahrt, wenn während ihres Laufes das Rechtsmittel bei der Stelle eingeht, die darüber zu entscheiden hat.

(2) Ein Irrtum in der Bezeichnung des Rechtsmittels ist unschädlich.

§ 89

(1) Die einleitende Dienststelle und ihr Vertreter können von den ihnen zustehenden Rechtsmitteln auch zugunsten des Beschuldigten Gebrauch machen.

(2) Jedes von der einleitenden Dienststelle oder ihrem Vertreter eingelegte Rechtsmittel hat die Wirkung, daß die angefochtene Entscheidung auch zugunsten des Beschuldigten geändert werden kann.

(3) Ist die Entscheidung nur von dem Beschuldigten oder nur zu seinen Gunsten angefochten worden, so darf sie nicht zuungunsten des Beschuldigten geändert werden.

§ 90

(1) Der zur Einlegung eines Rechtsmittels Berechtigte kann nach Beginn der Rechtsmittelfrist durch schriftliche Erklärung gegenüber der Stelle, die die anfechtbare Entscheidung getroffen hat, oder gegenüber der für die Entscheidung über das Rechtsmittel zuständigen Stelle auf die Einlegung verzichten oder das eingelegte Rechtsmittel, solange nicht darüber entschieden ist, zurücknehmen. In der Hauptverhandlung vor dem Disziplinarhof kann die Berufung auch durch mündliche Erklärung zurückgenommen werden. Der Verteidiger bedarf zu dem Verzicht und der Zurücknahme der ausdrücklichen Ermächtigung durch den Beschuldigten.

(2) Wird ein von der einleitenden Dienststelle zugunsten des Beschuldigten eingelegtes Rechtsmittel zurückgenommen, so hat die einleitende Dienststelle die Zurücknahme dem Beschuldigten zuzustellen. Nach der Zustellung beginnt für den Beschuldigten eine neue Rechtsmittelfrist, innerhalb deren er das Rechtsmittel einlegen kann.

b) Beschwerde

§ 91

(1) Das Rechtsmittel der Beschwerde findet nur in den in diesem Gesetz bestimmten Fällen statt.

(2) Die Einlegungsfrist beträgt zwei Wochen.

(3) Die Stelle, deren Entscheidung angefochten wird, kann der Beschwerde abhelfen.

(4) Die für die Entscheidung über die Beschwerde zuständige Stelle hat die etwa erforderlichen Ermittlungen vorzunehmen oder ihre Vornahme durch die Stelle, deren Entscheidung angefochten ist, anzuordnen.

(5) Sind die Disziplinarkammer oder der Disziplinarhof für die Entscheidung über die Beschwerde zuständig, so entscheiden sie durch Beschluß.

(6) Die Entscheidung über die Beschwerde ist zu begründen und zuzustellen.

c) Berufung

§ 92

(1) Gegen das Urteil der Disziplinarkammer können der Beschuldigte und die einleitende Dienststelle bis zum Ablauf eines Monats nach Zustellung Berufung an den zuständigen Disziplinarhof einlegen. Der Vorsitzende der Disziplinarkammer kann die Berufungsfrist vor ihrem Ablauf durch eine Verfügung, die zuzustellen ist, angemessen verlängern, wenn besondere Umstände es rechtfertigen.

(2) Bei oder alsbald nach Einlegung der Berufung bestellt die einleitende Dienststelle für sich einen Vertreter, auf den die Bestimmungen des § 48 Abs. 2 und 3 Anwendung finden. Die Bestellung ist dem Beschuldigten mitzuteilen.

§ 93

(1) Die Berufung kann durch ausdrückliche Erklärung auf das Strafmaß, insbesondere auch auf die Bemessung des Wartegeldes (§§ 5 Abs. 2, 3, 10 Abs. 3, 13) und die Frage der Belassung der mit der Ordination verliehenen Rechte (§§ 5, 12) sowie auf die Frage der Bewilligung eines Unterhaltsbeitrages (§ 85) beschränkt werden. Die Beschränkung hat die Wirkung, daß das Urteil nur insoweit der Nachprüfung durch den Disziplinarhof unterliegt.

(2) Die Kostenentscheidung allein kann nicht angefochten werden.

(3) Wird die Berufung nicht beschränkt, so gilt der ganze Inhalt des Urteils als angefochten.

§ 94

(1) Binnen zwei Wochen nach Ablauf der Berufungsfrist ist die Berufung zu begründen. Für die Begründung gilt § 92 Abs. 1 Satz 2 sinngemäß.

(2) In der Begründung soll angegeben werden, inwieweit das Urteil angefochten wird, welche Änderungen beantragt und wie diese Anträge begründet werden.

(3) Neue Tatsachen und Beweismittel, die nach Ablauf der Begründungsfrist vorgebracht werden, braucht der Disziplinarhof nicht zu berücksichtigen, wenn nach seiner Überzeugung die Verspätung auf einem Verschulden beruht.

§ 95

(1) Der Vorsitzende der Disziplinarkammer kann die Berufung als unzulässig verwerfen, wenn sie sich nur gegen die Kostenentscheidung richtet oder wenn sie

verspätet eingelegt wird oder nicht rechtzeitig begründet worden ist. Die Entscheidung ist zuzustellen.

(2) Gegen die Entscheidung ist Beschwerde an den Disziplinarhof zulässig. Der Disziplinarhof kann die Entscheidung auch dann aufheben, wenn er die Entscheidung über die Zulässigkeit der Berufung dem Urteil vorbehalten will.

§ 96

(1) Wird die Berufung nicht als unzulässig verworfen, so werden die Berufungsschrift die Berufungsbegründung der einleitenden Dienststelle oder, wenn diese Berufung eingelegt hat, dem Beschuldigten in beglaubigter Abschrift zugestellt.

(2) Die Berufung kann binnen zwei Wochen nach der Zustellung schriftlich beantwortet werden. Der Vorsitzende der Disziplinarkammer kann die Frist durch eine Verfügung, die gleichzeitig mit den Schriftstücken nach Absatz 1 zuzustellen ist, angemessen verlängern, wenn besondere Umstände es rechtfertigen.

§ 97

(1) Nach Ablauf der Beantwortungsfrist werden die Akten dem Disziplinarhof übersandt.

(2) Liegen die Voraussetzungen des § 95 Abs. 1 vor, so kann der Vorsitzende des Disziplinarhofs oder der Disziplinarhof durch Beschluß die Berufung als unzulässig verwerfen. Die Entscheidung ist zu begründen und zuzustellen. Gegen die Entscheidung des Vorsitzenden findet Beschwerde an den Disziplinarhof statt. § 95 Abs. 2 Satz 2 findet Anwendung.

(3) Wenn eine der Voraussetzungen des § 54 Abs. 1 vorliegt, kann das Verfahren vor Beginn der Hauptverhandlung durch den Vorsitzenden des Disziplinarhofs oder durch Beschluß des Disziplinarhofs eingestellt werden. § 67 Abs. 2 findet sinngemäß Anwendung.

§ 98

(1) Wird das Verfahren nicht eingestellt, so setzt der Vorsitzende des Disziplinarhofs Termin zur Verhandlung an.

(2) Für das weitere Verfahren gelten die Vorschriften für das Verfahren vor der Disziplinarkammer (§§ 68—86) sinngemäß. Das angefochtene Urteil ist zu verlesen.

(3) Der Disziplinarhof kann die Berufung durch Urteil als unzulässig verwerfen oder in der Sache selbst entscheiden oder, wenn er schwerwiegende Mängel des Verfahrens festgestellt hat oder eine weitere Aufklärung für erforderlich hält, die Sache zur nochmaligen Verhandlung an die zuständige Disziplinarkammer zurückverweisen. Der Disziplinarhof kann, wenn er in der Sache selbst entscheidet und nicht die Berufung als unbegründet zurückweist, das Urteil der Disziplinarkammer ändern oder aufheben.

7. Rechtskraft

§ 99

(1) Entscheidungen der Disziplinarkammern und der Vorsitzenden der Disziplinargerichte werden mit dem Ablauf der Rechtsmittelfrist rechtskräftig, wenn ein zulässiges Rechtsmittel nicht eingelegt ist. Wird auf Rechtsmittel ver-

zichtet oder werden die eingelegten Rechtsmittel zurückgenommen, so tritt die Rechtskraft in dem Zeitpunkt ein, in dem die Erklärung des Verzichts oder der Zurücknahme dem Disziplinargericht zugeht.

(2) Entscheidungen des Disziplinarhofs werden mit der Verkündung rechtskräftig.

8. Vorläufige Dienstenthebung

§ 100

(1) Die einleitende Dienststelle kann einem Geistlichen vorläufig des Dienstes entheben, wenn ein förmliches Verfahren gegen ihn eingeleitet wird oder eingeleitet worden ist. Wenn in dem Verfahren voraussichtlich auf Entfernung aus dem Dienst erkannt werden wird, kann sie gleichzeitig oder später anordnen, daß ihm ein Teil seiner jeweiligen Dienstbezüge (§ 8), höchstens aber die Hälfte einbehalten wird.

(2) Bei Geistlichen im Warte- oder Ruhestand kann angeordnet werden, daß bis zu $^1/_3$ des Wartegledes oder Ruhegehaltes einbehalten wird, wenn voraussichtlich auf Entfernung aus dem Dienst oder bei Geistlichen im Ruhestand auf Aberkennung des Ruhegehaltes erkannt werden wird.

(3) Ist in einem noch nicht rechtskräftigen Urteil ein Unterhaltungsbeitrag bewilligt, so ist dem Beschuldigten mindestens ein dem Betrag des Unterhaltsbeitrages gleichkommender Teil seiner Bezüge zu belassen.

§ 101

Die einleitende Dienststelle kann die Maßnahmen nach § 100 jederzeit wieder aufheben. Sie sind mit dem rechtskräftigen Abschluß des Verfahrens beendet. Ist in erster Instanz Freispruch erfolgt, so tritt die Maßnahme des § 100 mit Verkündung des Urteils außer Kraft.

§ 102

(1) Die nach § 100 einbehaltenen Beträge verfallen, wenn rechtskräftig auf Entfernung aus dem Dienst oder auf Aberkennung des Ruhegehalts erkannt wird oder wenn das Verfahren eingestellt wird, weil ein Umstand eingetreten ist, der den Wegfall aller Dienstbezüge ohnehin zur Folge hat. Das gilt nicht für den Fall daß der Beschuldigte vor dem rechtskräftigen Abschluß des Verfahrens stirbt.

(2) Wenn die einbehaltenen Beträge nicht nach Abs. 1 verfallen, sind sie nachzuzahlen, sobald das Verfahren rechtskräftig abgeschlossen ist oder die einleitende Dienststelle es eingestellt hat. Die Kosten des Disziplinarverfahrens, die der Beschuldigte zu tragen hat, können davon abgezogen werden.

Abschnitt VI

Wiederaufnahme des Verfahrens

1. Zulässigkeit des Verfahrens

§ 103

(1) Ein rechtskräftig abgeschlossenes Disziplinarverfahren kann auf Antrag wieder aufgenommen werden.

(2) Die Wiederaufnahme kann beantragt werden von der einleitenden Dienststelle, von dem Beschuldigten und seinem gesetzlichen Vertreter und nach seinem Tode von seinem Ehegatten, seinen Verwandten auf- und absteigender Linie und seinen Geschwistern. Wer erst nach dem Tode des Beschuldigten antragsberechtigt ist, kann den Antrag nur stellen, wenn er sich gleichzeitig verpflichtet, die Kosten des Verfahrens zu tragen, soweit sie ihm auferlegt werden. Im übrigen hat der Antragsteller im Verfahren dieselben Befugnisse, die der Beschuldigte haben würde.

(3) Der Beschuldigte kann sich eines Verteidigers bedienen.

§ 104

Der Wiederaufnahmeantrag muß auf einen gesetzlichen Grund gestützt sein. Ein solcher liegt nur vor, wenn

1. auf eine Strafe erkannt ist, die nach Art oder Höhe gesetzlich unzulässig war, und kein Rechtsmittel gegen das Urteil eingelegt werden konnte,
2. neue Tatsachen oder Beweismittel vorgebracht werden, die geeignet sind, eine andere Entscheidung zu begründen, und von denen der Antragsteller glaubhaft macht, daß er sie nicht im abgeschlossenen Verfahren rechtzeitig geltend machen konnte,
3. die Entscheidung auf dem Inhalt einer fälschlich angefertigten oder verfälschten Urkunde oder auf einem Zeugnis oder Gutachten beruht, das vorsätzlich oder fahrlässig falsch abgegeben worden ist.
4. ein gerichtliches Urteil, auf dessen tatsächlichen Feststellungen das kirchengerichtliche Urteil beruht, durch ein anderes rechtskräftiges Urteil aufgehoben worden ist,
5. der Beschuldigte nachträglich ein Dienstvergehen glaubhaft eingestanden hat, das in dem abgeschlossenen Verfahren nicht festgestellt werden konnte,
6. ein Mitglied des Disziplinargerichts sich in der Sache einer strafbaren Verletzung seiner Amtspflicht schuldig gemacht hat.
7. im Disziplinargericht ein Mitglied bei der Entscheidung mitgewirkt hat, das kraft Gesetzes ausgeschlossen war, sofern nicht die Gründe für den gesetzlichen Ausschluß schon erfolglos geltend gemacht worden waren.

§ 105

Die Wiederaufnahme auf Grund von § 104 Nr. 3 und 6 ist nur zulässig, wenn die behauptete Handlung zu einer rechtskräftigen strafgerichtlichen Verurteilung geführt hat oder ein strafgerichtliches Verfahren aus anderen Gründen als wegen Mangels an Beweisen nicht eingeleitet oder durchgeführt werden kann.

2. Verfahren

§ 106

Der Wiederaufnahmeantrag ist schriftlich an das Disziplinargericht zu richten, dessen Entscheidung angefochten wird. Es muß den gesetzlichen Grund der Wiederaufnahme und die Beweismittel bezeichnen.

§ 107

Über die Zulassung des Antrages entscheidet das Disziplinargericht, dessen Entscheidung angefochten wird. Es kann dazu erforderlichenfalls Ermittlungen anstellen.

§ 108

(1) Das Disziplinargericht verwirft den Antrag durch Beschluß, wenn es die gesetzlichen Voraussetzungen für die Zulassung des Antrages nicht für gegeben oder den Antrag für offensichtlich unbegründet hält.

(2) Der Beschluß ist dem Antragsteller und dem Vertreter der einleitenden Dienststelle zuzustellen.

(3) Gegen einen nach Absatz 1 ergehenden Beschluß der Disziplinarkammer ist die Beschwerde zulässig.

§ 109

(1) Verwirft das Disziplinargericht den Antrag nicht, so beschließt es die Wiederaufnahme des Verfahrens. Dieser Beschluß berührt das angefochtene Urteil nicht.

(2) Für das weitere Verfahren ist die Disziplinarkammer zuständig, die in dem früheren Verfahren im ersten Rechtszug entschieden hat.

(3) Lautet das angefochtene Urteil nicht auf Amtsenthebung, auf Entfernung aus dem Dienst oder auf Aberkennung des Ruhegehaltes, so werden mit dem Wiederaufnahmeantrag die Maßnahmen nach § 15 und mit der Wiederaufnahmeverfügung die Maßnahmen nach § 100 zulässig.

§ 110

(1) Nach Abschluß der Ermittlungen bringt der Vorsitzende des Disziplinargerichts die Sache zur Verhandlung. Die Vorschriften für ein erstmalig anhängiges Verfahren gelten sinngemäß.

(2) Das Urteil kann die frühere Entscheidung aufrechterhalten oder sie aufheben und anders entscheiden.

(3) War in dem früheren Urteil auf Entfernung aus dem Amt, auf Entlassung aus dem Dienst oder auf Aberkennung des Ruhegehalts erkannt, so ist das wiederaufgenommene Verfahren nicht deshalb einzustellen, weil nach Verkündung des Urteils eine der Voraussetzungen des § 54 Absatz 1 b oder c eingetreten ist.

(4) Wenn es die einleitende Dienststelle beantragt, kann das Disziplinargericht ohne mündliche Verhandlung durch Beschluß unter Aufhebung der früheren Entscheidung auf Freispruch erkennen. Der Beschluß wird mit Zustellung rechtskräftig.

§ 111

(1) Wird im wiederaufgenommenen Verfahren ein Urteil aufgehoben, durch das auf Amtsenthebung, auf Entfernung aus dem Dienst oder auf Aberkennung des Ruhegehalts erkannt war, so wirken das neue Urteil oder der Beschluß nach § 110 Absatz 4 hinsichtlich der Bezüge und der rechtlichen Stellung des Beschuldigten so, wie wenn sie im Zeitpunkt des früheren Urteils an dessen Stelle ergangen wären.

(2) Bezüge, auf die der Beschuldigte oder seine Hinterbliebenen danach noch Anspruch haben, sind nachzuzahlen. Der in der Zwischenzeit bezogene Arbeitsverdienst sowie Zahlungen, die auf Grund des früheren Urteils oder der durch das Urteil geschaffenen Verhältnisse geleistet sind, werden angerechnet. Der Beschuldigte ist verpflichtet, über die von ihm inzwischen erhaltenen Bezüge Auskunft zu geben. Hätte der Beschuldigte nach dem neuen Urteil sein Amt nicht verloren, so erhält er nach Rechtskraft dieses Urteils, wenn die Stelle inzwischen anderweitig besetzt worden ist, die diesem Amt entsprechenden Bezüge. Er ist zur Dienstleistung und zur Übernahme eines neuen Amtes wie ein Geistlicher im Wartestand verpflichtet.

(3) Sind in der Zwischenzeit Umstände eingetreten, die unabhängig von dem früheren Urteil die Bezüge oder die rechtliche Stellung des Beschuldigten verändert hätten, so behalten sie ihren Einfluß.

(4) Wird nach dem Urteil im wiederaufgenommenen Verfahren gegen den Beschuldigten ein neues Verfahren mit dem Ziele der Entfernung aus dem Dienst oder der Aberkennung des Ruhegehaltes eingeleitet, das in der Zwischenzeit deshalb nicht eingeleitet werden konnte, weil das frühere Urteil das Dienstverhältnis beendet hatte, so können die nachzuzahlenden Bezüge einbehalten werden. Sie verfallen, wenn in dem neuen Verfahren auf Entlassung aus dem Dienst oder auf Aberkennung des Ruhegehaltes erkannt wird.

§ 112

(1) Dem im wiederaufgenommenen Verfahren Freigesprochenen kann über die in § 111 Absatz 2 genannten Bezüge hinaus auf Antrag eine Entschädigung gewährt werden. Der Antrag ist innerhalb eines Monats nach rechtskräftigem Abschluß des Wiederaufnahmeverfahrens zu stellen.

(2) Über die Höhe der Entschädigung entscheidet die oberste Dienststelle der Kirche, die das Verfahren eingeleitet hat, nach billigem Ermessen.

Abschnitt VII

Entziehung des Unterhaltsbeitrages

§ 113

(1) Einen nach § 85 bewilligten Unterhaltsbeitrag kann die Disziplinarkammer auf Antrag der einleitenden Dienststelle durch Beschluß ganz oder teilweise entziehen, wenn sich der Bestrafte durch sein Verhalten der Bewilligung als unwürdig erwiesen oder wenn sich seine wirtschaftlichen Verhältnisse wesentlich gebessert haben.

(2) Der Vorsitzende der Disziplinarkammer oder ein von ihm bestimmter Beisitzer nimmt die nötigen Ermittlungen vor. Dem Bestraften ist Gelegenheit zur Äußerung zu geben.

(3) Der Beschluß ist dem Bestraften zuzustellen. Gegen den Beschluß ist Beschwerde an den Disziplinarhof zulässig, der endgültig durch Beschluß entscheidet.

Abschnitt VIII

Kosten

§ 114

(1) Die Kosten des Verfahrens können dem Beschuldigten ganz oder teilweise auferlegt werden, wenn er zu einer Dienststrafe verurteilt wird. Dasselbe gilt, wenn ein Verfahren gegen einen Geistlichen im Ruhestand deshalb eingestellt wird, weil die einleitende Dienststelle oder das Disziplinargericht zwar ein Dienstvergehen für erwiesen ansieht, aber die Kürzung oder Aberkennung des Ruhegehaltes nicht für gerechtfertigt hält.

(2) Die einleitende Dienststelle kann dem Beschuldigten die Kosten des förmlichen Verfahrens auch dann ganz oder teilweise auferlegen, wenn sie das Verfahren einstellt oder eine Disziplinarverfügung erläßt.

(3) Nicht zu den Kosten des Verfahrens gehören die Kosten für die Besetzung der Disziplinargerichte.

§ 115

Im Falle des Freispruchs wegen erwiesener Unschuld ist im Urteil zu bestimmen, daß dem Beschuldigten die Verteidigungskosten in einer vom Gericht festzusetzenden Höhe erstattet werden.

§ 116

(1) Hat der Beschuldigte ein Rechtsmittel erfolglos eingelegt oder wieder zurückgenommen, so können ihm die durch die Einlegung des Rechtsmittels entstandenen Kosten auferlegt werden.

(2) Für die Kosten, die durch einen Wiederaufnahmeantrag entstehen, gilt Absatz 1 sinngemäß für den Beschuldigten oder denjenigen, der nach dessen Tode an seiner Stelle den Antrag gestellt hat.

§ 117

(1) Kosten, die nicht dem Beschuldigten oder in einem wiederaufgenommenen Verfahren dem sonstigen Antragsteller auferlegt sind, trägt die Kirche, deren Dienststelle das Verfahren eingeleitet hat.

(2) Dieser Kirche können auch die notwendigen Auslagen des Beschuldigten oder im Wiederaufnahmeverfahren des sonstigen Antragstellers (§ 103 Abs. 2) ganz oder teilweise auferlegt werden, wenn der Beschuldigte freigesprochen oder wenn das Verfahren eingestellt wird, ohne daß dem Beschuldigten Kosten auferlegt werden. Soweit dem Beschuldigten notwendige Auslagen infolge eines Rechtsmittels erwachsen sind, das die einleitende Dienststelle erfolglos eingelegt oder wieder zurückgenommen hat, müssen sie der Kirche auferlegt werden.

§ 118

(1) Die Kosten, die der Beschuldigte oder im Wiederaufnahmeverfahren der sonstige Antragsteller zu tragen hat, und die Auslagen, die ihm zu erstatten sind, setzt die Geschäftsstelle der Disziplinarkammer fest. Sie erteilt darüber einen Kostenbescheid, der den Beteiligten zuzustellen ist.

(2) Gegen den Kostenbescheid ist Beschwerde an den Vorsitzenden der Disziplinarkammer und gegen dessen Entscheidung weitere Beschwerde an den Vorsitzenden des Disziplinarhofs zulässig. Dieser entscheidet endgültig. Die Beschwerdeentscheidung ist zuzustellen.

§ 119

(1) Die Kosten, die dem Beschuldigten auferlegt sind, können ihm von seinen Dienstbezügen, seinem Wartegeld oder seinem Ruhegehalt abgezogen werden.

(2) Die Kosten, die der Beschuldigte oder in einem wiederaufgenommenen Verfahren ein sonstiger Antragsteller zu erstatten hat, fließen der Kirche zu, der sie erwachsen sind.

Abschnitt IX

Begnadigung

§ 120

(1) Der Rat der Evangelischen Kirche in Deutschland und die nach gliedkirchlichem Recht zuständigen Dienststellen der Gliedkirchen können Dienststrafen im Gnadenwege mildern oder erlassen.

(2) Der Rat der Evangelischen Kirche in Deutschland übt das Gnadenrecht aus, wenn in erster Instanz die Disziplinarkammer der Evangelischen Kirche in Deutschland entschieden hat, die nach gliedkirchlichem Recht zuständige Dienststelle, wenn in erster Instanz die Disziplinarkammer der Gliedkirche entschieden hat.

Abschnitt X

Entziehung und Verlust der mit der Ordination erworbenen Rechte

§ 121

(1) Einem ordinierten Geistlichen, der einem in der Evangelischen Kirche in Deutschland geltenden Bekenntnis angehört, aber nicht Geistlicher im Sinne des § 1 ist, können die mit der Ordination erworbenen Rechte entzogen werden, wenn er die von ihm mit der Ordination übernommenen Pflichten verletzt hat.

(2) Für das Verfahren gilt diese Ordnung entsprechend mit der Maßgabe, daß die nach § 4 zuständige Dienststelle die Dienststelle der Kirche ist, der der Geistliche angehört oder in der er seinen Wohnsitz hat.

(3) Mit der Entziehung der mit der Ordination erworbenen Rechte treten die Rechtsfolgen des § 12 ein.

§ 122

(1) Ein Verzicht auf die mit der Ordination erworbenen Rechte bedarf der Annahme durch die oberste Dienststelle. Der Verzicht kann nur angenommen werden, wenn die Gründe für den Verzicht schriftlich niedergelegt und von dem Geistlichen durch seine Unterschrift anerkannt sind.

(2) Mit der Annahme des Verzichts treten die Rechtsfolgen der §§ 11 und 12 ein.

Teil B

Verfahren gegen Kirchenbeamte

§ 123

(1) Wenn ein Kirchenbeamter in oder außer dem Dienst schuldhaft Pflichten verletzt, die er durch sein Amtsgelöbnis übernommen hat, kann gegen ihn wegen Amtspflichtverletzung ein Disziplinarverfahren nach diesem Gesetz stattfinden.

(2) Die Bestimmungen des Teiles A dieses Gesetzes finden entsprechende Anwendung.

§ 124

Kirchenbeamter ist, wer zur Evangelischen Kirche in Deutschland, zu einer Gliedkirche, zu einer Kirchengemeinde oder zu einem kirchlichen Gemeinde- oder Synodalverband in einem Dienstverhältnis steht, das als Kirchenbeamtenverhältnis begründet worden ist.

§ 125

Ist der Beschuldigte ein Kirchenbeamter, so tritt bei den Disziplinargerichten an die Stelle eines geistlichen Beisitzers ein Kirchenbeamter aus der Laufbahn des Beschuldigten.

§ 126

Es bleibt dem gliedkirchlichen Recht überlassen, dieses Gesetz auf Träger anderer kirchlicher Dienste auszudehnen.

§ 127

Dehnt eine Gliedkirche die Anwendung dieses Gesetzes auf Träger anderer kirchlicher Dienste als die der Pfarrer und Kirchenbeamten aus, so kann sie bestimmen, daß ein geistlicher Beisitzer durch einen Beisitzer des betreffenden Dienstes ersetzt wird.

§ 128

Bei Bestimmung der Reihenfolge der Stellvertreter (§ 61 Abs. 4) ist zu regeln, welcher geistliche Beisitzer im Falle der §§ 125 und 127 durch einen Kirchenbeamten oder durch einen anderen Beisitzer ersetzt wird.

§ 129

Es bleibt dem gliedkirchlichen Recht vorbehalten, Bestimmungen darüber zu treffen, welche Disziplinarkammer für die höheren Beamten der Gliedkirchen zuständig ist.

Teil C

Übergangs- und Schlußbestimmungen

§ 130

Bestehen in einer Gliedkirche keine Vorschriften über Pfarrer im Wartestand, so sind in Anwendung dieses Gesetzes die Bestimmungen des Kirchenbeamtengesetzes der Evangelischen Kirche in Deutschland vom 18. März 1954 über den Wartestand sinngemäß anzuwenden.

§ 131

(1) Änderungen dieses Gesetzes bedürfen, soweit eine beteiligte Gliedkirche davon berührt wird, ihrer Zustimmung.

(2) Eine Gliedkirche kann nach Fühlungnahme mit der Evangelischen Kirche in Deutschland durch gliedkirchliches Recht die Geltung des vorstehenden Gesetzes für ihren Bereich aufheben.

§ 132

(1) Dieses Gesetz tritt für die Amtsstellen der Evangelischen Kirche in Deutschland mit seiner Verkündung, für die beteiligten Gliedkirchen nach ihrem Recht in Kraft. Damit werden alle bisherigen Vorschriften, soweit sie diesem Gesetz widersprechen, hinfällig.

(2) Der Rat der Evangelischen Kirche in Deutschland und, soweit das Disziplinargesetz das gliedkirchliche Recht als maßgebend bezeichnet oder nicht berührt, die Leitungen der Gliedkirchen erlassen die nötigen Überleitungs- und Durchführungsvorschriften.

Espelkamp, den 11. März 1955

Der Präses der Synode
der Evangelischen Kirche in Deutschland
D. Dr. von Dietze

Evangelische Kirche in Deutschland
(Amtsbl. d. EKiD 1955, Heft 11/12, Seite 333)

Verordnung zur Durchführung und Überleitung des Disziplinargesetzes der Evangelischen Kirche in Deutschland

Vom 25. November 1955

Auf Grund des § 132 Absatz 2 des Disziplinargesetzes der Evangelischen Kirche in Deutschland vom 11. März 1955 (ABl. Nr. 59) wird zur Überleitung und Durchführung dieses Gesetzes verordnet:

§ 1

(1) Das Disziplinargesetz findet auf die vor seinem Inkrafttreten begangenen Dienstvergehen Anwendung, soweit diese auch nach dem zur Zeit ihrer Begehung geltenden Recht als Dienstvergehen verfolgt werden konnten.

(2) Eine nach dem Disziplinargesetz zulässige Dienststrafe darf wegen eines vor dem Inkrafttreten des Disziplinargesetzes begangenen Dienstvergehens nur verhängt werden, wenn sie auch nach dem zur Zeit ihrer Begehung geltenden Recht zulässig war.

§ 2

(1) Noch nicht abgeschlossene Verfahren und Wiederaufnahmeverfahren gehen mit dem Inkrafttreten dieses Gesetzes in der Lage, in der sie sich befinden, auf

die nach diesem Gesetz zuständigen Behörden über. Maßnahmen, die nach dem bisher geltenden Recht getroffen worden sind, bleiben wirksam.

(2) Die Gliedkirchen können bestimmen, daß für anhängige Verfahren die bisher geltenden Bestimmungen anzuwenden sind.

§ 3

In der Anschuldigungsschrift ist das Bekenntnis des Beschuldigten anzugeben. Das Bekenntnis des Beschuldigten ist durch Befragen festzustellen.

§ 4

(1) Der Vorsitzende des Disziplinargerichts leitet und beaufsichtigt den Geschäftsgang. Er verteilt die Geschäfte unter die Mitglieder des Disziplinargerichtes.

(2) Der Vorsitzende oder in seinem Auftrag der Berichterstatter erläßt die Verfügungen, die, ohne der sachlichen Entscheidung vorzugreifen, zu deren Vorbereitung dienen. Er kann dabei die Unterstützung der Organe der allgemeinen kirchlichen Verwaltung in Anspruch nehmen.

(3) Die Vorbereitung der Sitzungen liegt in der Hand des Vorsitzenden.

(4) Der Vorsitzende entscheidet über Anträge auf Erteilung von Abschriften aus den Akten.

(5) Die im Beschwerdeverfahren ergehenden Beschlüsse kann der Vorsitzende allein unterschreiben.

§ 5

Bei der Zustellung der Entscheidungen sind die Beteiligten außer über das zulässige Rechtsmittel über die Frist und die Stelle seiner Einlegung zu belehren.

§ 6

Als „Laufbahn" im Sinne des § 125 des Disziplinargesetzes gilt der höhere, der gehobene, der mittlere und der einfache Dienst.

§ 7

Wenn nach gliedkirchlichem Recht die Mitwirkung eines Mitgliedes des Disziplinarhofs gegen einen Beschuldigten seiner Landeskirche ausgeschlossen ist, tritt an seine Stelle sein Vertreter.

§ 8

(1) Die Geschäftsstellen der Disziplinargerichte werden bei den leitenden kirchlichen Verwaltungsbehörden gebildet.

(2) Geschäftsstelle der Disziplinarkammer und des Disziplinarhofs der Evangelischen Kirche in Deutschland ist die Kirchenkanzlei.

§ 9

Amtspflichten der Geistlichen, die im Dienst oder unter der Leitung oder Dienstaufsicht der Evangelischen Kirche in Deutschland stehen oder zuletzt gestanden haben, sind die unmittelbaren Dienstpflichten und die Pflicht, sich in und außer dem Dienst des Vertrauens und der Achtung würdig zu zeigen, die ihrem Amt entgegengebracht werden.

§ 10

Für den Bereich der Amtsstellen der Evangelischen Kirche in Deutschland kann der Vorsitzende zu seiner Unterstützung einen kirchlichen Mitarbeiter heranziehen.

Berlin, den 25. November 1955.

Der Rat der Evangelischen Kirche in Deutschland
D. Dr. Dibelius

Evangelische Kirche in Deutschland
(Amtsbl. d. EKiD 1957, Heft 2, Seite 19)

Verordnung zur Durchführung des Disziplinargesetzes der Evangelischen Kirche in Deutschland vom 11. März 1955

Vom 17. Januar 1957

Auf Grund des § 132 Abs. 2 des Disziplinargesetzes der Evangelischen Kirche in Deutschland vom 11. März 1955 (ABl. EKD Nr. 59) wird zur Durchführung dieses Gesetzes verordnet:

Einziger Paragraph

§ 10 der Verordnung zur Durchführung und Überleitung des Disziplinargesetzes der Evangelischen Kirche in Deutschland vom 25. November 1955 (ABl. d. EKD 1955 Nr. 206) erhält folgende Fassung:

„Die Vorsitzenden der Disziplinargerichte der Evangelischen Kirche in Deutschland können im Einvernehmen mit der zuständigen kirchlichen Dienststelle zu ihrer Unterstützung einen kirchlichen Mitarbeiter heranziehen."

Frankfurt, den 17. Januar 1957.

Der Rat der Evangelischen Kirche in Deutschland
D. Dr. Dibelius

Evangelische Kirche der Union
(Amtsbl. d. EKiD 1957, Heft 2, Seite 19)

Verordnung über das Disziplinarrecht

Vom 14. Mai 1956

Auf Grund des Artikels 15 Abs. 3 der Ordnung der Evangelischen Kirche der Union wird folgendes bestimmt:

§ 1

Das Disziplinargesetz der Evangelischen Kirche in Deutschland vom 11. März 1955 — ABl. EKD Nr. 59 (Disziplinargesetz) — gilt im Bereich der Evangelischen Kirche der Union und ihrer Gliedkirchen nach Maßgabe der nachstehenden Bestimmungen.

§ 2

Die Bestimmungen des Disziplinargesetzes und dieser Verordnung finden auf die ordinierten Pfarramtskandidaten und die ordinierten (eingesegneten) Vikarinnen (Kandidatinnen des Vikarinnenamtes) entsprechende Anwendung.

§ 3

(1) Zuständige Dienststellen im Sinne des § 4 des Disziplinargesetzes sind:

a) für Geistliche und Kirchenbeamte, die im unmittelbaren Dienst der Evangelischen Kirche der Union stehen, der Rat der Evangelischen Kirche der Union.

b) für Geistliche und Kirchenbeamte, die Mitglieder der Kirchenleitung oder des Konsistoriums (Landeskirchenamts) einer Gliedkirche sind, die Kirchenleitung dieser Gliedkirche;

c) für die anderen Geistlichen und Kirchenbeamten, die im Dienst oder unter Leitung oder Dienstaufsicht einer Gliedkirche der Evangelischen Kirche der Union stehen, das Konsistorium (Landeskirchenamt) dieser Gliedkirche, soweit nicht das gliedkirchliche Recht anderes bestimmt;

d) für Geistliche und Kirchenbeamte aus der Evangelischen Kirche der Union, für welche die Zuständigkeit einer anderen Dienststelle nicht gegeben ist, die Kirchenkanzlei.

(2) Eine im Zeitpunkt der Einleitung des förmlichen Disziplinarverfahrens zuständige Dienststelle bleibt für das weitere Verfahren zuständig.

§ 4

(1) Den Gliedkirchen bleibt vorbehalten, anstelle der §§ 25 bis 29 des Disziplinargesetzes abweichende Bestimmungen zu treffen.

(2) Eine Vereidigung im Disziplinarverfahren findet nicht statt, soweit sie nicht von einer Gliedkirche gemäß Absatz (1) vorgesehen wird.

§ 5

Den Gliedkirchen bleibt vorbehalten, nach ihrem Recht die Disziplinarstrafe der Versetzung auszuschließen.

§ 6

Die Beteiligung eines Mitgliedes des Rates oder der Kirchenkanzlei der Evangelischen Kirche der Union, einer Kirchenleitung oder eines Konsistoriums (Landeskirchenamts) bei Beschlüssen in Disziplinarsachen ist nicht als Ausschließungsgrund im Sinne des § 40 Absatz 2 des Disziplinargesetzes anzusehen. Die Beteiligung an Beschlüssen über eine Disziplinarverfügung (§ 17 des Disziplinargesetzes) gilt dagegen als Ausschließungsgrund für die Mitwirkung bei der Entscheidung in der Disziplinarkammer.

§ 7

(1) Für die Evangelische Kirche der Union und jede ihrer Gliedkirchen wird je eine Disziplinarkammer (Rechtsausschuß) gebildet.

(2) Die Vorsitzenden und Beisitzer der Disziplinarkammern sowie ihre Stellvertreter werden für die Evangelische Kirche der Union von der Synode der

Evangelischen Kirche der Union, für die Gliedkirchen von deren Synoden gewählt. Bei Verfahren gegen eine Pfarrvikarin (Vikarin) oder gegen einen ordinierten Prediger nimmt eine Pfarrvikarin (Vikarin) bzw. ein ordinierter Prediger die Stelle eines geistlichen Beisitzers ein. Die Synoden regeln die Reihenfolge des Eintritts der Vertreter und bestimmen, welcher geistliche Beisitzer im Falle des Verfahrens gegen eine Pfarrvikarin (Vikarin) oder gegen einen ordinierten Prediger durch eine Pfarrvikarin (Vikarin) bzw. durch einen ordinierten Prediger sowie im Falle des § 125 des Disziplinargesetzes durch einen Kirchenbeamten oder einen anderen Beisitzer ersetzt wird. Für die Wahlen sollen der Rat der Evangelischen Kirche der Union der Synode der Evangelischen Kirche der Union, die Kirchenleitungen der Gliedkirchen ihren Synoden einen Vorschlag machen.

(3) Ist im Falle des § 62 (1) Satz 3 des Disziplinargesetzes ein Aufschub der Ersatzwahl bis zur nächsten Tagung der Synode untunlich, so kann der Rat der Evangelischen Kirche der Union — für die gliedkirchlichen Disziplinarkammern die zuständige Kirchenleitung — den Nachfolger bestellen.

§ 8

Als „Laufbahn" im Sinne des § 125 des Disziplinargesetzes gilt der höhere, der gehobene, der mittlere und der einfache Dienst.

§ 9

Die Disziplinarkammer der Evangelischen Kirche der Union entscheidet in Disziplinarverfahren gegen die in § 3 (1) Buchstabe a und d dieser Verordnung bezeichneten Geistlichen und Kirchenbeamten. Im übrigen entscheiden die Disziplinarkammern der Gliedkirchen.

§ 10

(1) Für den Bereich der Evangelischen Kirche der Union und ihrer Gliedkirchen wird ein gemeinsamer Disziplinarhof gebildet. Dieser wird nicht nach Bekenntnissen gegliedert; § 58 (2) Satz 2 des Disziplinargesetzes findet keine Anwendung.

(2) Beim Disziplinarhof der Evangelischen Kirche der Union wird für den Bereich der Evangelischen Kirche im Rheinland und der Evangelischen Kirche von Westfalen ein Erster Senat (Gemeinsamer Rechtsausschuß), für den Bereich der übrigen Gliedkirchen ein zweiter Senat gebildet.

(3) Die Vorsitzenden und Beisitzer des Disziplinarhofs sowie ihre Stellvertreter werden von der Synode der Evangelischen Kirche der Union gewählt, und zwar für den Ersten Senat gemäß einer gemeinsamen Vorschlagsliste der Evangelischen Kirche im Rheinland und der Evangelischen Kirche von Westfalen, für den Zweiten Senat gemäß einer gemeinsamen Vorschlagsliste der übrigen Gliedkirchen. Die Bestimmung des § 7 (3) ist entsprechend anzuwenden.

§ 11

(1) Der Erste Senat des Disziplinarhofs der Evangelischen Kirche der Union ist zweite Instanz gegenüber Entscheidungen der Disziplinarkammern der Evangelischen Kirche im Rheinland und der Evangelischen Kirche von Westfalen.

(2) Der Zweite Senat des Disziplinarhofs der Evangelischen Kirche der Union ist zweite Instanz gegenüber Entscheidungen der Disziplinarkammern der übrigen Gliedkirchen und der Disziplinarkammer der Evangelischen Kirche der Union.

§ 12

Der Vorsitzende des Disziplinargerichts kann im Einvernehmen mit der zuständigen kirchlichen Dienststelle zu seiner Unterstützung einen kirchlichen Mitarbeiter heranziehen.

§ 13

Die §§ 76 und 78 des Disziplinargesetzes werden durch folgende Bestimmungen ersetzt:

(1) Die Verhandlung wird mit Schriftlesung eröffnet.

(2) Nach Aufruf der Sache trägt der Vorsitzende oder ein von ihm zum Berichterstatter ernannter Beisitzer in Abwesenheit der Zeugen das Ergebnis des bisherigen Verfahrens vor. Beweise sind nach Möglichkeit unmittelbar zu erheben, jedoch können auch Niederschriften über Beweiserhebungen aus dem Disziplinarverfahren oder einem anderen gesetzlich geordneten Verfahren durch Verlesen zum Gegenstand der Hauptverhandlung gemacht werden. Urkunden und andere als Beweismittel dienende Schriftstücke sowie Urteile, deren tatsächliche Feststellungen gemäß § 22 Absatz 1 des Disziplinargesetzes der Entscheidung zugrunde gelegt werden sollen, werden in der Verhandlung verlesen. Aus den Akten und Beiakten ist vorzutragen, was für eine Gesamtbeurteilung wichtig sein kann. Der Beschuldigte wird, wenn er erschienen ist, zur Person und zur Sache gehört.

(3) Die im Disziplinarverfahren oder in einem anderen gesetzlichen Verfahren erhobenen Beweise können der Urteilsfindung zugrundegelegt werden, soweit sie Gegenstand der Hauptverhandlung waren.

§ 14

Die im Rahmen dieser Verordnung von einer Gliedkirche erlassenen Sondervorschriften gelten auch im Rechtsmittelverfahren.

§ 15

Zuständige Dienststellen im Sinne des § 120 des Disziplinargesetzes sind:

a) wenn in erster Instanz die Disziplinarkammer der Evangelischen Kirche der Union entschieden hat, der Rat;
b) wenn in erster Instanz die Disziplinarkammer einer Gliedkirche entschieden hat, die Kirchenleitung dieser Gliedkirche.

§ 16

(1) Der Vorsitzende des Disziplinargerichts leitet und beaufsichtigt den Geschäftsgang. Er verteilt die Geschäfte unter die Beisitzer des Disziplinargerichts.

(2) Der Vorsitzende oder in seinem Auftrag der Berichterstatter erläßt die Verfügungen, die, ohne der sachlichen Entscheidung vorzugreifen, zu deren Vorbereitung dienen. Er kann dabei die Unterstützung der Dienststellen der allgemeinen kirchlichen Verwaltung in Anspruch nehmen.

(3) Die Vorbereitung der Sitzungen liegt in der Hand des Vorsitzenden.

(4) Der Vorsitzende entscheidet über Anträge auf Erteilung von Abschriften aus den Akten.

(5) Die im Beschwerdeverfahren ergehenden Beschlüsse kann der Vorsitzende allein unterschreiben.

§ 17

Bei der Zustellung der Entscheidungen sind die Beteiligten über das zulässige Rechtsmittel sowie über die Frist und die Stelle seiner Einlegung zu belehren.

§ 18

Die Vorschrift des § 122 (1) Satz 2 des Disziplinargesetzes findet keine Anwendung.

§ 19

Geschäftsstellen werden gebildet:

a) für die Disziplinarkammern der Gliedkirchen bei den Konsistorien (Landeskirchenämtern),

b) für die Disziplinarkammer der Evangelischen Kirche der Union und den Zweiten Senat des Disziplinarhofs bei der Kirchenkanzlei,

c) für den Ersten Senat des Disziplinarhofs nach Vereinbarung der Evangelischen Kirche im Rheinland und der Evangelischen Kirche von Westfalen.

§ 20

(1) Das Disziplinargesetz findet auf die vor seinem Inkrafttreten begangenen Dienstvergehen Anwendung, soweit diese auch nach dem zur Zeit ihrer Begehung geltenden Recht als Dienstvergehen verfolgt werden konnten.

(2) Eine nach dem Disziplinargesetz zulässige Dienststrafe darf wegen eines vor dem Inkrafttreten des Disziplinargesetzes begangenen Dienstvergehens nur verhängt werden, wenn sie auch nach dem zur Zeit der Begehung geltenden Recht zulässig war.

§ 21

Noch nicht abgeschlossene Verfahren und Wiederaufnahmeverfahren gehen mit dem Inkrafttreten dieser Verordnung in der Lage, in der sie sich befinden, auf die nach dieser Verordnung zuständigen Dienststellen über. Maßnahmen, die nach dem bisher geltenden Recht getroffen worden sind, bleiben wirksam.

§ 22

Die erste Zusammensetzung der Disziplinargerichte kann durch den Rat der Evangelischen Kirche der Union bzw. durch die Kirchenleitung der Gliedkirchen vollzogen werden.

§ 23

Diese Verordnung tritt für die Evangelische Kirche der Union mit ihrer Verkündung in Kraft. Für die einzelnen Gliedkirchen wird sie durch den Rat der Evangelischen Kirche der Union in Kraft gesetzt, nachdem diese jeweils zugestimmt haben.

Berlin, den 14. Mai 1956.

Der Rat der Evangelischen Kirche der Union

(Siegel)

D. Lücking

Die vorstehende Verordnung über das Disziplinarrecht vom 14. Mai 1956, die hiermit verkündet wird, wird auch für sämtliche Gliedkirchen der Evangelischen Kirche der Union mit ihrer Verkündung in Kraft gesetzt.

Berlin, den 8. Januar 1957.

Der Rat der Evangelischen Kirche der Union
In Vertretung:
D. Scharf

Die Evangelische Kirche der Union hat das Disziplinargesetz vom 11. 3. 1955 auf Grund von Artikel 15 Abs. 3 der Ordnung der Evangelischen Kirche der Union mit einer Anzahl von Änderungen und Ergänzungen übernommen. Artikel 15 Abs. 3 lautet:

> Ist die Synode nicht versammelt und ihre Einberufung nicht möglich, oder rechtfertigt der Gegenstand die Einberufung der Synode nicht, so kann der Rat Angelegenheiten, die einen Beschluß der Synode erfordern, aber keinen Aufschub dulden, durch Einzelmaßnahmen oder Verordnung regeln.

Das Disziplinargesetz ist vor der Übernahme noch einmal durch einen Ausschuß der Evangelischen Kirche der Union, in dem alle Gliedkirchen vertreten waren, beraten worden. Das Ergebnis dieser Beratung war die Verordnung vom 14. Mai 1956. Mit dieser Verordnung, die am 15. Februar 1957 in Kraft trat, ist das Gesetz, das in die Verordnung einbezogen wurde, Disziplinarrecht der Evangelischen Kirche der Union geworden. Wo in der Verordnung und im Gesetz von Gliedkirchen die Rede ist, sind die Gliedkirchen der Evangelischen Kirche der Union gemeint. Auch ihnen ist, wie im Disziplinargesetz selbst, in der Verordnung das Recht zugebilligt, von den Grundsätzen der Verordnung in gewissen Fällen abzuweichen und Sonderbestimmungen für ihr Gebiet zu erlassen. Von den Gliedkirchen haben Rheinland, Westfalen und Schlesien das Disziplinargesetz nach Maßgabe der Verordnung der EKU vom 14. 5. 1956 durch Kirchengesetz übernommen und in diesen Kirchengesetzen in einzelnen Punkten abweichende Bestimmungen getroffen. Die anderen haben sich darauf beschränkt, der Verordnung der EKU zuzustimmen, ohne für ihr Gebiet Änderungen vorzunehmen.

Im einzelnen ist zu bemerken:

Die Verordnung dehnt gemäß § 1 Abs. 2 und § 126 des Gesetzes die Vorschriften des Disziplinarrechts auf ordinierte Pfarramtskandidaten und ordinierte Vikarinnen aus. (Über Vikarrinnen vgl. Ges. d. EKU v. 15. 5. 52).

In § 3 werden die zuständigen Dienststellen im Sinne von § 4 des Disziplinargesetzes bestimmt. Es wird ein Unterschied gemacht zwischen Geistlichen und Kirchenbeamten, die Mitglieder der Kirchenleitung oder des Konsistoriums bezw. Landeskirchenamts sind und den Geistlichen und Kirchenbeamten, bei denen dies nicht der Fall ist. Für die ersteren ist die Kirchenleitung zuständige Dienststelle, für die zweiten das Konsistorium oder Landeskirchenamt. Der Grund für diese Vorschrift liegt darin, daß die Beschlußfassung über Eröffnung eines förmlichen Disziplinarverfahrens gegen Mitglieder der Kirchenbehörde durch ihre unmittelbaren Mitarbeiter vermieden werden und die Einleitung eines Verfahrens gegen Mitglieder der Kirchenleitung nicht ohne deren Mitwirkung durch die Kirchenbehörde erfolgen soll. Unter Ziff. d fallen z. B. Geistliche oder Kirchenbeamte aus dem deutschen Osten, für die keine zuständige Dienststelle vorhanden ist oder andere Geistliche der EKU, die ohne Amt sind.

§ 4 handelt von der Vernehmung von Zeugen und von der Vereidigung. Den Gliedkirchen der EKU bleibt vorbehalten, anstelle von § 25 bis 29 des Disziplinargesetzes andere Bestimmungen zu treffen. § 25 Abs. 1 des Disziplinargesetzes haben die Gliedkirchen Rheinland und Westfalen dahin geändert, daß die Worte „oder ihm zur Unehre gereicht" fortfallen. (Vergl. die Ausführungen zu § 25.)

Von der Vorschrift, daß eine Vereidigung im Disziplinarverfahren in der EKU nicht stattfindet, ist die Gliedkirche Westfalen gemäß § 4 Abs. 2 abgewichen. Sie hält an der Vereidigung fest. Gegenüber den §§ 28 und 29 des Disziplinargesetzes sieht sie auch die Vereidigung von Zeugen vor, die einer christlichen Kirche nicht angehören.

Die Disziplinarstrafe der Versetzung ist von den Gliedkirchen der EKU Rheinland, Westfalen und Schlesien für ihre Gebiete ausgeschlossen.

§ 6 legt den § 40 Abs. 2 des Disziplinargesetzes aus, und zwar in dem Sinne, daß die Beteiligung eines Mitgliedes des Rates, der Kirchenkanzlei, eines Konsistoriums oder Landeskirchenamtes bei Beschlüssen in Disziplinarsachen nicht als Ausschließungsgrund anzusehen sei. Über diese Bestimmung ist Näheres bei § 40 des Disziplinargesetzes ausgeführt worden. Hinzuweisen ist in diesem Zusammenhange auf eine Vorschrift im Kirchengesetz der Evangelischen Kirche von Westfalen, durch die das Disziplinargesetz und die Verordnung der EKU vom 14. 5. 1956 übernommen werden. In § 4 Abs. 3 des Gesetzes heißt es: Mitglieder der Kirchenleitung und des Landeskirchenamtes können den Rechtsausschüssen nicht als Richter angehören.

In § 7 wird die Bildung von Disziplinarkammern bei der EKU und jeder Gliedkirche geregelt. Der Vorsitzende und die Beisitzer werden von den zuständigen Synoden gewählt. Da das Disziplinargesetz und die Verordnung vom 14. 5. 1956 auf ordinierte (eingesegnete) Vikarinnen ausgedehnt sind (§ 2), so wird bestimmt, daß in einem solchen Verfahren eine Pfarrvikarin die Stelle eines geistlichen Beisitzers einnimmt. In einem Verfahren gegen Prediger, die unter die ordinierten Amtsträger nach § 1 fallen, gilt das Gleiche für einen ordinierten Prediger.

Als Berufungsinstanz wird nach der Verordnung ein gemeinsamer Disziplinarhof gebildet. Hervorzuheben ist, daß er nicht nach Bekenntnissen gegliedert wird. Der Disziplinarhof hat einen ersten Senat (gemeinsamer Rechtsausschuß) für die Kirchen von Rheinland und Westfalen und einen zweiten in Berlin tagenden Senat für die übrigen Gliedkirchen.

Eine bedeutsame Änderung gegenüber dem Disziplinargesetz bringt § 13 der Verordnung. Er ersetzt die §§ 76 und 78 des Gesetzes. Das Wesentliche ist, daß anstelle der Vorschrift von § 78 Abs. 2 „beruht der Beweis auf der Wahrnehmung einer Person, so ist diese in der Verhandlung zu vernehmen", die Bestimmung tritt „Beweise sind nach Möglichkeit unmittelbar zu erheben, jedoch können auch Niederschriften über Beweiserhebungen aus dem Disziplinarverfahren oder einem anderen gesetzlich geordneten Verfahren durch Verlesen zum Gegenstand der Hauptverhandlung gemacht werden." Die durch § 78 obligatorisch gewordene Unmittelbarkeit der Beweiserhebung wird also den Bedürfnissen der Praxis gemäß gelockert. Näheres über das Problem ist zu § 78 des Disziplinargesetzes ausgeführt worden.

In weiteren Vorschriften wird das Gnadenrecht für Instanzen der EKU geregelt und Bestimmungen für die Arbeit der Disziplinargerichte und die Bildung der Geschäftsstellen getroffen.

Die Vorschrift des § 122 Abs. 1 Satz 2, nach der ein Verzicht auf die mit der Ordination erworbenen Rechte nur angenommen werden kann, wenn die Gründe für den Verzicht schriftlich niedergelegt und durch Unterschrift des Geistlichen anerkannt sind, findet keine Anwendung. Näheres über diese Mnaßnahme, die die praktische Handhabung erleichtert, ist bei § 122 ausgeführt. Den Schluß der Verordnung bilden Übergangsvorschriften. Die Verordnung der EKU ist aus der Praxis erwachsen. Ihre Bestimmungen sind darauf angelegt, das Verfahren vor den Disziplinargerichten den in langer Übung zutagegetretenen Bedürfnissen entsprechend zu gestalten.

Überleitungsgesetze der Gliedkirchen

Evangelische Kirche von Schlesien

(Amtsbl. d. EKiD 1957, Heft 2, Seite 31)

Kirchengesetz betreffend die Ordnung des Disziplinarrechts
in der Evangelischen Kirche von Schlesien
Vom 26. Oktober 1956

Die Provinzialsynode hat auf Grund von Art. 89 e und 91,1 der Kirchenordnung Teil I das folgende Kirchengesetz betreffend die Ordnung des Disziplinarrechts in der Evangelischen Kirche von Schlesien beschlossen:

§ 1

Das Disziplinargesetz der Evangelischen Kirche in Deutschland vom 11. März 1955 gilt im Bereich der Evangelischen Kirche von Schlesien nach Maßgabe der Verordnung des Rates der Evangelischen Kirche der Union über das Disziplinarrecht vom 14. Mai 1956 und der folgenden Bestimmungen.

§ 2

Die nach § 3 Abs. 1 c der Verordnung über das Disziplinarrecht vom 14. Mai 1956 zuständige Dienststelle ist gemäß Art. 111, Buchstabe g der Kirchenordnung Teil I die Kirchenleitung.

§ 3

Die Disziplinarstrafe der Versetzung wird für den Bereich der Evangelischen Kirche von Schlesien ausgeschlossen.

§ 4

Die erste Zusammensetzung der Disziplinarkammer der Evangelischen Kirche von Schlesien wird durch die Kirchenleitung vollzogen.

§ 5

Dieses Gesetz tritt mit seiner Verkündung in Kraft.

Görlitz, den 26. Oktober 1956.

Die Provinzialsynode der Evangelischen Kirche von Schlesien
gez. Dr. Schwidtal, Präses

Evangelische Kirche von Westfalen

(Amtsbl. d. EKiD 1957 Heft 5 Seite 154)

Kirchengesetz betreffend die Ordnung des Disziplinarrechts
in der Evangelischen Kirche von Westfalen
Vom 27. Oktober 1956. (KABl. 1957, S. 15.)

Die Landessynode hat auf Grund von Artikel 114 und Artikel 151 Absatz 2 der Kirchenordnung folgendes Kirchengesetz beschlossen:

§ 1

Das Disziplinargesetz der Evangelischen Kirche in Deutschland vom 11. März 1955 gilt im Bereich der Evangelischen Kirche von Westfalen nach Maßgabe der Verordnung des Rates der Evangelischen Kirche der Union über das Disziplinarrecht vom 14. Mai 1956 und der folgenden Bestimmungen:

§ 2

Die Disziplinarkammer für die Evangelische Kirche von Westfalen ist der Rechtsausschuß der Evangelischen Kirche von Westfalen.

Westfalen

§ 3

Der Erste Senat des Disziplinarhofs der Evangelischen Kirche der Union ist der Gemeinsame Rechtsausschuß der Evangelischen Kirche von Westfalen und der Evangelischen Kirche im Rheinland.

§ 4

(1) Der Rechtsausschuß der Evangelischen Kirche von Westfalen wird von der Landessynode gewählt.

(2) Seine Amtsdauer und Zusammensetzung entsprechen den Bestimmungen, die innerhalb der Evangelischen Kirche der Union für die Disziplinarkammern gelten.

(3) Mitglieder der Kirchenleitung und des Landeskirchenamtes können den Rechtsausschüssen nicht als Richter angehören.

(4) Auch darf der gemäß § 12 der Verordnung des Rates der Evangelischen Kirche der Union vom 14. Mai 1956 zur Unterstützung herangezogene kirchliche Mitarbeiter nicht bei der Beratung und Abstimmung zugegen sein (§ 82 Absatz 1 des Disziplinargesetzes der Evangelischen Kirche in Deutschland vom 11. März 1955.

§ 5

(1) Für die gemeinsame Vorschlagsliste mit der Evangelischen Kirche im Rheinland zur Besetzung des Gemeinsamen Rechtsausschusses wählt die Landessynode einen rechtskundigen Vorsitzenden und einen theologischen Beisitzer mit je zwei Stellvertretern. Ferner wählt sie abwechselnd mit der Ev. Kirche im Rheinland für je eine Amtsperiode entweder den juristischen oder einen weiteren nichttheologischen Beisitzer mit je zwei Stellvertretern.

(2) Für die erste Amtsperiode macht die Evangelische Kirche von Westfalen Vorschläge für die Besetzung der Stelle des rechtskundigen Beisitzers und seiner Stellvertreter, die Evangelische Kirche im Rheinland Vorschläge für die Besetzung der Stelle des weiteren nichttheologischen Beisitzers und seiner Stellvertreter.

(3) Für die Besetzung der Stellen der Beisitzer aus der Laufbahn des Beschuldigten wird die Kirchenleitung ermächtigt, einen gemeinsamen Vorschlag mit der Evangelischen Kirche im Rheinland zu machen.

(4) In den Fällen, in denen ein Beisitzer aus der Laufbahn des Beschuldigten an die Stelle eines theologischen Beisitzers tritt, scheidet der theologische Beisitzer aus, welcher der Kirche des Beschuldigten angehört.

(5) In den Fällen, in denen der Gemeinsame Rechtsausschuß durch Beschluß zu entscheiden hat, muß der theologische Beisitzer der Kirche des Beschuldigten angehören.

§ 6

(1) Den Vorsitz in dem Gemeinsamen Rechtsausschuß führt in den Disziplinarfällen der Evangelischen Kirche von Westfalen der von der Evangelischen Kirche im Rheinland gewählte Vorsitzende.

(2) In den rheinischen Disziplinarfällen führt der westfälische Vorsitzende den Vorsitz.

§ 7

(1) Die Vorsitzenden und Mitglieder der Rechtsausschüsse werden im Fall ihrer Verhinderung durch ihre Stellvertreter in der Reihenfolge ihrer Bestellung, bei deren Verhinderung durch die Stellvertreter der Mitglieder gleichen Standes in der Reihenfolge ihrer Bestellung vertreten.

(2) In Verfahren gegen einen Kirchenbeamten, der Mitglied des Landeskirchenamtes ist, tritt als Beisitzer aus der Laufbahn des Beschuldigten der entsprechende Beamtenbeisitzer des Rechtsausschusses der Evangelischen Kirche im Rheinland an die Stelle des westfälischen Beamtenbeisitzers.

§ 8

Die Aufgaben der Geschäftsstelle des Gemeinsamen Rechtsausschusses werden in den westfälischen Fällen von der Geschäftstelle des westfälischen, in den rheinischen Fällen von der Geschäftsstelle des rheinischen Rechtsausschusses wahrgenommen.

§ 9

Die Disziplinarstrafe der Versetzung wird für den Bereich der Evangelischen Kirche von Westfalen ausgeschlossen.

§ 10

Die Bestimmungen der §§ 25 bis 29 des Disziplinargesetzes der Evangelischen Kirche in Deutschland erhalten folgende Fassung:

§ 25

(1) Jeder Zeuge kann die Auskunft auf solche Fragen verweigern, deren Beantwortung ihm selbst oder einem der in § 24 Abs. 1, Ziffer 1 bis 3, bezeichneten Angehörigen die Gefahr strafgerichtlicher Verfolgung zuziehen würde.

(2) Der Zeuge ist über sein Recht zur Verweigerung der Auskunft zu belehren.

§ 26

Vor der Vernehmung sind die Zeugen zur Wahrheit zu ermahnen und darauf hinzuweisen, daß sie ihre Aussagen gegebenenfalls zu beeiden haben. Hierbei sind sie über die Bedeutung des Eides zu belehren.

§ 27

(1) Die Zeugen sind einzeln und in Abwesenheit der später zu hörenden Zeugen zu vernehmen.

(2) Eine Gegenüberstellung mit anderen Zeugen oder mit den Beschuldigten ist zulässisg.

§ 28

(1) Vereidigt werden können nur Zeugen, die das 16. Lebensjahr vollendet haben. Sie sind nur zu vereidigen, wenn der Eid zur Ermittlung der Wahrheit unerläßlich erscheint. In der Regel soll die Vereidigung erst in der Verhandlung vor der Disziplinarkammer erfolgen. Die Vereidigung ist in jedem Falle in der Niederschrift zu vermerken.

(2) Die in § 24 Absatz 1, Ziffer 1 bis 3, bezeichneten Angehörigen des Beschuldigten haben das Recht, die Beeidigung des Zeugnisses zu verweigern; sie sind hierüber zu belehren.

§ 29

(1) Der Eid wird von den Zeugen, die einer christlichen Kirche angehören, in folgender Weise geleiestet:

Der Vernehmende richtet an den Zeugen die Worte:

„Sie schwören bei Gott dem Allmächtigen und Allwissenden, daß Sie nach bestem Wissen die reine Wahrheit gesagt, nichts hinzugesetzt und nichts verschwiegen haben."

Hierauf spricht der Zeuge die Worte:

„Ich schwöre es."

(2) Christen, welche die Eidesleistung in der vorstehenden Form ablehnen, und nichtchristliche Zeugen leisten den Eid, indem der Vernehmende an den Zeugen die Worte richtet:

„Sie schwören, daß Sie nach bestem Wissen die reine Wahrheit gesagt, nichts hinzugesetzt und nichts verschwiegen haben."

Hierauf spricht der Zeuge die Worte:

„Ich schwöre es."

§ 11

(1) Die Rechtsausschüsse bleiben auch zuständig für die Angelegenheiten, welche ihnen durch § 152 Absatz 2 bis 5 der Kirchenordnung zugewiesen sind.

(2) Die für das Verfahren in diesen Angelegenheiten geltenden Bestimmungen der Geschäftsordnung für die Rechtsausschüsse der Evangelischen Kirche von Westfalen und der Rheinprovinz vom 18. Juni 1946 bleiben unberührt, soweit sie nicht diesem Gesetz widersprechen.

§ 12

Die Kirchenleitung wird ermächtigt, die nach diesen Bestimmungen für die Evangelische Kirche von Westfalen gültige Gesamtfassung des Disziplinargesetzes zu veröffentlichen.

§ 13

(1) Den Zeitpunkt des Inkrafttretens dieses Gesetzes bestimmt die Kirchenleitung.

(2) Mit diesem Zeitpunkt treten außer Kraft:

Die Notverordnung über die Disziplinarordnung der Evangelischen Kirche von Westfalen und der Evangelischen Kirche der Rheinprovinz vom 19. Juni 1946 in der Fassung der Notverordnung vom 26. Oktober 1949;

die Notverordnung über die Rechtsausschüsse in der Evangelischen Kirche von Westfalen und der Evangelischen Kirche der Rheinprovinz vom 18. Juni 1946 / 28. August 1947;

die Bestimmungen über die Vertretung des Vorsitzenden und der übrigen Mitglieder der Rechtsausschüsse vom 28. August 1947.

Bethel, den 27. Oktober 1956.

Das vorstehende Kirchengesetz wird hiermit verkündet. Es tritt am 15. Februar 1957 in Kraft.

Bielefeld, den 25. Januar 1957.

Die Leitung der Evangelischen Kirche von Westfalen
D. Wilm.

Evangelische Kirche im Rheinland

(Amtsbl. d. EKiD 1957 Heft 5 S. 148)

Kirchengesetz über das Disziplinarrecht in der Evangelischen Kirche im Rheinland.

Vom 6. Dezember 1956 (KABl. 1957 S. 17).

§ 1

Das Disziplinargesetz der Evangelischen Kirche in Deutschland vom 11. März 1955 (ABl. EKD 1955 Nr. 59) gilt im Bereich der Evangelischen Kirche im Rheinland nach Maßgabe der Verordnung des Rates der Evangelischen Kirche der Union über das Disziplinarrecht vom 14. Mai 1956 (ABl. EKD 1957 Nr. 16) und der folgenden Bestimmungen:

§ 2

Die Disziplinarkammer für die Evangelische Kirche im Rheinland ist der Rechtsausschuß der Evangelischen Kirche im Rheinland.

§ 3

Der Erste Senat des Disziplinarhofs der Evangelischen Kirche der Union ist der Gemeinsame Rechtsausschuß der Evangelischen Kirche von Westfalen und der Evangelischen Kirche im Rheinland.

§ 4

(1) Der Rechtsausschuß der Evangelischen Kirche im Rheinland wird von der Landessynode gewählt.

(2) Seine Amtsdauer und Zusammensetzung entsprechen den Bestimmungen, welche innerhalb der Evangelischen Kirche der Union für die Disziplinarkammern gelten.

§ 5

(1) Für die Bildung, die Amtsdauer und die Zusammensetzung des Gemeinsamen Rechtsausschusses sind die Bestimmungen maßgebend, welche innerhalb der Evangelischen Kirche der Union für den Ersten Senat des Disziplinarhofes gelten.

(2) Für die gemeinsame Vorschlagsliste mit der Evangelischen Kirche von Westfalen zur Besetzung des Gemeinsamen Rechtsausschusses wählt die Landessynode einen rechtskundigen Vorsitzenden und einen theologischen Beisitzer mit je zwei Stellvertretern. Ferner wählt sie abwechselnd mit der Evangelischen Kirche von Westfalen für je eine Amtsperiode entweder den rechtskundigen oder den weiteren nichtgeistlichen Beisitzer mit je zwei Stellvertretern.

(3) Für die erste Amtsperiode macht die Evangelische Kirche von Westfalen Vorschläge für die Besetzung der Stelle des rechtskundigen Beisitzers und seiner Stellvertreter, die Evangelische Kirche im Rheinland Vorschläge für die Besetzung der Stelle des weiteren nichtgeistlichen Beisitzers und seiner Stellvertreter.

(4) Für die Besetzung der Stellen der Beisitzer aus der Laufbahn des Beschuldigten wird die Kirchenleitung ermächtigt, einen gemeinsamen Vorschlag mit der Evangelischen Kirche von Westfalen zu machen.

(5) In den Fällen, in denen ein Beisitzer aus der Laufbahn des Beschuldigten an die Stelle eines theologischen Beisitzers tritt, scheidet der theologische Beisitzer aus, welcher der Kirche des Beschuldigten angehört.

(6) In den Fällen, in denen der Gemeinsame Rechtsausschuß durch Beschluß zu entscheiden hat, muß der theologische Beisitzer der Kirche des Beschuldigten angehören.

§ 6

(1) Den Vorsitz in dem Gemeinsamen Rechtsausschuß führt in den Disziplinarfällen der Evangelischen Kirche im Rheinland der von der Evangelischen Kirche von Westfalen gewählte Vorsitzende.

(2) In den westfälischen Disziplinarfällen führt der rheinische Vorsitzende den Vorsitz.

§ 7

(1) Die Vorsitzenden und Mitglieder der Rechtsausschüsse werden im Fall ihrer Verhinderung durch ihre Stellvertreter in der Reihenfolge ihrer Bestellung, bei deren Verhinderung durch die Stellvertreter der Mitglieder gleichen Standes in der Reihenfolge ihrer Bestellung vertreten.

(2) In Verfahren gegen einen Kirchenbeamten, der Mitglied des Landeskirchenamtes ist, tritt als Beisitzer aus der Laufbahn des Beschuldigten der entsprechende Beamtenbeisitzer des Rechtsausschusses der Evangelischen Kirche von Westfalen an die Stelle des rheinischen Beamtenbeisitzers.

§ 8

Die Aufgaben der Geschäftsstelle des Gemeinsamen Rechtsausschusses werden in den westfälischen Fällen von der Geschäftsstelle des westfälischen, in den rheinischen Fällen von der Geschäftsstelle des rheinischen Rechtsausschusses wahrgenommen.

§ 9

Die Disziplinarstrafe der Versetzung wird für den Bereich der Evangelischen Kirche im Rheinland ausgeschlossen.

§ 10

An Stelle des § 25 Abs. 1 des Disziplinargesetzes der Evangelischen Kirche in Deutschland gilt folgende Bestimmung:

Jeder Zeuge kann die Auskunft auf solche Fragen verweigern, deren Beantwortung ihm selbst oder einem der in § 24 Abs. 1 Ziff. 1 bis 3 bezeichneten Angehörigen die Gefahr strafgerichtlicher Verfolgung zuziehen würde.

§ 11

(1) Die Rechtsausschüsse sind in derselben Besetzung auch zuständig für die Entscheidung von Rechtsfragen und Streitigkeiten der kirchlichen Verwaltung in den durch die Kirchenordnung oder besondere Kirchengesetze bestimmten Fällen.

(2) Für das Verfahren in diesen Angelegenheiten bleiben die Bestimmungen der Geschäftsordnung für die Rechtsausschüsse der Kirchen von Westfalen und der Rheinprovinz vom 18. Juni 1946 in Geltung.

§ 12

Die Kirchenleitung wird beauftragt, das Disziplinargesetz der Evangelischen Kirche in Deutschland vom 11. März 1955 mit den aus der Verordnung des Rates der Evangelischen Kirche der Union vom 14. Mai 1956 und aus diesem Kirchengesetz sich ergebenden Änderungen bekanntzugeben.

§ 13

(1) Das Gesetz tritt mit dem Zeitpunkt in Kraft, mit dem die Verordnung vom 14. Mai 1956 durch den Rat der Evangelischen Kirche der Union für den Bereich der Evangelischen Kirche im Rheinland in Kraft gesetzt wird.

(2) Mit diesem Zeitpunkt werden aufgehoben:

a) Die Notverordnung über die Disziplinarordnung der Evangelischen Kirche der Rheinprovinz vom 19. Juni 1946 in der Fassung der Notverordnung vom 26. Oktober 1949.
b) Die Notverordnung über die Rechtsausschüsse in der Evangelischen Kirche von Westfalen und der Evangelischen Kirche der Rheinprovinz vom 18. Juni 1946 / 28. August 1947.
c) Die Bestimmungen über die Vertretung des Vorsitzenden und der übrigen Mitglieder der Rechtsausschüsse vom 28. August 1947.
d) Die Verordnung betr. das Verfahren bei Verletzung von Amtspflichten der Geistlichen vom 1. September 1945.

Rengsdorf, den 6. Dezember 1956.

Das vorstehende Kirchengesetz wird hiermit verkündet. Nachdem der Rat der Evangelischen Kirche der Union durch Beschluß vom 8. Januar 1957 seine Verordnung vom 14. Mai 1956 mit Wirkung vom 1. Februar 1957 in Kraft gesetzt hat, tritt das vorstehende Kirchengesetz vom 6. Dezember 1956 auf Grund seines § 13 Abs. 1 ebenfalls zum 1. Februar 1957 in Kraft.

Die Leitung der Evangelischen Kirche im Rheinland

D. Dr. Beckmann   Ulrich

Zusatzbeschluß der Landessynode der Evangelischen Kirche im Rheinland

vom 6. Dezember 1956

Die Landessynode der Evangelischen Kirche im Rheinland spricht die Erwartung aus, daß die kirchlichen Disziplinargerichte über die Bestimmungen des § 24 des Disziplinargesetzes der Evangelischen Kirche in Deutschland hinaus bei allen Personen auf die Zeugenaussage über solche Tatsachen verzichten, die ihnen nach Überzeugung des Gerichts bei einer echten Beichte anvertraut worden sind. Die Synode bittet die Kirchenleitung, möglichst zusammen mit der westfälischen Kirche, bei der Evangelischne Kirche in Deutschland dahin vorstellig zu werden, daß in das Disziplinargesetz der EKD bald eine Bestimmung aufgenommen wird, die das Beichtgeheimnis allgemein auch bei Nichtgeistlichen schützt.

Evangelische Kirche in Hessen und Nassau

(Amtsbl. d. EKiD 1956 Heft 7 Seite 242)

Kirchengesetz zur Einführung und Ergänzung des Disziplinargesetzes der Evangelischen Kirche in Deutschland vom 11. März 1955.

Vom 20. April 1956 (ABl. S. 88)

Hessen und Nassau

Die Zweite Kirchensynode der Evangelischen Kirche in Hessen und Nassau hat auf ihrer ersten ordentlichen Tagung folgendes Kirchengesetz beschlossen:

§ 1

Das Disziplinargesetz der Evangelischen Kirche in Deutschland vom 11. März 1955 (Amtsblatt der Evangelischen Kirche in Deutschland 1955 S. 84 ff.) tritt für die Evangelische Kirche in Hessen und Nassau mit den nachfolgenden Ergänzungen am 20. April 1956 in Kraft.

§ 2

Das Disziplinargesetz findet auch Anwendung auf die ordinierten Pfarramtskandidaten.

§ 3

Die Amtspflichten eines Geistlichen der Evangelischen Kirche in Hessen und Nassau im Sinne des § 2 des Disziplinargesetzes der Evangelischen Kirche in Deutschland vom 11. März 1955 sind die unmittelbaren Dienstpflichten und die Pflicht, sich in und außer dem Dienst des Vertrauens und der Achtung würdig zu zeigen, die seinem Amt entgegengebracht werden.

§ 4

Für Geistliche, die im Dienst oder unter der Leitung oder Dienstaufsicht der Evangelischen Kirche in Hessen und Nassau stehen, ist die Kirchenleitung der Evangelischen Kirche in Hessen und Nassau die gemäß § 4 Absatz 2 b und c des Disziplinargesetzes der Evangelischen Kirche in Deutschland vom 11. März 1955 zur Einleitung von Disziplinarmaßnahmen zuständige Dienststelle.

§ 5

Von den nach § 5 Absatz 1 des Disziplinargesetzes der Evangelischen Kirche in Deutschland vorgesehenen Disziplinarstrafen wird die Disziplinarstrafe der Versetzung für den Bereich der Evangelischen Kirche in Hessen und Nassau für Geistliche ausgeschlossen.

§ 6

(1) Die Mitglieder der Disziplinarkammer der Evangelischen Kirche in Hessen und Nassau werden von der Kirchensynode gewählt.

(2) Sie müssen einer Gliedkirche der Evangelischen Kirche in Deutschland angehören und die Voraussetzungen der Wählbarkeit zu kirchlichen Körperschaften erfüllen.

§ 7

Zum Erlasse und zur Milderung von Disziplinarstrafen im Gnadenwege ist die Kirchenleitung der Evangelischen Kirche in Hessen und Nassau ausschließlich zuständig.

§ 8

(1) Für die Kirchenbeamten der Evangelischen Kirche in Hessen und Nassau, ihrer Kirchengemeindeverbände und Kirchengemeinden ist die Kirchenleitung der Evangelischen Kirche in Hessen und Nassau die gemäß § 123, 4 zur Einleitung von Disziplinarmaßnahmen zuständige Dienststelle.

(2) Bei Kirchengemeindebeamten ist vor Einleitung von Disziplinarmaßnahmen der Kirchenvorstand (Gesamtkirchenvorstand oder das entsprechende Organ) der Gemeinde zu hören, in deren Dienst der Kirchengemeindebeamte steht.

(3) Die §§ 3, 4, 6 und 7 dieses Kirchengesetzes gelten für die Kirchenbeamten entsprechend.

(4) Vor Ausübung ihres Gnadenrechtes bei Kirchengemeindebeamten muß die Kirchenleitung den Kirchenvorstand (Gesamtkirchenvorstand oder das entsprechende Organ) der Gemeinde hören, in deren Dienst der Kirchengemeindebeamte steht oder vor Erlaß der Disziplinarstrafe gestanden hat.

§ 9

(1) Mit Inkrafttreten dieses Kirchengesetzes werden alle bisherigen Vorschriften, soweit sie diesem Gesetz widersprechen, insbesondere die Verordnung zur Vereinheitlichung des kirchlichen Disziplinarrechts vom 13. Mai 1948 (Amtsblatt 1948 Seite 41) in Verbindung mit der Disziplinarordnung der DEK vom 15. April 1939, der Verordnung zur Abänderung, Ergänzung und Durchführung der Disziplinarordnung der DEK vom 15. Dezember 1939 in der Fassung der Verordnung über die Aufhebung und Abänderung von Gesetzen der Deutschen Evangelischen Kirche vom 2. Mai 1946 (Verordnungs- und Nachrichtenblatt der EKD 1946 Nr. 16) aufgehoben.

(2) Die Kirchenleitung ist zum Erlaß von weiteren Überleitungs- und Durchführungsvorschriften ermächtigt.

Frankfurt a. M., den 20. April 1956.

Der Kirchensynodalvorstand
Dr. Wilhelmi
Präses.

Evangelische Landeskirche von Kurhessen-Waldeck

(Amtsbl. d. EKiD 1956 Heft 1 Seite 24)

Kirchengesetz über die Regelung des Disziplinarrechts.
Vom 1. Dezember 1955 (KABl. S. 62)

Die Landessynode der Evangelischen Landeskirche von Kurhessen-Waldeck hat am 1. Dezember 1955 zu Treysa-Hephata folgendes Kirchengesetz beschlossen:

§ 1

Das Disziplinargesetz der Evangelischen Kirche in Deutschland vom 11. 3. 1955 — Amtsbl. der EKD S. 84 — gilt nach Maßgabe der nachstehenden Bestimmungen im Bereiche der Evangelischen Landeskirche von Kurhessen-Waldeck:

1. Zuständige Dienststelle im Sinne der §§ 4 und 120 des Disziplinargesetzes ist der Bischof.
2. Für die Evangelische Landeskirche von Kurhessen-Waldeck wird eine Disziplinarkammer gebildet.

Die Mitglieder der Disziplinarkammer werden unter Zustimmung des Rates der Landeskirche vom Bischof ernannt.
3. Das Gesetz findet auf den Bischof keine Anwendung.

§ 2

Ausführungsbestimmungen zu diesem Kirchengesetz erläßt der Bischof.

§ 3

(1) Dieses Kirchengesetz tritt am 1. Januar 1956 in Kraft.

(2) Zu dem gleichen Zeitpunkt wird die Durchführungsverordnung zur Disziplinarordnung der DEK vom 20. 5. 1941 — KA 1941 S. 35 — aufgehoben.

Treysa-Hephata, den 1. Dezember 1955.

Der Bischof:
D. Wüstemann.

Vereinigte Evangelisch-protestantische Landeskirche Badens

(Amtsbl. d. EKiD 1957, Heft 1, Seite 3)

Kirchliches Gesetz betr. die Regelung des Disziplinarrechts in der Vereinigten Evangelisch-protestantischen Landeskirche Badens
Vom 31. Oktober 1956. (Ges.- u. VOBl. S. 101)

Die Landessynode hat als kirchliches Gesetz beschlossen, was folgt:

Artikel 1

Das Disziplinargesetz der Evang. Kirche in Deutschland vom 11. März 1955 (Amtsbl. d. EKD S. 84 ff.) sowie die Verordnung des Rates der Evang. Kirche in Deutschland zur Durchführung und Überleitung des Disziplinargesetzes der Evang. Kirche in Deutschland vom 25. 11. 1955 (Amtsbl. d. EKD S. 333) gelten nach Maßgabe nachstehender Bestimmungen im Bereich der Vereinigten Evangelisch-protestantischen Landeskirche Badens:

§ 1

(1) Zuständige Dienststelle im Sinne der §§ 4 und 14 des Disziplinargesetzes ist der Evang. Oberkirchenrat, für Mitglieder des Evang. Oberkirchenrats ein Ausschuß, der sich aus den synodalen Mitgliedern des Landeskirchenrats zusammensetzt.

(2) Die für die Begnadigung zuständige Dienststelle im Sinne des § 120 des Disziplinargesetzes ist der Landesbischof.

§ 2

(1) Die Disziplinarkammer entscheidet in der Besetzung mit einem rechtskundigen Vorsitzenden, zwei geistlichen und zwei nichtgeistlichen Beisitzern. Von den Beisitzern muß mindestens einer rechtskundig sein.

(2) Ist der Beschuldigte ein Kirchenbeamter, so tritt an die Stelle des zweiten geistlichen Beisitzers ein Kirchenbeamter aus der Laufbahn des Beschuldigten.

§ 3

Die Mitglieder der Disziplinarkammer und ihre Stellvertreter werden auf Vorschlag des Landesbischofs vom Landeskirchenrat berufen. In gleicher Weise werden der Vorsitzende und dessen Stellvertreter aus der Zahl der rechtskundigen Mitglieder bestellt.

§ 4

Berufungsgericht ist der Disziplinarhof der Evang. Kirche in Deutschland (Unierter Senat).

§ 5

Die für die Geistlichen geltenden Bestimmungen des Disziplinargesetzes finden entsprechend Anwendung auf Vikarinnen mit der Maßgabe, daß an die Stelle des Verlustes der mit der Ordination erworbenen Rechte des geistlichen Standes der Verlust der ihnen nach § 2 des kirchlichen Gesetzes vom 14. 3. 1944 (VBl. S. 10) in Verbindung mit Art. 3 des kirchlichen Gesetzes vom 4. 3. 1948 (VBl. S. 6) zustehenden Befugnisse tritt.

§ 6

Die Disziplinarstrafe der Versetzung wird ausgeschlossen.

Artikel 2

Der Evang. Oberkirchenrat wird ermächtigt, Ausführungsbestimmungen zu diesem Gesetz zu erlassen.

Artikel 3

(1) Dieses Gesetz tritt am 1. April 1957 in Kraft.

(2) Zum gleichen Zeitpunkt treten für den Bereich der Vereinigten Evangelisch-protestantischen Landeskirche Badens außer Kraft:

a) die Disziplinarordnung der Deutschen Evangelischen Kirche vom 13. 4. 1939 (bekanntgegeben VBl. 1939, S. 91),

b) die Verordnung zur Abänderung, Ergänzung und Durchführung der Disziplinarordnung der Deutschen Evangelischen Kirche vom 15. 12. 1939 (bekanntgegeben VBl. 1940, S. 27),

c) §§ 5 und 6 der Verordnung des Rates der Evangelischen Kirche in Deutschland vom 2. 5. 1946 über die Aufhebung und Abänderung von Gesetzen der Deutschen Evangelischen Kirche (bekanntgegeben VBl. 1946, S. 20).

Artikel 4

Mit dem Inkrafttreten dieses Gesetzes endigt das Amt der bisherigen Mitglieder der kirchlichen Disziplinarkammer und ihrer Stellvertreter.

Dieses Gesetz wird hiermit verkündet.

Karlsruhe, den 31. Oktober 1956.

Der Landesbischof
D. Bender

Anhalt

Evangelische Landeskirche Anhalts

(Amtsbl. d. EKiD 1956, Heft 2, Seite 44)

Disziplinargesetz der Evangelischen Landeskirche Anhalts Vom 9. Dezember 1955

Auf Grund übereinstimmender Beschlüsse des Landeskirchentages und des Landeskirchenrates wird das nachstehende Gesetz veröffentlicht:

Art. I

Das Kirchengesetz über die Dienstvergehen der geistlichen und nichtgeistlichen Kirchenbeamten vom 23. 4. 1954 (ABl. d. EKD 1954 Nr. 199) wird aufgehoben.

Art. II

Das Disziplinargesetz der Evangelischen Kirche in Deutschland vom 11. 3. 1955 (ABl. d. EKD Nr. 59) wird für den Bereich der Evangelischen Landeskirche Anhalts in Kraft gesetzt.

Art. III

Das Disziplinarverfahren nach diesem Gesetz kann auch gegen ordinierte Pfarramtskandidaten stattfinden (§ 1 Abs. 2).

Art. IV

Der Disziplinarhof der Evangelischen Kirche in Deutschland ist Berufungsgericht (§ 56 Abs. 2 und 3).

Art. V

(1) Für die Disziplinarkammer wird der Vorsitzende und ein rechtskundiger Beisitzer vom Evangelischen Landeskirchenrat für Anhalt ernannt. Ein geistlicher und ein nichtgeistlicher Beisitzer werden vom Landeskirchentag gewählt. Das fünfte Mitglied wird für den Fall, daß der Beschuldigte ein Geistlicher ist, von den geistlichen Abgeordneten des Landeskirchentages, für den Fall, daß der Beschuldigte ein nichtgeistlicher Kirchen beamter des gehobenen oder mittleren Dienstes ist, von sämtlichen Beamten dieser Dienstzweige der Landeskirche gemeinsam aus ihrer Laufbahn gewählt.

(2) Dieselben Stellen ernennen bzw. wählen für jedes Mitglied einen 1. und einen 2. Stellvertreter (§ 61 Abs. 3 und 4, §§ 125 und 128).

Art. VI

Der Vorsitzende der Disziplinarkammer kann zu seiner Unterstützung einen kirchlichen Mitarbeiter zuziehen (§ 71 Abs. 3).

Art. VII

Für die höheren Beamten der Landeskirche ist die Disziplinarkammer der Evangelischen Kirche in Deutschland zuständig (§ 129).

Art. VIII

Das Gesetz tritt mit dem 1. Januar 1956 in Kraft.

Art. IX

Der Landeskirchenrat wird mit der Durchführung des Gesetzes beauftragt.

Dessau, den 9. Dezember 1955.

Der Evangelische Landeskirchenrat für Anhalt
Schröter Fischer Dr. Müller Dr. Frühsorge

Bremische Evangelische Kirche

(Amtsbl. d. EKiD 1956, Heft 9, Seite 355)

Gesetz zur Inkraftsetzung und Ergänzung des Disziplinargesetzes der Evangelischen Kirche in Deutschland Vom 15. Juni 1956 (GVM Sp. 10)

§ 1

Das Disziplinargesetz der Evang. Kirche in Deutschland vom 11. März 1955 (Amtsblatt EKD Nr. 59, S. 84 ff.) und die Verordnung zur Durchführung und Überleitung des Disziplinargesetzes der Evang. Kirche in Deutschland vom 25. November 1955 (Amtsblatt der EKD Nr. 206, S. 333 f.) treten für den Bereich der Bremischen Evang. Kirche am 15. Juni 1956 in Kraft.

§ 2

(1) Auf Grund der §§ 1 Abs. 2 und 126 des Disziplinargesetzes der Evang. Kirche in Deutschland werden die in § 1 dieses Gesetzes genannten Vorschriften sinngemäß auch angewendet

a) auf ordinierte Pfarramtskandidaten;
b) auf Mitglieder des Kirchenausschusses und die gesetzlichen Vertreter der Gemeinden (Bauherren und Kirchenvorsteher) als ehrenamtliche Träger kirchlicher Dienste, und zwar mit der Maßgabe, daß

zu a) nur auf die Disziplinarstrafen der Warnung, des Verweises, der Geldbuße, der Versetzung und der Entfernung aus dem Dienst;
zu b) nur auf die Disziplinarstrafen der Warnung, des Verweises, der Geldbuße und der Amtsenthebung

erkannt werden kann.

(2) Gemäß § 28 Abs. 3 des Disziplinargesetzes der Evang. Kirche in Deutschland wird die Zulässigkeit der Vereidigung dahingehend eingeschränkt, daß Zeugen nicht vereidigt werden dürfen, wenn sie erklären, daß sie den Eid allgemein aus Gewissensgründen ablehnen.

§ 3

(1) Es wird eine Disziplinarkammer bei der Bremischen Evang. Kirche errichtet.

(2) Die Disziplinarkammer entscheidet in der Besetzung mit einem rechtskundigen Vorsitzenden, einem geistlichen und einem rechtskundigen Beisitzer.

(3) In den Disziplinarverfahren gegen die in § 2 unter b) genannten Personen tritt an die Stelle des geistlichen Beisitzers der Disziplinarkammer ein

Bauherr oder Kirchenvorsteher als Beisitzer. In dem Verfahren vor dem Disziplinarhof tritt an die Stelle eines der geistlichen Beisitzer ein höherer Kirchenbeamter.

§ 4

Die Mitglieder der Disziplinarkammer werden vom Kirchentag gewählt. Sie müssen der Bremischen Evang. Kirche angehören, dürfen aber nicht Mitglied des Kirchenausschusses sein.

§ 5

(1) Zuständige Dienststelle im Sinne der Vorschriften der §§ 4 Abs. 2, 14 Abs. 1, 43 und 120 und oberste Dienststelle im Sinne des § 122 Abs. 1 ist der Kirchenausschuß.

(2) Besteht der Verdacht einer Amtspflichtverletzung gegen ein Mitglied des Kirchenausschusses, so ist dieses von der Beratung und Beschlußfassung in dieser Angelegenheit ausgeschlossen.

(3) Besteht der Verdacht einer Amtspflichtverletzung gegen den gesetzlichen Vertreter einer Gemeinde, so ist zu der Anordnung eines disziplinarischen Einschreitens (§ 4 Abs. 1) die Zustimmung des Betroffenen oder der Gemeinde erforderlich, der der Betroffene angehört. Von der Beratung und Beschlußfassung des Kirchenvorstandes ist der Betroffene ausgeschlossen.

§ 6

Dieses Gesetz tritt am 15. Juni 1956 in Kraft.

Das vorstehende vom 20. (a. o.) Kirchentag der Bremischen Evangelischen Kirche am 15. Juni 1956 beschlossene Gesetz wird hiermit verkündet.

Bremen, den 18. Juni 1956.

Der Kirchenausschuß der Brem. Evang. Kirche

Donandt, Präsident — Dr. Leist, Vizepräsident

Evangelisch-Lutherische Landeskirche Schleswig-Holsteins

(Amtsbl. d. EKiD 1955 Heft 10 Seite 318)

Kirchengesetz über die Regelung des landeskirchlichen Disziplinarrechts.
Vom 13. Mai 1955 (Kirchl. Ges.- u. V.-Bl. S. 49).

Die Landessynode der Evangelisch-Lutherischen Landeskirche Schleswig-Holsteins hat folgendes Kirchengesetz beschlossen:

Artikel 1

Das Disziplinargesetz der Evangelischen Kirche in Deutschland vom 11. März 1955 — Amtsblatt der Evangelischen Kirche in Deutschland S. 84 — gilt nach Maßgabe nachstehender Bestimmungen im Bereiche der Evangelisch-Lutherischen Landeskirche Schleswig-Holsteins:

Schleswig-Holstein

§ 1

Die Disziplinarkammer gliedert sich in
a) die Disziplinarkammer für Geistliche,
b) die Disziplinarkammer für Kirchengemeindebeamte,
c) die Disziplinarkammer für Beamte der landeskirchlichen Verwaltung.

§ 2

(1) Die Disziplinarkammer für Geistliche entscheidet in der Besetzung mit einem rechtskundigen Vorsitzenden, zwei Geistlichen und zwei nichtgeistlichen Beisitzern; von diesen muß mindestens einer rechtskundig sein.

(2) Die Mitglieder der Disziplinarkammer und ihre Stellvertreter werden von der Kirchenleitung ernannt. Die geistlichen Beisitzer sind einer Vorschlagsliste zu entnehmen, für die jeder Pfarrkonvent einer Propstei einen festangestellten Geistlichen der Propstei benennt. Richtet sich das Verfahren gegen einen Geistlichen der gleichen Propstei, der ein geistlicher Beisitzer angehört, so scheidet der Beisitzer für dieses Verfahren aus.

(3) Mitglieder der Kirchenleitung und des Landeskirchenamts dürfen der Disziplinarkammer nicht angehören.

§ 3

(1) Die Disziplinarkammer für Kirchengemeindebeamte (Beamte einer Kirchengemeinde, eines Kirchengemeinde- oder Gesamtverbandes oder einer Propstei) und die Disziplinarkammer für Beamte der landeskirchlichen Verwaltung entscheiden in der gleichen Besetzung wie die Disziplinarkammer für Geistliche mit der Maßgabe, daß

a) bei der Disziplinarkammer für Kirchengemeindebeamte an die Stelle des der Ordination, aushilfsweise dem Lebensalter nach jüngeren geistlichen Beisitzers ein Kirchenbeamter aus der Laufbahn des Beschuldigten tritt;
b) bei der Disziplinarkammer für Beamte der landeskirchlichen Verwaltung an die Stelle des vorgenannten geistlichen Beisitzers ein Kirchenbeamter aus der Laufbahn des Beschuldigten tritt, der einer anderen lutherischen Gliedkirche angehören kann.

§ 4

Von der Bildung eines eigenen Disziplinarhofes für den Bereich der Landeskirche wird abgesehen. Berufungsgericht ist der Disziplinarhof der Evangelischen Kirche in Deutschland.

§ 5

(1) Das Gesetz findet keine Anwendung auf die Bischöfe und den Landessuperintendenten für Lauenburg.

(2) Die für die Geistlichen geltenden Bestimmungen des Gesetzes finden Anwendung auf Pfarrverweser und Vikarinnen, auf letztere mit der Maßgabe, daß anstelle der mit der Ordination erworbenen Rechte der Verlust der ihnen in § 2 der Verordnung zur vorläufigen Regelung der Anstellung im Amte der Vikarinnen vom 19. Januar 1945 (Kirchl. Ges.- u. V.-Bl. 1945 S. 2) beigelegten Befugnisse tritt.

§ 6

(1) Zuständige Dienststellen im Sinne der §§ 4 und 14 des Disziplinargesetzes sind:

a) für Pröpste, geistliche Mitglieder der Kirchenleitung, Mitglieder des Landeskirchenamts und Beamte der landeskirchlichen Verwaltung die Kirchenleitung,

b) für Geistliche und die nach § 5 Abs. 2 ihnen gleichgestellten Personen, sowie für Kirchengemeindebeamte das Landeskirchenamt.

(2) Zuständige Dienststelle im Sinne des § 120 des Disziplinargesetzes ist die Kirchenleitung.

§ 7

Bis zu einer anderen kirchengesetzlichen Regelung wird die Disziplinarstrafe der Versetzung ausgeschlossen.

Artikel 2

Die Kirchenleitung wird ermächtigt, Ausführungsbestimmungen zu erlassen.

Artikel 3

(1) Dieses Kirchengesetz tritt mit seiner Verkündung in Kraft.

(2) Gleichzeitig werden das Kirchengesetz über die Regelung des landeskirchlichen Disziplinarrechts vom 19. Oktober 1949 — Kirchl. Ges.- u. V.-Bl. S. 96 — und die mit ihm wieder in Kraft gesetzten Kirchengesetze, nämlich

a) das Kirchengesetz über die Dienstvergehen der Geistlichen vom 29. Oktober 1924 — Kirchl. Ges.- u. V.-Bl. 1925 S. 37 —,

b) Das Kirchengesetz zur Abänderung des Kirchengesetzes über die Dienstvergehen der Geistlichen vom 29. Oktober 1924 vom 4. Dezember 1928 — Kirchl. Ges.- u. V.-Bl. 1929 S. 30 —,

c) das Kirchengesetz zur Änderung und Ergänzung des Kirchengesetzes über die Dienstvergehen der Geistlichen vom 29. Oktober 1924 vom 12. September 1933 — Kirchl. Ges.- u. V.-Bl. S. 199 —,

d) das Kirchengesetz über die Dienstvergehen der Kirchengemeindebeamten vom 3. Juni 1926 — Kirchl. Ges.- u. V.-Bl. S. 95 —,

e) das Kirchengesetz über die Dienstvergehen der Beamten der landeskirchlichen Verwaltung vom 10. Dezember 1930 — Kirchl. Ges.- u. V.-Bl. 1931 Seite 20 —,

f) das Kirchengesetz über die Wiederaufnahme von Disziplinarverfahren vom 10. Dezember 1930 — Kirchl. Ges.- u. V.-Bl. 1931 S. 21 —,

aufgehoben, jedoch mit der Maßgabe, daß Disziplinarverfahren, die zur Zeit des Inkrafttretens dieses Kirchengesetzes anhängig sind, nach den bisherigen gesetzlichen Vorschriften durchgeführt werden.

Kiel, den 24. August 1955.

Das vorstehende von der 13. ordentlichen Landessynode am 13. Mai 1955 beschlossene Kirchengesetz wird hiermit verkündet.

Gleichzeitig wird nachstehend das Disziplinargesetz der Evangelischen Kirche in Deutschland vom 11. März 1955, das gemäß Artikel 1 des vorstehend verkündeten Kirchengesetzes über die Regelung des landeskirchlichen Disziplinargesetzes nach Maßgabe dieses Gesetzes im Bereich der Ev.-Luth. Landeskirche Schleswig-Holsteins gilt, bekanntgegeben.

Die Kirchenleitung
D. Halfmann

Evangelisch-Lutherische Landeskirche Schleswig-Holsteins

(Amtsbl. d. EKiD 1955 Heft 11/12 Seite 345)

1. Durchführungsverordnung zum Kirchengesetz über die Regelung des landeskirchlichen Disziplinarrechts.

Vom 16. September 1955 (Kirchl. Ges. u. VOBl. S. 85).

Auf Grund des Art. 2 des Kirchengesetzes über die Regelung des landeskirchlichen Disziplinarrechts vom 13. Mai 1955 (Kirchl. Ges.u.V.-Bl. S. 43) — ABl. d. EKD Nr. 197 — in Verbindung mit § 132 Abs. 2 des Disziplinargesetzes der Evangelischen Kirche in Deutschland vom 11. März 1955 (Amtsbl. S. 3)*) wird zur Durchführung dieses Gesetzes verordnet:

§ 1

Die nach Art. 1 § 3 Ziff. a) des Kirchengesetzes über die Regelung des landeskirchlichen Disziplinarrechts zu bestellenden Mitglieder der Disziplinarkammer für Kirchengemeindebeamte und ihre Stellvertreter werden nach Anhörung des Verbandes der Kirchlichen Mitarbeiter in Schleswig-Holstein von der Kirchenleitung ernannt.

§ 2

Disziplinarverfahren sind anhängig im Sinne von Art. 3 Abs. 2 des Kirchengesetzes über die Regelung des landeskirchlichen Disziplinarrechts mit der Überweisung der Sache an die Disziplinarkammer gemäß § 22 des Kirchengesetzes über die Dienstvergehen der Geistlichen in der Fassung vom 19. Oktober 1949 (Kirchl. Ges.-u.V.-Bl. S. 97).

Kiel, den 28. September 1955.

Die Kirchenleitung
D. Halfmann

Evangelisch--Lutherische Kirche in Lübeck

(Amtsbl. d. EKiD 1956 Heft 9 Seite 350)

Kirchengesetz über die Regelung des Disziplinarrechts der evangelisch-lutherischen Kirche in Lübeck.

Vom 11. April 1956. (KABl. S. 25.)

Kirchenleitung und Synode haben gemäß Artikel 99 der Kirchenverfassung als Kirchengesetz beschlossen:

§ 1

(1) Das Disziplinargesetz der Evangelischen Kirche in Deutschland vom 11. März 1955 — Amtsblatt der Evangelischen Kirche in Deutschland 1955

*) ABl. d. EKD 1955 Nr. 59.

Seite 3 — gilt mit der Maßgabe der Absätze 2 und 3 im Bereich der evangelisch-lutherischen Kirche in Lübeck.

(2) Auf den Bischof findet das Disziplinargesetz keine Anwendung.

(3) Die Disziplinarstrafe der Versetzung ist ausgeschlossen.

§ 2

(1) Die Disziplinarkammer entscheidet in der Besetzung mit einem rechtskundigen Vorsitzenden, zwei Geistlichen und zwei nichtgeistlichen Beisitzern; von diesen muß mindestens einer rechtskundig sein.

(2) Ist der Beschuldigte ein Kirchenbeamter, so tritt an die Stelle des der Ordination nach jüngeren geistlichen Beisitzers ein Kirchenbeamter aus der Laufbahn des Beschuldigten.

§ 3

(1) Die Mitglieder der Disziplinarkammer werden durch die Kirchenleitung bestellt; für jedes Mitglied ist ein Stellvertreter zu bestimmen.

(2) Mitglieder der Erweiterten Kirchenleitung dürfen der Disziplinarkammer nicht angehören.

(3) Die Amtszeit der Mitglieder und Stellvertreter beträgt sechs Jahre.

§ 4

(1) Von der Bildung eines eigenen Disziplinarhofs für den Bereich der Landeskirche wird abgesehen.

(2) Berufungsgericht ist der Disziplinarhof der Evangelischen Kirche in Deutschland.

§ 5

Zuständige Dienststelle im Sinne der §§ 4 und 120 des Disziplinargesetzes ist die Erweiterte Kirchenleitung, im Sinne des § 14 die Kirchenleitung.

§ 6

(1) Dieses Kirchengesetz tritt mit dem 15. April 1956 in Kraft.

(2) Zu dem gleichen Zeitpunkt treten die Disziplinarordnung der Deutschen Evangelischen Kirche vom 13. April 1939 — Kirchliches Amtsblatt Seite 125 — und das Kirchengesetz zur Disziplinarordnung vom 2. August 1946 — Kirchliches Amtsblatt Seite 11 — außer Kraft.

Das vorstehende von der Synode am 4. April 1956 und von der Kirchenleitung am 11. April 1956 beschlossene Kirchengesetz wird hiermit verkündet.

Lübeck, den 15. Mai 1956.

Die Kirchenleitung
Göbel.

Evangelische Landeskirche in Württemberg

(Amtsbl. d. EKiD 1957 Heft 3 Seite 62)

Kirchliches Gesetz über das Disziplinarrecht der Evangelischen Landeskirche in Württemberg. Vom 7. November 1956 (ABl. Bd. 37 S. 169.)

Der Landeskirchentag hat das folgende kirchliche Gesetz beschlossen, das hiermit verkündet wird:

Artikel 1

Das Disziplinargesetz der Evangelischen Kirche in Deutschland vom 11. März 1955 (Amtsblatt der Evangelischen Kirche in Deutschland Heft 3/4 Nr. 59) gilt für die Evangelische Landeskirche in Württemberg nach Maßgabe der nachstehenden Bestimmungen:

§ 1

Für die Evangelische Landeskirche in Württemberg wird eine Disziplinarkammer gebildet.

§ 2

(1) Die Disziplinarkammer entscheidet in der Besetzung mit einem rechtskundigen Vorsitzenden, einem rechtskundigen und einem geistlichen Beisitzer.

(2) Ist der Beschuldigte ein Kirchenbeamter, so tritt an die Stelle des geistlichen Beisitzers ein Kirchenbeamter aus der Laufbahn des Beschuldigten. Die nichttheologischen Mitglieder des Oberkirchenrats gelten als Kirchenbeamte im Sinne dieses Gesetzes.

(3) Der Vorsitzende der Disziplinarkammer kann zu seiner Unterstützung einen kirchlichen Mitarbeiter heranziehen.

§ 3

Die Mitglieder der Disziplinarkammer und ihre Stellvertreter werden vom Ständigen Ausschuß des Landeskirchentags gewählt und vom Landesbischof berufen. Mitglieder des Oberkirchenrats werden, abgesehen von dem Fall des § 125 des Disziplinargesetzes der Evangelischen Kirche in Deutschland vom 11. März 1955, nicht in die Disziplinarkammer berufen.

§ 4

Berufungsgericht ist der Disziplinarhof der Evangelischen Kirche in Deutschland. § 2 Abs. (3) gilt entsprechend.

§ 5

Zuständige Dienststelle im Sinne der §§ 4 und 14 des Disziplinargesetzes ist der Oberkirchenrat, für Mitglieder des Oberkirchenrats der Landeskirchenausschuß.

§ 6

Die Disziplinarstrafe der Versetzung wird für ständig angestellte Pfarrer und für Mitglieder des Oberkirchenrats ausgeschlossen.

§ 7

Das Disziplinargesetz gilt auch für Pfarrvikarinnen und kann auf ordinierte Pfarramtskandidaten, Vikarinnen und Angehörige des unständigen pfarramtlichen Hilfsdienstes angewendet werden.

§ 8

Zum Erlaß und zur Milderung von Dienststrafen im Gnadenwege (§ 120 des Disziplinargesetzes) ist der Landesbischof zuständig.

Artikel 2

Dieses Gesetz tritt mit dem Tage seiner Verkündung in Kraft. Gleichzeitig treten die Kirchliche Verordnung über die Disziplinarordnung der Evang. Landeskirche in Württemberg vom 9. November 1945 (ABl. 32 S. 35) in der Fassung der Verordnung vom 16. Mai 1951 (ABl. 34 S. 269) und die Verordnung zur Ergänzung und Durchführung der Disziplinarordnung vom 9. November 1945 (ABl. 32 S. 59) außer Kraft.

Stuttgart, den 7. November 1956.

Haug.

Evangelische Landeskirche in Württemberg

Verordnung des Oberkirchenrats zur Durchführung und Überleitung des kirchlichen Gesetzes über das Disziplinarrecht der Evangelischen Landeskirche in Württemberg.

Vom 1. Dezember 1956. (ABl. Bd. 37 S. 221).

Auf Grund des Artikels 1 des kirchlichen Gesetzes über das Disziplinarrecht der Evang. Landeskirche in Württemberg vom 7. November 1956 (ABl. EKD 1957 Nr. 62) in Verbindung mit § 132 Abs. 2 des Disziplinargesetzes der Evangelischen Kirche in Deutschland vom 11. März 1945 (ABl. Bd. 37 S. 169 ff., ABl. EKD 1955 Nr. 59) wird zur Überleitung und Durchführung dieses Gesetzes verordnet:

§ 1

Die §§ 1, 2 Abs. 1, 3, 4, 5 und 6 der Verordnung zur Durchführung und Überleitung des Disziplinargesetzes der Evangelischen Kirche in Deutschland vom 25. November 1955 (ABl. Bd. 37 S. 209) gelten auch für das Disziplinarrecht der Evang. Landeskirche in Württemberg, soweit diese das Disziplinargesetz der Evangelischen Kirche in Deutschland vom 11. März 1955 übernommen hat.

§ 2

Die Geschäftsstelle der Disziplinarkammer der Evang. Landeskirche in Württemberg wird beim Evang. Oberkirchenrat errichtet.

§ 3

Bis zur Berufung der Mitglieder der Disziplinarkammer und ihrer Stellvertreter bleiben die Mitglieder der bisherigen Disziplinarkammer im Amt.

Stuttgart, den 1. Dezember 1956.

Haug.

Evangelisch-Lutherische Kirche in Oldenburg

(Amtsbl. d. EKiD 1956 Heft 9 Seite 337)

Gesetz,betreffend das Disziplinarrecht.

Vom 6. Februar 1956. (Ges.- u. VOBl. S. 103.)

Der Oberkirchenrat verkündet nach erfolgter Zustimmung der Synode als Gesetz, was folgt:

§ 1

Das Disziplinargesetz der Evangelischen Kirche in Deutschland vom 11. März 1955 — Amtsblatt der Evangelischen Krche in Deutschland Sete 84 — gilt nach Maßgabe nachstehender Bestimmungen im Bereiche der Evangelisch-Lutherischen Kirche in Oldenburg.

§ 2

Es wird eine Disziplinarkammer für die Evangelisch-Lutherische Kirche in Oldenburg mit dem Sitz in Oldenburg gebildet.

§ 3

Die Disziplinarkammer entscheidet in der Besetzung mit einem rechtskundigen Vorsitzenden, zwei geistlichen und zwei nichtgeistlichen Beisitzern; von den Beisitzern muß mindestens einer rechtskundig sein.

Ist der Beschuldigte ein Kirchenbeamter, so tritt an die Stelle des der Ordination, aushilfsweise dem Lebensalter nach jüngeren geistlichen Beisitzers ein Kirchenbeamter.

§ 4

Die Mitglieder der Disziplinarkammer und ihre Stellvertreter werden auf Vorschlag des Synoladausschusses von der Synode gewählt und vom Oberkirchenrat berufen.

Mitglieder des Synodalausschusses und des Oberkirchenrats können der Disziplinarkammer nicht angehören.

§ 5

Berufungsgericht ist der Disziplinarhof der Evangelischen Kirche in Deutschland.

§ 6

Zuständige Dienststelle im Sinne des §§ 4 und 14 des Disziplinargesetzes ist der Oberkirchenrat.

§ 7

Die Bestimmungen des § 5 und § 8 des Disziplinargesetzes über Geistliche im Wartestand gelten entsprechend für Geistliche, die auf Grund der Kirchenordnung in den einstweiligen Ruhestand versetzt sind.

§ 8

Bis zu einer anderen kirchengesetzlichen Regelung wird die Disziplinarstrafe der Versetzung ausgeschlossen.

§ 9

Die für die Geistlichen geltenden Bestimmungen des Gesetzes finden entsprechende Anwendung auf die ordinierten Vikare (Pastoren) sowie auf die in einer Planstelle angestellten Pfarrvikarinnen.

§ 10

Für die Mitglieder des Oberkirchenrats gelten die nachstehenden besonderen Bestimmungen:

Die dem Oberkirchenrat zustehenden Befugnisse werden vom Synodalausschuß wahrgenommen. Der Oberkirchenrat ist verpflichtet, dem Synodalausschuß anzuzeigen, wenn er Kenntnis von Verfehlungen erhält, die ein Disziplinarverfahren mit dem Ziel der Amtsenthebung oder der Entfernung aus dem Dienst zur Folge haben.

Der Synodalausschuß bestimmt den Untersuchungsführer.

In der Disziplinarkammer tritt an Stelle des der Ordination, aushilfsweise dem Lebensalter nach jüngeren geistlichen Beisitzers ein Beisitzer der Dienststellung des Beschuldigten, um dessen Benennung der Vorsitzende des Rates der Evangelischen Kirche in Deutschland, bei dessen Verhinderung sein Stellvertreter, zu ersuchen ist.

Als Disziplinarstrafe ist nur die Amtsenthebung und die Entfernung aus dem Dienst zulässig.

Zur Verhandlung vor der Disziplinarkammer haben die Mitglieder des Synodalausschusses Zutritt.

§ 11

Das Gesetz, die Disziplinarbestrafung der Kirchenbeamten vom 7. April 1886 wird aufgehoben.

Der § 31 des Gesetzes zur Regelung der Dienstverhältnisse des Bischofs vom 28. März 1950 und der § 15 des Gesetzes, betreffend die Dienstverhältnisse der Mitglieder und Beamten des Oberkirchenrats, vom gleichen Tage sind zu streichen, ebenso der Absatz 2 des § 11 des Gesetzes, betreffend die Dienst- und Versorgungsbezüge des Pfarrerstandes vom 26. Februar 1949.

§ 12

Die zur Ausführung dieses Gesetzes erforderlichen Anordnungen trifft der Oberkirchenrat.

Oldenburg, den 6. Februar 1956.

Der Oberkirchenrat
D. Jacobi D. D.
Bischof.

Evangelisch-Lutherische Landeskirche Eutin

(Amtsbl. d. EKiD 1957 Heft 12 S. 378)

Gesetz über die Regelung des landeskirchlichen Disziplinarrechts.
Vom 3. April 1957. (GVOBl. S. 27.)

Lippe

Artikel 1

Das Disziplinargesetz der Evangelischen Kirche in Deutschland vom 11. März 1955 — ABl. EKD Nr. 59 — gilt im Bereich der Evangelisch-Lutherischen Landeskirche Eutin nach Maßgabe nachstehender Bestimmungen, und zwar mit Wirkung vom 1. April 1957.

§ 1

Die Disziplinarkammer für Geistliche entscheidet in der Besetzung mit einem rechtskundigen Vorsitzenden, zwei geistlichen und zwei weltlichen Beisitzern, von denen mindestens einer rechtskundig sein muß.

§ 2

Der Disziplinarhof der Evangelischen Kirche in Deutschland ist in allen Fällen Berufungsgericht.

§ 3

Auf den Landespropst findet das Gesetz keine Anwendung.

§ 4

Die Disziplinarstrafe der Versetzung findet einstweilen keine Anwendung.

§ 5

Zuständige Dienststelle nach §§ 4, 14 und 120 Disziplinarordnung der Evangelischen Kirche in Deutschland ist der Landeskirchenrat.

Artikel 2

Der Landeskirchenrat wird ermächtigt, Ausführungsbestimmungen zu erlassen. Er wird ferner ermächtigt, mit Zustimmung des Synodalausschusses die Mitglieder der Disziplinarkammer und den Stellvertreter für jedes ordentliche Mitglied zu bestellen.

Das vorstehende, von der Gesetzgebenden Versammlung der Ev.-Luth. Landeskirche Eutin am 3. April 1957 beschlossene Gesetz wird verkündet.

Eutin, den 3. April 1957.

Der Landeskirchenrat

Kiekbusch. de Beer. Prühs.

Lippische Landeskirche

(Amtsbl. d. EKiD 1956 Heft 11/12 Seite 409)

Kirchengesetz über die Anwendung des Disziplinargesetzes der Evangelischen Kirche in Deutschland vom 11. März 1955 im Bereich der Lippischen Landeskirche.

Vom 19. März 1956. (Ges.- u. VOBl. S. 159.)

Die 21. ordentliche Landessynode hat in ihrer Sitzung vom 19. März 1956 das folgende Kirchengesetz beschlossen, das hiermit veründet wird:

Lippe

§ 1

Das Disziplinargesetz der Evangelischen Kirche in Deutschland vom 11. März 1955 (Amtsblatt der EKD vom 15. April 1955, Heft 3/4, S. 81 ff) und die vom Rat der Evangelischen Kirche in Deutschland gemäß § 132 Abs. 2 des Disziplinargesetzes erlassenen Überleitungs- und Durchführungsverordnungen finden in dem Bereich der Lippischen Landeskirche Anwendung.

§ 2

„Zuständige Dienststelle" und „einleitende Dienststelle" im Sinne der Bestimmungen des Disziplinargesetzes der Evangelischen Kirche in Deutschland ist der Landeskirchenrat, wenn der Beschuldigte ein Mitglied des Landeskirchenrates ist, im übrigen das Landeskirchenamt.

§ 3

„Oberste Dienststelle" im Sinne der §§ 112 (Festsetzung einer Entschädigung) und 122 (Annahme des Verzichtes auf die mit einer Ordination erworbenen Rechte) des Disziplinargesetzes der Evangelischen Kirche in Deutschland ist der Landeskirchenrat.

§ 4

„Zuständige Dienststelle der Landeskirche in Gnadensachen" gemäß § 120 des Disziplinargesetzes der Evangelischen Kirche in Deutschland ist der Landeskirchenrat.

§ 5

„Gemeinsame Disziplinarkammer" im Sinne des § 56 Abs. 1 Satz 2 des Disziplinargesetzes der Evangelischen Kirche in Deutschland ist das Organ, das auf Grund einer zwischen dem Landeskirchenrat der Lippischen Landeskirche und dem Landeskirchenvorstand der Evangelisch-reformierten Kirche in Nordwestdeutschland abzuschließenden Vereinbarung, als „Gemeinsame Disziplinarkammer" zu bestellen ist. Sie ist das Disziplinargericht erster Instanz.

§ 6

Amtspflichten eines Geistlichen der Lippischen Landeskirche im Sinne des § 2 des Disziplinargesetzes der Evangelischen Kirche in Deutschland vom 11. März 1955 sind die unmittelbaren Dienstpflichten und die Pflicht, sich in und außer dem Dienst des Vertrauens und der Achtung würdig zu zeigen, die seinem Amt entgegengebracht werden.

§ 7

(1) Dieses Kirchengesetz tritt am 1. April 1956 in Kraft. Gleichzeitig treten damit alle entgegenstehenden Bestimmungen, insbesondere das Kirchengesetz vom 1. März 1943 über die Durchführung der Disziplinarordnung der Deutschen Evangelischen Kirche vom 13. April 1939 und der Verordnung zur Abänderung, Ergänzung und Durchführung dieser Disziplinarordnung vom 15. Dezember 1939 (Ges.- u. VOBl. Bd. IV S. 32) außer Kraft.

(2) Die notwendigen Überleitungs- und Durchführungsvorschriften werden vom Landeskirchenrat erlassen.

Detmold, den 27. März 1956.

Der Landeskirchenrat

D. Neuser Hundertmark
Dr. v. Hanstein Stolz Meyer Dr. Ebert
Dr. Graf v. d. Schulenburg.

Lippische Landeskirche

(Amtsbl. d. EKiD 1957 Heft 11 S. 332)

Vereinbarung zwischen der Evangelisch-reformierten Kirche in Nordwestdeutschland — vertreten durch den Landeskirchenvorstand — und der Lippischen Landeskirche — vertreten durch den Landeskirchenrat — über die Errichtung und Zusammenstellung einer für beide Landeskirchen zuständigen gemeinsamen Disziplinarkammer.

Vom 12. März 1957. (GVBl. (GVBl. S. 180.)

§ 1

Für den Bereich der Evangelisch-reformierten Kirche in Nordwestdeutschland und den der Lippischen Landeskirche wird eine „Gemeinsame Disziplinarkammer" errichtet (§ 56 des Disziplinargesetzes der Evangelischen Kirche in Deutschland vom 11. März 1955, Amtsblatt der EKD 1955, Heft 3/4).

Sie ist das zuständige Disziplinargericht erster Instanz für beide Landeskirchen.

§ 2

Die gemeinsame Disziplinarkammer entscheidet in der Besetzung mit:
einem Vorsitzenden und vier Beisitzern.

Die Auswahl und die Zusammensetzung der Mitglieder der Kammer erfolgt gemäß § 58 Diszipl.Ges. der EKD.

Ein theologischer Beisitzer muß Glied der Landeskirche sein, der in dem zur Entscheidung stehenden Einzelfall der Beschuldigte angehört.

Die Berufung der Mitglieder der Disziplinarkammer erfolgt für die Evangelisch-reformierte Kirche in Nordwestdeutschland durch den Landeskirchentag, für die Lippische Landeskirche durch die Landessynode.

Die Mitglieder der Disziplinarkammer müssen zum Amt eines Kirchenältesten wählbar sein.

Die Amtszeit der Mitglieder der Disziplinarkammer und ihrer Stellvertreter beträgt 6 Jahre.

Eine Wiederberufung ist möglich.

§ 3

Jede Landeskirche beruft für die gemäß § 2 zu bildende gemeinsame Disziplinarkammer:

a) ein rechtskundiges Mitglied und einen Stellvertreter,
b) ein theologisches Mitglied und einen Stellvertreter.

Die Lippische Landeskirche beruft für den Fall, daß der Beschuldigte im Disziplinarverfahren der lutherischen Konfession angehört und Glied der Lippischen Landeskirche ist,

einen lutherischen Theologen als Mitglied und einen Stellvertreter.

Der Vorsitzende und sein Stellvertreter werden erstmalig aus der Zahl der rechtskundigen Mitglieder von der Evangelisch-reformierten Kirche in Nordwestdeutschland benannt.

Das weitere Mitglied wird erstmalig von der Lipp. Landeskirche, sein Stellvertreter erstmalig von der Evangelisch-reformierten Kirche in Nordwestdeutschland berufen.

Nach Ablauf der ersten Amtszeit (sechs Jahre) wechseln sich die beiden Landeskirchen in der Benennung des Vorsitzenden und seines Stellvertreters und in der Berufung des weiteren Mitgliedes bzw. seines Stellvertreters in der Weise ab, daß alsdann

die Lippische Landeskirche den Vorsitzenden und seinen Stellvertreter benennt sowie den Stellvertreter des weiteren Mitgliedes beruft,
die Evangelisch-reformierte Kirche in Nordwestdeutschland das weitere Mitglied beruft.

Die erste Amtszeit beginnt mit dem Tage des Inkrafttretens dieser Vereinbarung.

§ 4

Die Mitglieder der Disziplinarkammen erhalten für ihre Tätigkeit keine Vergütung. Es werden ihnen Fahrkosten, Tage- und Übernachtungsgelder von der Landeskirche bezahlt, die sie berufen hat.

§ 5

Diese Vereinbarung tritt am 1. April 1957 in Kraft.

Leer, den 5. Februar 1957.

Evangelisch-reformierte Kirche in Nordwestdeutschland
Der Landeskirchenvorstand

Buitkamp   Dr. Fokken   Herrenbrück

Detmold, den 12. März 1957.

Lippische Landeskirche
Der Landeskirchenrat

D. Neuser   Hundertmark   Dr. v. Hanstein
Stolz   Meyer   Dr. Ebert
Dr. Graf v. d. Schulenburg.

Evangelisch-Reformierte Kirche in Nordwestdeutschland

(Amtsbl. d. EKiD 1956 Heft 10 Seite 387)

Verordnung zur Durchführung des Disziplinargesetzes der Evangelischen Kirche in Deutschland vom 11. März 1955.

(Amtsbl. d. Ev. Kirche in Deutschl. 1955, S. 84 ff.)

vom 25. Juli 1956 (VV. Gesetz u. VOBl. S. 88)

Auf Grund von § 132 des Disziplinargesetzes der Evangelischen Kirche in Deutschland wird verordnet:

§ 1

Geistliche im Sinne des Gesetzes sind die Pfarrer, sowie die Pfarrer im Wartestand und die Pfarrer im Ruhestand.

Geistliche Beisitzer im Sinne des Gesetzes sind Pfarrer und Lehrer der Theologie an deutschen Hochschulen.

§ 2

Die Disziplinarstrafe der Versetzung wird ausgeschlossen.

§ 3

Zuständige Dienststellen im Sinne der §§ 4, 14 des Gesetzes sind

a) für die Mitglieder des Landeskirchenrates und des Landeskrichenausschusses der Landeskirchenvorstand,

b) im übrigen der Landeskirchenrat.

Zuständige Dienststelle im Sinne der §§ 112, 122 ist der Landeskirchenrat, im Sinne des § 120 der Landeskirchenvorstand.

§ 4

Mitglieder des Landeskirchenvorstandes und des Landeskirchenrates dürfen der Disziplinarkammer nicht angehören.

Leer, den 25. Juli 1956.

Der Landeskirchenvorstand

Buitkamp Dr. Fokken D. Herrenbrück

Evangelisch-Reformierte Kirche in Nordwestdeutschland

(Amtsblatt der EKiD 1957, Heft 6, Seite 190)

Vereinbarung mit der Lippischen Landeskirche über eine gemeinsame Disziplinarkammer.

Vom 5. Februar / 12. März 1957. (K.G. VOBl. Bd. 11 S. 121.)

Zwischen der Evangelisch-Reformierten Kirche in Nordwestdeutschland — vertreten durch den Landeskirchenvorstand — und der Lippischen Landeskirche — vertreten durch den Landeskirchenrat — ist über die Errichtung und Zusammensetzung einer für beide Landeskirchen zuständigen gemeinsamen Disziplinarkammer folgendes vereinbart worden:

Nordwestdeutschland

§ 1

Für den Bereich der Evangelisch-Reformierten Kirche in Nordwestdeutschland und den der Lippischen Landeskirche wird eine „gemeinsame Disziplinarkammer“ errichtet (§ 56 des Disziplinargesetzes der Evangelischen Kirche in Deutschland vom 11. März 1955, Amtsblatt der EKD, Heft 3/4).

Sie ist das zuständige Disziplinargericht erster Instanz für beide Landeskirchen.

§ 2

Die gemeinsame Disziplinarkammer entscheidet in der Besetzung mit:
einem Vorsitzenden und 4 Beisitzern.

Die Auswahl und die Zusammensetzung der Mitglieder der Kammer erfolgt gemäß § 58 Displ.Ges. d. EKD.

Ein theologischer Beisitzer muß Glied der Landeskirche sein, der in dem zur Entscheidung stehenden Einzelfall der Beschuldigte angehört.

Die Berufung der Mitglieder der Disziplinarkammer erfolgt für die Evangelisch-Reformierte Kirche in Nordwestdeutschland durch den Landeskirchentag, für die Lippische Landeskarche durch die Landessynode.

Die Mitglieder der Disziplinarkammer müssen zum Amt eines Kirchenältesten wählbar sein.

Die Amtszeit der Mitglieder der Disziplinarkammer und ihrer Stellvertreter beträgt 6 Jahre.

Eine Wiederberufung ist möglich.

§ 3

Jede Landeskirche beruft für die gemäß § 2 zu bildende gemeinsame Disziplinarkammer:

a) ein rechtskundiges Mitglied und einen Stellvertreter,

b) ein theologisches Mitglied und einen Stellvertreter.

Die Lippische Landeskirche beruft für den Fall, daß der Beschuldigte im Disziplinarverfahren der lutherischen Konfession angehört und Glied der Lippischen Landeskirche ist,
einen lutherischen Theologen als Mitglied und
einen Stellvertreter.

Der Vorsitzende und sein Stellvertreter werden erstmalig aus der Zahl der rechtskundigen Mitglieder von der Evangelisch-Reformierten Kirche in Nordwestdeutschland benannt.

Das weitere Mitglied wird erstmalig von der Lippischen Landeskirche, sein Stellvertreter erstmalig von der Evangelisch-Reformierten Kirche in Nordwestdeutschland berufen.

Nach Ablauf der ersten Amtszeit (sechs Jahre) wechseln sich die beiden Landeskirchen in der Benennung des Vorsitzenden und seines Stellvertreters und in der Berufung des weiteren Mitgliedes bzw. seines Stellvertreters in der Weise ab, daß alsdann

die Lippische Landeskirche den Vorsitzenden und seinen Stellvertreter benennt, sowie den Stellvertreter des weiteren Mitgliedes beruft,

die Evangelisch-Reformierte Kirche in Nordwestdeutschland das weitere Mitglied beruft.

Die erste Amtszeit beginnt mit dem Tage des Inkrafttretens dieser Vereinbarung.

Nordwestdeutschland

§ 4

Die Mitglieder der Disziplinarkammer erhalten für ihre Tätigkeit keine Vergütung. Es werden ihnen Fahrkosten, Tage- und Übernachtungsgelder von der Landeskirche bezahlt, die sie berufen hat.

§ 5

Diese Vereinbarung tritt am 1. April 1957 in Kraft.

Leer, den 5. Februar 1957.

Evangelisch-Reformierte Kirche in Nordwestdeutschland
Der Landeskirchenvorstand

D. Buitkamp Dr. Fokken D. Herrenbrück

Detmold, den 12. März 1957.

Lippische Landeskirche
Der Landeskirchenrat

D. Neuser Hundertmark Dr. v. Hanstein
Stolz Aug. Meyer Dr. Ebert
Dr. Graf v. d. Schulenburg

Sachregister

(Die Zahlen bedeuten die Seiten)

Sachregister

FSC
www.fsc.org
MIX
Papier | Fördert gute Waldnutzung
FSC® C083411

Kolibri 360 GmbH
Ferdinand-Jühlke-Straße 7
99095 Erfurt, Deutschland
produktsicherheit@kolibri360.de